KB266478

중독을 통제할 수 있다는 착각

중독을 통제할 수 있다는 착각

SUPER STIMULATED

중독을

통제할 수

있다는
니클라스 브렌보르 지음·김성훈 옮김
착각

SUPER STIMULATED

위즈덤하우스

이 책을 향한 찬사

'중독 유행 시대'다. 알코올은 말할 것도 없고 도박, 마약, 스마트폰, 게임, 쇼핑까지. 이제는 탄수화물 중독, 운동 중독, 마라톤 중독이라는 말도 낯설지 않다. 온 국민이 중독자가 될 판이라는 자조 섞인 말까지 나온다. 물론 이러한 현상을 모두 병리로 규정할 필요는 없다. 인간은 본래 쾌락을 추구하고 반복을 통해 학습하는 존재이기 때문이다. 문제는 우리의 뇌가 감당하도록 설계된 자극의 강도를 오늘날의 환경이 한참 넘어섰다는 데 있다.

덴마크의 과학 저널리스트이자 분자생물학자인 니클라스 브렌보르는 이 책에서 그 지점을 날카롭게 파고든다. 그는 중독을 개인의 의지 부족이나 도덕적 실패로 설명하지 않는다. 오히려 인간의 보상 체계, 특히 도파민 시스템이 어떻게 진화해왔는지를 보여주며, 현대 산업과 플랫폼이 그 취약성을 얼마나 정교하게 공략하고 있는지를 설득력 있게 풀어낸다. 우리는 약해서 중독되는 것이 아니라, 지나치게 강력한 자극 환경 속에 놓여 있기 때문에 흔들리는 것이다.

물론 이 책은 자극 추구적 삶을 모두 환경 탓으로 돌리지는 않는다. 또한 공포를 조장하거나 단순한 절제를 강요하지도 않는다. 대신 우리가 어떻게 '과잉 자극'에 길들여지는지 이해하도록 돕고, 자극을 완전히 끊는 대신 그것과 건강한 거리를 두는 방법을 제안한다.

자극이 넘쳐 나는 시대를 살아가는 독자들에게, 이 책은 비난 대신 통찰을, 절망 대신 방향을 제시한다. 중독을 도덕의 문제가 아니라 환경과 생물학의 문제로 재해석하는 이 균형 잡힌 시선이야말로 지금 우리 사회에 꼭 필요한 관점일 것이다.

자극이 넘치는 시대, 균형과 조화를 통한 삶의 행복을 이 책을 통해 느껴보면 어떨까?

-신영철, 강북삼성병원 정신건강의학과 교수

다양한 중독 문제로 고통받는 사람들을 보면서 확실히 깨달은 것이 있다. 중독을 통제할 수 있다는 믿음은 착각이라는 사실이다. 제아무리 결연한 의지를 가져도 이 착각을 버리지 못한다면 결국 실패를 되풀이하게 된다.

그리고 중독은 더 이상 소수 환자만의 문제가 아니다. 그 모습을 바꿔가며 우리의 삶에 성공적으로 침투한 지 오래다. 스마트폰, 그 안의 소셜미디어와 숏폼 영상들, 매일 만나는 초가공식품들……. 이로부터 자유롭다고 말할 수 있는 사람이 얼마나 있을까. 중독을 치료하는 나 역시 일상 속에서 매일 패배감을 느끼며 살아간다.

이 책은 중독이 왜 의지의 문제가 아닌지, 세계적 기업들이 만들어낸 기울어진 운동장 속에 갇힌 우리가 얼마나 일방적인 공격을 당하고 있었는지 적나라하게 보여준다. 이 불합리한 싸움에서는 지피지기면 백전백승이라는 말이 통하지 않는다.

그러나 애당초 중독 치료의 목표 지점은 싸워 이기는 것이 아니다. 이길 수 없이 거대한 상대의 정체를 정확히 인식하고, 자신의 나약함을 인정한 뒤 현명하게 도망쳐 다니는 사람들이 삶을 회복한다. 그러기 위해선 첫 단계로 공부를 해야 하는데, 머리 아프게 복잡한 뇌과학의 문턱이 다소 높았던 것이 사실이다. 그런 면에서 이 책은 최고의 가이드가 될 수 있다고 자신 있게 추천한다. 그간 만나본 그 어떤 관련 서적보다 재미있고 친절하게 전문적 지식을 풀어낸 이 책을 읽는 동안 스마트폰을 멀리할 수 있었으니까.

ㅡ김지용, 연세웰정신건강의학과 전문의, 유튜브 〈정신과 의사 뇌부자들〉 진행자

여는 말

더 크고, 더 밝고, 더 강력한 자극에 끌리다

작은 새 한 마리가 새장 안에서 커다란 알을 쳐다보고 있다. 잠깐 고개를 갸웃거리며 무엇을 할지 고민하더니, 알 위로 뛰어오르려 한다. 우스꽝스러운 광경이다. 새의 몸집만큼 알이 커서, 새가 그 위에서 편안하게 자세를 잡으려고 할 때마다 미끄러진다. 하지만 새는 곧바로 다시 알 위에 자리를 잡으려고 시도한다.

몇 미터 떨어진 곳에서 네덜란드 과학자 두 명이 이 장면을 지켜보며 의미심장한 눈빛으로 서로를 보며 웃는다. '이 녀석도 속아 넘어갔군.'

이 과학자 중 한 명은 니콜라스 틴베르헌Nikolaas Tinbergen이다. 그는 이 실험과 다른 비슷한 실험들로 훗날 노벨상을 받는다. 그리고 이들이 연구하고 있는 새는 검은머리물떼새oystercatcher다. 해변에서 본 적이 있을지도 모르겠다. 검은색의 등과 머리에 흰색의 배, 그리고 트레이드마크인 빨간 다리와 부리가 있다. 보통 검은머리물떼새는 50그램도 안 되는 작은 갈색 알을 낳는다. 하지만 이 네덜란드 연구자들은 새들이 실제로는 그보다 훨씬 큰 알을 선호한다는 것을 발견했다. 연구자들이 석고로 커다란 가짜 알을 만들어놓으면, 가여운 새들은 거기에 완전히 넋을 빼앗겨 자기가 낳은 진짜 알 대신 과장된 크기로 만들어진 가짜 알을 선택한다.

검은머리물떼새가 이런 선택을 하는 이유는 본능적으로 자기 알 중에서 가장 큰 것에 끌리기 때문이다. 자연에서 알의 크기는 전반적인 건강 상태를 말해주는 훌륭한 지표다. 그 때문에 알이 살아남아 번식할 수 있는 튼튼한 새끼로 깨어날 확률을 예측하는 데 도움이 된다. 하지만 검은머리물떼새같이 작은 새가 낳을 수 있는 알의 크기에는 자연적인 한계가 있다. 즉 이 새가 큰 알을 추구하는 본능에 굳이 상한선을 정할 필요가 없다. 그래서 이들의 뇌는 그냥 알은 클수록 좋다는 규칙에 따라 살아간다.

이런 이유로 이 커다란 석고 알은 틴베르헌이 나중에 '초정상자극supernormal stimulus' 혹은 간단히 초자극superstimulus이라 명명한 것의 사례에 해당한다. '초자극'이란 동물이 본능적으로 끌리는 대상을 과장한 것이다. 자연적으로 발생하는 선택지보다 더 크거나, 더 밝거나, 더 강력한 버전의 자극이다.[1]

초자극은 검은머리물떼새만이 아니라 다른 다양한 새를 속이는 데도 사용되어 왔다. 작은 명금류인 알락딱새pied flycatcher를 예로 들어보자. 키가 10센티미터 정도 되는 이 새들은 살짝 녹청색을 띠는 작은 알을 낳는다. 검은머리물떼새의 경우와 비슷하게,

색깔이 얼마나 진한지가 알의 건강을 나타내는 지표이기 때문에 알락딱새는 색깔이 가장 밝은 알을 선호하는 경향이 있다.

하지만 과학자들은 파란색 물감을 이용해서 자연에서 접할 수 있는 그 어떤 알락딱새 알보다 선명한 색깔의 석고 알을 만들 수 있다. 그리고 검은머리물떼새처럼 알락딱새도 자기 알 대신 이 인공의 초자극을 선택한다.[2,3]

사실 특별히 창의적이지 않아도 일부 새는 쉽게 속는다는 사실이 밝혀졌다. 한 실험에서 연구자들이 거위 떼 사이에 하얀 배구공 몇 개를 가져다 놓았더니, 거위들이 자신의 알을 버리고 더 크고, 밝은 색의 배구공을 품으려 했다.

역시 새 대가리는 어쩔 수 없는 새대가리다. 그렇지 않은가?

차례

이 책을 향한 찬사 004

여는 말 더 크고, 더 밝고, 더 강력한 자극에 끌리다 007

1부. 식품 중독을 통제할 수 있다는 착각

1장　비만의 시대에서 놓치고 있는 것 014

2장　배고픔의 함정 028

3장　하얀 금이 지배하는 세계 039

4장　토끼만 먹으면 굶어 죽는다? 061

5장　스카이다이빙과 소금의 공통점 071

6장　아마존에서 배우는 건강의 지혜 088

7장　배고플 걱정 없는 감자 다이어트 102

8장　다이너마이트에서 다이어트 약까지 113

2부. 포르노 중독을 통제할 수 있다는 착각

9장 성관계와 맥주병의 마력 130

10장 황홀로 가는 지름길 153

11장 기쁨을 주는 식물에 중독되다 165

12장 도파민의 진실 182

3부. 스크린 중독을 통제할 수 있다는 착각

13장 가상의 친구, 현실의 친구 210

14장 무한 스크롤에 빠진 사람들 227

15장 큰 연못 속 작은 물고기 247

16장 화장품에서 핵무기까지, 경쟁이 만든 악순환 274

17장 내추럴과 스테로이드 290

맺는 말 당신도 집착에 빠질 수 있다 305

감사의 말 316

주 319

찾아보기 359

1부
식품 중독을 통제할 수 있다는 착각

1장
비만의 시대에서
놓치고 있는 것

우리는 역사적인 공중보건 위기의 한복판에서 살고 있다.

살면서 이런 생각은 별로 해보지 않았을 것이다. 충분히 이해한다. 우리는 주변 환경에 빠르게 적응하기 때문이다. 하지만 우리가 150년 전으로 시간 여행을 떠나 그곳의 사람들 몇 명을 21세기로 데려올 수 있다고 상상해보자. 이 시간 여행자들은 현대사회를 보고 완전히 넋을 잃을 것이다. 도로 위에는 자동차가 달리고, 하늘에는 비행기가 날고, 슈퍼마켓에는 음식이 넘쳐난다. 하지만 사람들의 생김새가 달라졌다는 점도 금방 알아차릴 것이다. 우리 몸은 예전에 비해 길어졌을 뿐 아니라, 더 넓어지기도 했다. 그냥 살짝 넓어진 정도가 아니다.

사실 과거에도 과체중이나 비만이 있었다. 하지만 극히 드문 일이었다. 오래된 책, 그림, 의복, 그리고 실제 측정 기록을 통해 이 사실을 확인할 수 있다. 다양한 사람들의 키와 몸무게를 처음 제대로 측정한 대규모 데이터 중에 1800년대 중반 영국에서 만든 것이 있다. 대부분은 군인을 대상으로 측정한 자료지만, 호주로 후송하는 죄수를 조사한 것도 있고, 다양한 사회계층의 건강에 관한 연구들도 있다. 어쨌거나 키와 몸무게 정보가 둘 다 남아 있다는 것은 과학적 관점에서 흥미로운 일이다. 이 두 가지로 흔히 BMI^{body mass index}라 부르는 체질량지수를 계산할 수 있기 때문이다. BMI는 과체중을 분류할 때 가장 일반적으로 사용되는 방법이다. 사실 BMI에 대한 비판이 많은데 그 부분도 뒤에서 다루겠다. 하지만 먼저 현대인들이 과거 사람들과 비교해서 어느 정도 과체중인지 알아보자.

1800년대 중반에 35세 영국 남성의 BMI는 평균 23이었다.[1] 같은 연령대의 요즘 영국 남성 평균은 28에 가깝다.[2] 이 정도면 별 차이가 없다고 볼 수도 있다. 하지만 BMI를 실제 체중으로 환산하면 상당히 걱정스러워진다. 키가 170~190센티미터 사이인 남성의 BMI가 이 정도로 증가했으면, 체중이 14~18킬로그램 정도 늘어났다는 의미다. 큰 비글 강아지나 중간 크기의 전자레인지를 몸에 항상 짊어지고 다니는 셈이다.

BMI 비판론자들은 이에 대해 이렇게 반박할지도 모르겠다. BMI는 체중만을 고려할 뿐, 그 체중이 무엇으로 구성되어 있는지는 고려하지 않는다고 말이다. 체중이 모두 과도한 지방으로 구성되어 있다면 그것은 분명 문제다. 하지만 그중에는 근육도 포함되어 있지 않나? 배우 아널드 슈워제네거^{Arnold Schwarzenegger}는 컨디션이 정점을 찍었을 때 BMI가 31이었던 것으로 유명하다. BMI가 25 이상이면 과체중, 30 이상이면 비만으로 분류된다. 하지만 분명 전성기의 슈워제네거는 비만과는 거리가 멀어도 한참 멀었다.

평범한 헬스장 이용자들이 슈워제네거 같은 극단적인 체격은 아닐 것이다. 하지만 근육량이 많으면 그렇지 않은 경우보다 BMI가 부풀려진다. 실제로 영국 인구 중에 헬스장 회원권을 가지고 있는 사람은 16퍼센트에 불과하고,[3] 과학자들이 일반인을 대상으로 체지방률을 측정해보니 BMI가 과체중 인구수를 과대추정하지 않는 것으로 나타났다. 오히려 과소추정한다.[4] 슈워제네거와는 반대 현상이 더 흔히 일어나기 때문이다. 보통은 근육량이 부족한 사람이 많다. 그래서 체중이 그리 무겁지 않은 상황에서도 몸에 많은 양의 지방을 담고 있다. BMI 25 미만의 정상체중으로 분류된 사람 중에도 날씬해서가 아니라 근육량이 낮아 기본적으로 체중이 덜 나가서 그렇게 분류된 경우가 있다. 이런 상태를 '마른 비만'이라 부른다.

그렇다. 개인 차원에서는 BMI 때문에 현실을 잘못 판단할 수 있다. 하지만 인구집단 차원에서 보면 BMI는 체지방을 정확하게 판단할 수 있고, 오히려 문제를 과소추정하는 경향이 있다. 그렇게 보면 현재 우리의 건강 상태가 심히 우려스럽다. BMI에 따르면 영국 성인 3분의 2가 현재 과체중 상태다. 그리고 캐나다, 호주, 뉴질랜드도 마찬가지다.[5,6,7] 하지만 이런 수치들 역시 문제를 축소할 가능성이 있다.

일반적으로 현대사회에서는 나이가 들면서 체중이 늘어난다. 즉 젊은 사람이 제일 날씬하다는 소리다. 45세와 65세 사이 중년만 살펴보면 영국 성인 네 명 중 세 명이 과체중이다.[8] 생각해보자. 이 건강 문제를 네 명 중 오직 한 명만 피해가고 있다. 하지만 문제의 심각성에도 불구하고 상황은 여전히 악화 중이다. 매년 허리둘레가 조금씩 늘어나고 있다.

비만은 확산되지만, 다이어트는 번번이 실패한다

문제가 얼마나 심각해질 수 있는지 가늠하려면 세계를 더 넓게 바라보면 된다. 당연한 말이지만 비만 대유행이 영어권 국가들에 국한된 현상이 아니기 때문이다. 전형적인 경고 사례는 미국에서 찾아볼 수 있다. 미국의 체중 문제는 훨씬 심각하다. 하지만 세계 최고의 과체중 국가라는 고정관념과 달리 미국은 더 이상 선두가 아니다.

이집트, 카타르, 쿠웨이트 같은 중동 국가들이 미국보다 더 무거워졌다. 그리고 이 목록 최상단에는 태평양의 여러 작은 섬나라들이 있다. '태평양 섬'이라고 하니 하얗게 펼쳐진 모래사장, 널찍한 야자수, 알록달록한 산호초가 있는 천국 같은 이미지가 떠오를지도 모르겠다. 하지만 현실을 보면 섬 주민들의 공중보건 문제가 이 천국을 두터운 먹구름처럼 뒤덮고 있다.

사실상 태평양 섬 중에는 더 이상 정상 체중에 해당하는 사람이 없다시피 하다. 대부분의 섬에서 인구의 80퍼센트 이상이 과체중이며, 최고 기록 보유국인 나우루Nauru의 경우 그 수치가 90퍼센트에 가깝다.[9] 이렇듯 과거에는 천국이었던 이 섬들이 나머지 세계에 경고 신호를 보내고 있다. 당신의 건강 문제가 이미 심각한 상태라고 해도, 거기서 더 나빠질 수 있다고 말이다.

그리고 어디로 시선을 돌려도, 이런 일이 벌어지고 있다. 전 세계 인구 전체가 과체중이 정상체중보다 많아지는 분기점을 넘어서는 것은 이제 시간 문제다. 그리고 튀르키예, 멕시코, 사우디아라비아, 칠레, 바하마, 이라크, 벨리즈, 몰타, 이스라엘, 헝가리 등 비만과 씨름하고 있는 국가들의 목록은 전 세계에 걸쳐져 있다.[10]

이 목록은 모든 인종, 종교, 기후 유형을 아우른다. 세계에서 제일 가난한 지역인 사하라 이남 아프리카에서도 지방 과잉이 빠른 속도로 일반화되고 있다. 물론 일부 지역은 역사적으로 그래왔듯이 여전히 영양실조나 기아와 싸우고 있다. 하지만 아프리카의 많은 지역에서 지금은 저체중보다 과체중인 사람이 더 많아졌다.[11,12,13] 그리고 남아프리카공화국처럼 그 영향을 가장 많이 받은 국가들은 이미 대부분 선진국들을 넘어섰고, 지금은 미국의 수준까지 넘보고 있다.[14]

그렇다면 이런 질문이 떠오른다. 대체 무슨 일이 벌어지고 있는가? 우리는 건강을 아예 포기했는가?

물론 그렇지는 않다. 사실 정반대다. 앞서 등장했던 시간 여행자 친구들의 눈에는 우리가 체중에 유별나게 집착한다고 보일 수도 있다. 우리는 칼로리와 다이어트 보충제에 대해 열띤 토론을 벌이면서 유행하는 다이어트란 다이어트는 하나씩 다 시도하고 있다. 연구에 따르면 전체 성인 중 절반 정도가 매년 체중 감량을 시도한다.[15] 하지만 다이어트가 도움이 되는 경우는 드물다. 어떻게든 간신히 체중 감량에 성공한 사람도 결국에는 다시 살이 찐다. 다이어트에 성공한 사람들은 평균 2년 안에 감량한 체중의 절반이 다시 되돌아오는 요요 현상을 경험한다. 그리고 5년 후에는 그 비율이 80퍼센트에 가까워진다.[16]

　무언가 심각하게 잘못되었다는 느낌을 지울 수 없다.

생활환경이 만들어낸 비만

불과 몇 세대 전의 날씬했던 조상들과 지금 우리의 유전자는 동일하기 때문에 유전이 비만 대유행의 근본 원인은 아니다. 심지어 일부 국가는 날씬했던 상태에서 한 세대 만에 대다수가 과체중인 상태로 바뀌기도 했다.

　그렇다면 범인은 선천적인 것이 아니라, 분명 후천적인 것이다. 우리 주변 환경이나 생활방식 중 무언가에서 지난 수십 년 동안 급격한 변화를 겪었음이 분명하다.

　당연하다고 생각할지도 모르겠다. 과거에는 대부분의 사람이 하루 종일 육체적으로 힘든 노동을 했다. 하지만 지금은 대부분의 사람이 책상머리에 앉아 디지털로 서류만 이리저리 뒤져보고 있다. 그러니 예전보다 소모하는 칼로리 양이 줄어들 수밖에 없고, 허리둘레가 늘어나는 이유라고 설명할 수 있을 것이다.

이 이론을 검증하기 위해 잠시 탄자니아 북부로 찾아가 보자. 여기에는 하드자족Hadza이 산다. 이들은 세상에서 육체활동이 제일 많은 사람들 중 하나다. 하드자족은 수렵채집인이다. 이들의 생활방식을 보면 농업이 도입되기 전 우리 조상들의 옛 생활방식이 떠오른다. 이들은 농작물이나 가축을 기르지 않고, 매일 아침 먹을 것을 구하러 사바나로 나간다. 남자는 야생동물을 사냥하고, 꿀을 따기 위해 나무에 오르는 반면, 여자는 뿌리, 베리, 과일, 견과류 등을 채집한다.

한마디로 하드자족은 현대 서구인보다 훨씬 활발한 육체 활동을 한다. 평균적으로 서구인은 하루에 약 5000보를 걷는 반면,[17] 하드자족 남성은 1만 9000보, 하드자족 여성은 1만 3000보를 걷는다. 이 걸음 중에는 뿌리채소든, 뿔닭guinea fowl이든, 얼룩말 한 마리든 그날 하루의 전리품을 공동체로 끌고 오면서 걸었던 걸음도 있다. 그러니 하드자족 사람들이 건강한 몸을 유지하는 것도 놀랍지 않다. 앞에서 살펴보았듯이 영국인들의 평균 BMI는 28로 확실히 과체중 범주에 속하며, 캐나다인, 호주인, 뉴질랜드인들도 마찬가지다. 반면 하드자족의 평균 BMI는 21 정도다. 그리고 이것은 활동적인 생활방식을 이어가면서 얻은 수치이기 때문에 같은 체중이라면 하드자족이 평균적으로 영국인보다 근육량이 더 많다.

그렇다면 간단하게 설명이 나온다. 주로 앉아서 생활하는 서구인은 소모하는 칼로리가 적으니 과체중이 되었고, 활동이 많은 하드자족은 소모하는 칼로리가 많으니 날씬하고 건강하다.

그런데 이 설명은 사실이 아니다. 과학자들이 실제로 측정해보 았더니 하드자족은 훨씬 활동이 많음에도 불구하고 하루 칼로리 소모량이 서구인보다 높지 않았다.[18]

놀랐다고? 당연히 그럴 것이다. 나도 이 이야기를 처음 듣고 무 척 놀랐다. 하지만 사실이다. 하드자족이 서구인보다 칼로리를 더 많이 소모하지 않는다.

사실 순수하게 수치만 보면 평균적인 서구인이 평균적인 하드 자족보다 하루 칼로리 소모량이 더 많다. 체격이 크면 에너지가 더 많이 필요한데, 서구인은 보통 아프리카 수렵채집인보다 체격 이 더 크기 때문이다. 하지만 방정식에서 체격 부분을 보정하면 비슷한 결과가 나온다. 따라서 서구인은 책상머리에서 일하는 사 무실 노동자이고, 하드자족은 쉬지 않고 활발하게 움직이는 수렵 채집인임에도 비슷한 체격의 서구인과 하드자족의 집단은 하루 에 소모하는 칼로리량이 동일하다.

이런 놀라운 결과를 밝혀낸 연구는 미국의 진화생물학자 허먼 폰처Herman Pontzer와 그의 동료들이 수행했다. 이들은 사람과 동물 의 에너지 소비량을 측정하기 위해 이중표지수doubly labelled water라 는 고급 기술을 사용했다. 세세한 기술적 내용까지 들어갈 필요 는 없지만, 이 기술은 우리가 현재 갖고 있는 에너지 소비량 측정 방법 중 가장 정확하다. 운동량 측정기fitness tracker나 그런 기능이 있다고 주장하는 다른 장비들보다 훨씬 정확하다.

허먼 폰처와 동료들은 이중표지수 방법을 이용해서 시베리아

순록 사냥꾼부터 라틴아메리카 농부에 이르기까지 전 세계 인구 집단의 에너지 소비량을 측정했다. 그리고 측정할 때마다 에너지 소비량은 적어도 인구집단 수준에서는 대략 비슷한 결과가 나왔다.[19] 체격이 같아도 다른 사람보다 칼로리 소모량이 많은 사람도 있기 때문에 개인별로 차이는 존재할 수 있다. 하지만 일반 인구집단 수준에서는 비슷한 결과가 나온다. 극단적으로 활동이 많은 인구집단과 하루 대부분을 가만히 앉아서 보내는 인구집단을 비교해도 말이다.

폰처의 연구를 가장 잘 보여주는 사례 중 하나는 에콰도르에 사는 두 아동집단의 신진대사를 비교한 연구다. 일부는 아마존 부족에서 살고 있는 아동이었던 반면, 나머지는 현대화된 도시에 사는 아동이었다. 에콰도르 도시에서는 아동의 약 3분의 1이 과체중인데, 이것을 두고 아이들이 별로 움직이지 않아 칼로리 소모가 적어서 생긴 일이라고 생각하기 쉽다. 열대우림에 사는 아동보다 도시에 사는 아동이 활동을 적게 한다는 점은 의심할 여지가 없다.

하지만 미국 과학자들이 확인해보니 도시 거주 아동도 매일 아마존에 사는 아동만큼 칼로리를 소모하고 있었다.[20] 그리고 이 부분에 있어서는 영국과 미국의 아동과 비교했을 때도 마찬가지였다. 사실 폰처와 동료들은 이런 현상을 동물에서도 관찰했다. 동물원에 있는 침팬지, 캥거루, 판다는 활동량이 훨씬 적음에도 불구하고 야생에 사는 동물들과 하루 칼로리 소모량이 동일하다.[21,]

22,23

운동을 해도 살이 빠지지 않는 이유

혼란스러울 것이다. 이해한다. 어떻게 주로 앉아서 생활하는 서구인과 활발히 움직이는 하드자족이 하루 칼로리 소모량이 같을 수 있을까? 활발하게 활동하려면 에너지가 든다. 이는 분명한 사실이다. 그런데 어째서 총 에너지 소모량에는 이런 사실이 반영되지 않을까?

그 이유는 이 책에서 반복적으로 다루게 될 원인 때문일 것이다. 우리 몸은 역동적이다. 몸은 환경에 끊임없이 반응하는 적응 기계다. 그런데 이 경우는 아주 짜증나는 방식으로 적응을 해서 문제다.

알다시피 우리 몸은 끊임없이 부족에 시달리는 환경에서 진화했다. 그래서 에너지를 보존하는 쪽에 초점이 맞추어져 있다. 즉 운동 같은 것을 해서 하루의 에너지 소비량을 늘리면 몸이 다른 곳에 투입되는 에너지를 줄여서 이를 상쇄하는 경향이 있다.[24] 이것을 엘리트 지구력 운동선수의 사례에서 확인할 수 있다. 이들은 운동하지 않는 사람에 비해 테스토스테론이나 에스트로겐 같은 성호르몬 수치가 낮다.[25] 이런 일이 일어나는 이유는 엘리트 지구력 운동선수가 상당히 많은 에너지를 신체 활동에 투입하느라 몸이 알아서 생식 등 다른 영역의 우선순위는 낮추기 때문이다. 특히나 활동이 많은 여성 운동선수의 경우에는 생리가 멈추기도 한다.

수렵채집인 공동체에서도 동일한 현상을 관찰할 수 있다. 생리가 없어진다는 뜻은 아니다. 수렵채집인은 생식에 아무런 문제가 없다. 하지만 엘리트 지구력 운동선수처럼 그들은 주로 앉아서 생활하는 서구인에 비해 성호르몬 수치가 낮은 경향이 있다.[26] 별로 마음에 드는 이야기는 아닐 수도 있지만, 유방암이나 전립선암 같은 호르몬 의존성 암이 선진국에서 가장 흔한 형태의 암이라는 점을 생각해보라. 선진국 사람들은 원래 진화해온 것보다 호르몬 수치가 훨씬 높을 가능성이 크다.

어쨌든 우리 몸이 에너지를 아끼려 할 때 제일 먼저 눈을 돌리는 곳이 보통 생식은 아니다. 일반적으로는 불필요한 움직임같이 덜 중요한 영역에서 먼저 에너지 소비를 줄이려 한다. 운동을 한 날은 이후 나머지 시간에 하는 활동이 줄어들 수 있다. 자리에서 일어나 돌아다니는 일이 줄어들고, 서 있느니 차라리 앉거나 누워 있고, 꼼지락거리는 것도 줄어들고, 평소처럼 미친 듯이 다리를 떠는 일도 줄어든다.[27]

종합하면, 신체 활동을 통해 소모하는 칼로리가 일일 총에너지 소비량 증가로 직접 이어지지 않는다는 의미다. 달리기를 통해 400칼로리를 더 태웠을지는 모른다. 하지만 그 후에 몸에서 다른 영역에 들어가는 에너지 소비량을 줄인다면, 그날 하루의 총에너지 소비량은 게을렀던 날보다 250칼로리 정도만 더 많아졌을 것이다.

체중 감량을 목표 삼아 운동하는 사람을 대상으로 진행한 연구에서도 정확히 이런 일이 목격됐다. 미국의 한 연구에서 연구자들은 과체중인 몇몇 젊은이에게 수 킬로그램 정도의 감량을 목표로 조킹을 시켰다. 이 달리기 프로그램은 참가자가 한 번 운동할 때마다 286~430칼로리 정도를 소모하도록 설계됐다. 하지만 이들이 훈련 프로그램을 충실히 지켰음에도 불구하고 하루 에너지 소모량이 평소보다 겨우 220칼로리 많아지는 데 그쳤다. 그래서 체중 감량이 이루어지기는 했지만 예상만큼은 아니었다.[28]

안타깝게도 체중 감량을 목적으로 한 운동에 대한 연구에서 이런 이야기는 흔히 등장한다. 처음에는 이런 참가자들의 하루 칼로리 소모량이 예상대로 높게 나온다. 하지만 시간이 지날수록 몸이 활동량 증가를 더욱 능숙하게 보상할 수 있게 된다. 하드자족이 영국인보다 칼로리 소모량이 많지 않은 이유도 아마 이 때문일 것이다. 그들의 몸은 활동적인 생활방식을 보상하는 방법을 평생에 걸쳐 배운다.

운동 부족이 비만의 원인이라는 오해

그렇다고 오해하지는 말자. 운동이 체중 감량에 효과가 없다는 이야기는 아니다. 미국인을 대상으로 한 연구에서 보았듯이 달리기를 하는 사람은 실제로 하루 총에너지 소비량이 조금 증가한다. 다만 데이터는 오랜 격언을 확실하게 뒷받침한다. 나쁜 식단을 운동으로 극복할 수는 없다.

물론 강철 같은 의지가 있다면 에너지 소비를 보상하려는 몸의 시도를 그냥 물량 공세로 압도할 수 있다. 예를 들어 투르 드 프랑스Tour de France(총 3500킬로미터 구간을 21개 구간으로 나누어 진행하는 권위 있는 사이클 대회-옮긴이) 사이클 선수처럼 훈련을 시작한다면 다른 곳에서 에너지 소비를 줄인다고 해도 훈련으로 소비한 에너지를 완전히 보상하기는 아예 불가능하다.

더군다나 체중 감량에 대한 연구를 보면 운동이 체중을 줄인다는 측면에서는 실망스러운 경우가 많지만, 체중이 다시 늘지 않게 막는 결정적인 요인으로 작용할 수 있다고 나온다. 그리고 일반적으로 말해서 운동은 우리가 할 수 있는 건강에 가장 좋은 일 중 하나다. 내 책《해파리의 시간은 거꾸로 간다》를 읽은 독자라면 신체 활동이 기대 수명을 연장하는 가장 좋은 방법 중 하나라는 점을 알 것이다. 운동은 나이가 들면서 찾아오는 신체기능 감소 속도를 늦추고 대부분의 노화 관련 질환의 위험을 낮춘다.

하지만 이런 부분들을 모두 감안하더라도 원래의 의문은 그대로 남아 있다. 우리는 서구인이 주로 앉아서 생활해서 과체중이 되었는지 알아보려고 하드자족을 찾아갔다. 그리고 거기서 그건 아니라는 답을 얻었다. 우리도 활동이 훨씬 많은 인구집단 못지않은 칼로리를 소모하기 때문이다. 비만 대유행의 뒤에 분명 다른 무언가가 자리 잡고 있다.

더 많은 증거가 필요하다면, 지난 수십 년간의 신체 활동 수준에 관한 훌륭한 데이터도 제시할 수 있다. 1980년대와 1990년대에 일반인의 일상적인 활동 수준을 추적한 여러 편의 연구가 있다. 그리고 이 연구들은 당시 사람들이 요즘 사람들보다 신체 활동이 훨씬 적었다는 것을 보여준다.[29] 하지만 그들이 우리보다 훨씬 날씬했다.

그럼 다시 원점으로 돌아온 셈이다.

통제할 수 있다는 착각

씬 날씬했다.

그럼 다시 원점으로 돌아온 셈이다.

2장
배고픔의 함정

앞에서 비만 대유행에 대해 설명하면서 '유전학'이라는 카드는 버렸다. 날씬했던 선조들과 비슷한 유전자를 갖고 있는데도 체중이 계속 더 늘고 있기 때문이다. 하지만 그렇다고 유전학으로부터 비만과 관련된 단서를 전혀 얻을 수 없다는 의미는 아니다. 결국 우리 모두 동일한 비만 촉진 환경에서 살고 있음에도 불구하고, 그 원인이 무엇이었든 환경의 영향을 똑같이 받지는 않기 때문이다.

과거에는 굳이 노력하지 않아도 모두가 날씬한 몸을 유지할 수 있었지만, 현대에 들어서면서 어떤 사람은 비만이 되고, 어떤 사람은 과체중이 되고, 어떤 사람은 우리 선조들처럼 날씬한 몸을 유지하고 있다. 그리고 이런 차이는 유전적 요소에서 나온다. 일례로 입양된 아이를 생각해보자. 이들은 입양 가정에서 자랐음에도 성인이 되었을 때의 체중은 혈연 가족의 체중과 더 밀접한 상관관계를 보인다. 즉 비만 촉진 환경에 민감하게 반응하는지 여부는 성장 과정과 상관없이 유전자에 의해 이미 성향이 정해져 있는 것으로 보인다.[1]

일란성 쌍둥이에게서도 똑같은 현상이 보인다. 일란성 쌍둥이는 발생 초기에 수정란 하나가 쪼개지면서 생겼기 때문에 유전적으로 동일하다. 이들은 서로의 유전적 복제본이라 할 수 있다. 드물지만 경우에 따라서는 일란성 쌍둥이가 각각 다른 가정에 입양되어, 같은 유전자가 두 가지 다른 환경에 노출되기도 한다. 하지만 서로 다른 가정에서 자랐음에도 일란성 쌍둥이는 결국 놀라울 정도로 비슷하게 자라는 경향이 있다. 체중도 마찬가지다.[2]

비만 위험은 뇌에 있다

과학자들은 그 비밀을 밝혀내기 위해 전장유전체 연관분석 genome-wide association study을 해보았다. 이것은 연구자들이 수십만 명의 유전자를 조사해서 다양한 특성과의 상관관계를 살펴보는 대규모 연구다. 예를 들어 키 작은 사람과 비교했을 때 키 큰 사람 사이에서 더 흔하게 등장하는 변이 유전자가 있다면, 이것이 키를 키우는 유전자일 수 있다. 마찬가지로 날씬한 사람에게서 잘 보이지 않는 어떤 유전자 변이가 비만인 사람들에게서는 자주 발견된다면, 이것이 비만 위험을 높이는 유전자일 수 있다.

대규모 전장유전체 연관분석을 통해 이미 현대사회에서 비만의 위험을 높이는 몇 가지 변이 유전자가 발견됐다.[3] 하지만 이런 유전자들은 우리의 순진한 예상과는 다른 종류의 유전자에서 발견됐다. 사전 지식이 없는 사람이라면 체중 증가를 촉진하는 가장 중요한 유전자는 지방조직이나 신진대사 및 에너지 저장과 관련된 것이리라 짐작하기 쉽다. 하지만 실제로 비만 위험을 높이는 유전적 변이는 대체로 뇌와 관련이 있다고 밝혀졌다. 이런 변이가 보상 처리reward processing, 식욕, 충동 조절 같은 특성에 영향을 미친다.

그 이유는 사람도 여는 말에서 만나본 우리 친구 검은머리물떼새나 알락딱새와 별반 다르지 않기 때문이다. 그렇다. 우리는 뇌도 훨씬 크고, 훨씬 똑똑하다. 하지만 우리도 똑같은 속임수에 넘어간다. 바로 초자극이다. 새들은 알의 초자극, 즉 부자연스럽게 크거나 밝은, 과장된 버전의 알에 속아 넘어간다. 인간은 식품 초자극food superstimulus에 속는다. 즉 보상 체계의 발작 버튼을 정통으로 누르게끔 꼼꼼히 설계된 인공적 음식에 속아 넘어간다.

보상 체계란 특정 행동에 대한 보상으로 쾌감을 제공해 그 행동을 강화하는 뇌 부위를 말한다. 이 뇌 영역이 얼마나 민감하게 작동하는지는 개인의 유전적 구성에 달려 있다. 초콜릿 한 조각은 우리 모두에게 보상으로 작용한다. 하지만 나의 뇌가 당신의 뇌보다 여기에 더 강력하게 반응한다면 나는 너무 많이 먹어서 과체중이 될 위험이 더 높아진다. 알코올에서 더 강력한 보상을 느끼는 사람이 술을 많이 마셔서 결국 알코올의존증에 빠질 가능성이 더 높은 것처럼 말이다.

+ **우리는 얼마나 많이 먹고 있을까?** 

과학자들은 다양한 방법으로 요즘 사람들의 평균 음식 섭취량을 추정했다. 예를 들어 어떤 과학자들은 총음식 생산량을 확인한 후 손실되거나 낭비되는 것으로 추정되는 음식의 양을 빼는 방식으로 계산했다.[4,5] 이를 통해 요즘 사람들이 평균적으로 예전보다 훨씬 많은 음식을 먹고 있다는 사실이 분명하게 드러났다. 사실 평균 칼로리 섭취량이 너무 높아서, 이 정도면 비만 대유행이 심해지지 않는 것이 이상할 정도다. 이 칼로리 섭취량 증가만으로도 허리둘레가 늘어나는 이유는 충분히 설명할 수 있다.

초자극은 설계된다

어느 화요일 밤 당신이 소파에 앉아 있다고 상상해보자. 갑자기 어떤 충동이 밀려온다. '식료품 수납장에 과자가 한 봉지 있지 않았던가? 맞아. 사탕도 있지. 하지만 안 돼. 오늘은 안 돼……. 에이, 그래도?'

이 갈등을 자기 자신과의 단순한 싸움이라 생각할 수도 있다. 한쪽에는 당신의 이성과 의지력이, 그리고 한쪽에는 몇 분 만에 600칼로리의 공허한 칼로리empty calorie(영양은 없고 열량만 높은 식품-옮긴이)를 뚝딱 먹어치우고 싶은 욕망이 맞붙어 싸운다. 어려운 싸움이지만 적어도 공정한 싸움이다. 자신 대 자신의 싸움이니까 말이다.

하지만 사실 이 갈등은 결코 혼자서 벌이는 싸움이 아니다. 수천 명의 다른 사람이 이 싸움에 참여하고 있으며, 안타깝게도 그들은 모두 당신의 적으로 싸움에 참가한다.

과자와 사탕을 제조하는 회사의 목표는 당신이 식료품 수납장에 있는 과자 봉지를 뜯게 만드는 것뿐이다. 결국 식품 제조사는 다른 회사와 동일한 경제법칙에 따라 돌아간다. 그들의 존재 이유는 주주를 위해 돈을 버는 것이다. 그래서 식품 제조업체 입장에서는 당신의 이성, 의지력, 포만감이 최대의 적이다. 당신이 수납장에 있는 과자 봉지를 지금 열지 않는다면, 당신이 또 하나 살 때까지 더 많은 시간이 걸릴 것이다. 당신이 한 번에 조금씩만 먹는 경우도 마찬가지다. 당신이 중간에 배부름을 느끼거나, 의지력을 발휘해서 반 봉지만 먹고 멈추어도 동일한 결과로 이어진다. 따라서 과자와 사탕 제조업체는 당신이 자제력을 발휘하거나, 포만감을 느낄 수 없도록 만들어야 한다. 그래야 최대한 많은 돈을 벌 수 있다.

내가 과장해서 말한다고 생각할 수도 있다. 하지만 식품 제조업체들이 판매 목표를 달성하기 위해 어떤 일까지 하고 있는지 알면 충격을 받을 것이다. 대규모 식품 제조업체들은 전 세계에서 연구 단지를 운영하고 있으며, 그곳에 정식으로 자격을 갖춘 연구자를 대거 고용하고, 수십억 달러의 돈을 투입해서 과자, 쿠키, 전자레인지용 식품을 마치 생명을 구하려는 의약품이나 전술 무기라도 되는 것처럼 세심하게 최적화하려 최선을 다하고 있다.

이 식품 과학자들이 답을 구하려는 질문들은 다음과 같다. 지방과 설탕의 완벽한 균형은 무엇일까? 소금 결정의 구조를 어떻게 변화시키면 먹는 사람의 기분이 최대로 좋아질 수 있을까? 2퍼센트 더 단단하거나 더 부드럽게 만들면 쿠키가 더 맛있게 느껴질까? E620과 E621 중 어느 쪽이 식욕을 더 자극할까?(E620은 글루탐산, E621은 글루탐산나트륨으로 감칠맛을 강화시켜 음식 맛을 더 풍부하게 만드는 식품 첨가물이다-옮긴이) 과자의 색깔을 좀 더 진한 노란색으로 만드는 게 좋을까? 등등.

이런 회사들은 같은 제품을 수천 가지 변형으로 생산해서 각각에 대해 첨단 과학 기법으로 생쥐와 사람이 어떻게 반응하는지 연구한다. 일부 식품 제조업체는 자신들의 제품이 사람 뇌의 보상 체계에 어떤 영향을 미치는지 연구하려고 뇌 스캐너까지 동원하다가 발각되기도 했다.[6]

그 장면을 상상하니 피식 웃음이 나온다. 실험실에서 흰 가운을 입은 과학자들이 심각한 표정으로 값비싼 첨단 장비들을 동원해서 최적의 냉동 피자 만들기에 매진하며 열심히 연구하고 있는 모습을 상상해보라. 차라리 희비극이라고 표현하는 것이 더 적절할 것 같다. 보기에는 정말 우스꽝스러워 보이겠지만, 사실 과학을 통한 식품 최적화 과정이 제조업체들의 의도대로 정확하게 작동하고 있는 모습이다. 당신도 자신의 몸을 통해 이런 것을 분명 경험했다. 과자를 한 움큼 집어 먹었는데 도저히 중간에 멈출 수 없는 그런 느낌 말이다. 이것은 우연이 아니다. 철저하게 의도된 설계다.

식품 회사들은 초자극을 설계하고 있다. 이 모든 과정은 결국 다양한 재료를 신중하게 조합해서 당신의 코를 꿸 수 있는 제품을 만드는 것이 목표다. 예를 들어 사과는 사과나무의 열매다. 그리고 스테이크는 소의 근육 조직이다. 반면 오레오 과자는 뇌의 보상 체계에서 보상을 최대로 이끌어내기 위해 여러 대륙에서 생산된 재료를 신중하게 조합해서 만든 결합체다. 오레오에는 사탕수수에서 정제된 설탕, 밀을 제분해서 만든 밀가루, 야자나무에서 추출한 팜오일, 코코아콩에서 나온 코코아 분말, 혼합물을 유화시키기 위해 콩에서 추출한 레시틴lecithin, 옥수수 등으로 만든 각종 시럽, 대량의 소금, 그리고 색을 내고 유통기한을 늘리며 맛을 좋게 해주는 온갖 첨가물이 들어 있다.

오레오에 들어가는 모든 재료는 모두 어떤 식으로든 가공되었고, 오레오는 오직 기나긴 산업 공정을 통해서만 존재할 수 있다. 이런 이유로 오레오를 '초가공식품ultra-processed food'이라고도 부른다. 이런 제품들은 보통 긴 유통기한, 화려한 포장, 브랜드명, 그리고 일반인은 이해하기 어려운 복잡하고 장황한 성분표를 보고 구분할 수 있다. 여기에 해당하는 식품으로는 사탕, 과자, 초콜릿, 아이스크림, 탄산음료, 에너지 음료, 패스트푸드, 즉석식품, 소시지, 시리얼 등이 있다.

비만 대유행의 원인에 대한 이야기에서 초가공식품이란 용어를 이미 들어봤을지도 모르겠다. 이런 종류의 식품에 대해 점점 더 면밀한 조사가 이루어지고 있는데, 그럴 만한 이유가 있다. 하지만 '초가공식품'이라는 개념은 우리가 마주하고 있는 문제를 완전히 담아내지 못한다. 음식이 기계와 접촉했거나, 다른 방식으로 가공되었다고 해서 자동으로 건강에 나쁘거나, 살을 찌우는 식품이 되지는 않는다. 식품을 가공하면서도 초자극물로 만들지 않는 방법은 얼마든지 상상해볼 수 있다.

사실 해로운 지방을 제거하거나, 식이섬유를 추가하거나, 단백질 성분을 포함시키는 등 식품을 가공해서 건강에 더 좋은 식품을 만들 수도 있다. 그리고 유청 단백질whey protein처럼 건강 증진에 도움이 되는 초가공식품도 이미 알려져 있다. 단백질 쉐이크에 제일 흔히 사용되는 단백질의 한 종류인 유청 단백질은 우유의 한 성분으로, 산업 공정을 통해 분리된다. 그 후에 거기에 인공감미료나 향료가 첨가되므로, 유청 단백질은 어떤 정의를 적용하더라도 초가공식품이다. 하지만 연구에 따르면 식단에 유청 단백질을 첨가하면 심지어 노인에게서도 근육량과 골량 같은 다양한 건강 지표에 긍정적인 효과가 나타난다. 따라서 문제는 가공 그 자체가 아니다. 식품을 초자극물로 만드는 것, 즉 뇌에 최대의 보상을 주어 가능한 한 많이 먹게 만들겠다는 구체적인 목적을 바탕으로 음식을 가공하는 것이 문제다. 너무 많이 먹으면 체중이 증가하고, 대부분의 해악은 음식 그 자체가 아니라 과체중에서 나온다.

초가공식품이 식욕을 설계하는 방식

식품회사들이 그런 일들을 얼마나 잘하는지 보고 싶다면, 미국의 비만 연구자 케빈 홀Kevin Hall과 동료들이 제공한 훌륭한 사례를 통해 확인할 수 있다.

신중하게 설계된 한 연구에서 과학자들은 평범한 미국인들을 모집해 4주 동안 연구센터에서 지내게 하면서, 모든 음식을 제공했다. 이렇게 해서 연구진은 각 참가자의 섭취량을 추적할 수 있었다. 참가자들을 두 집단으로 나누어 한 집단에는 냉동식품, 시리얼, 포장 간식 등의 초가공식품을 제공했다. 그리고 다른 집단에는 신선한 고기, 과일, 채소, 쌀 등 가공되지 않은 식품을 제공했다.

과학자들은 두 집단의 식사를 최대한 비슷하게 준비하려고 노력했다. 두 집단의 식단에는 항상 거의 같은 양의 칼로리가 담겼고, 각 식사에 단백질, 탄수화물, 지방, 소금, 설탕, 섬유질 등의 성분이 거의 비슷한 양으로 들어가게 했다. 두 식사에서 딱 한 가지 차이점은 한 집단은 식품 과학자들이 설계한 음식을 받았고, 다른 집단은 가공되지 않은 음식을 받았다는 것이었다.

과학자들은 4주에 걸쳐 참가자들의 식습관을 추적하면서 그들의 체중을 정기적으로 확인하고, 혈액검사도 진행했다. 그리고 그 결과는 우리가 비만 대유행과 씨름하고 있는 이유에 대해 많은 것을 시사했다. 모든 참가자에게는 배가 부를 때까지만 먹으라고 지시했고, 체중 증가를 눈치채지 못하게 하려고 헐렁한 옷을 입혔다. 하지만 식품 과학자들이 설계한 음식을 먹는 집단은 비가공식품을 먹은 집단에 비해 하루 칼로리 섭취량이 500칼로리나 더 많았다.[7] 비슷한 설계로 나중에 진행된 일본의 한 연구에서는 그 차이가 더 극명하게 드러났다. 이 실험에서는 초가공식품을 먹는 참가자들이 하루에 800칼로리를 더 섭취했다.[8] 즉 식품 과학자들이 설계한 음식을 먹는 사람들이 비가공식품을 먹는 사람처럼 배부르게 먹으려면 꼬박 식사 한 끼에 해당하는 양을 더 먹어야 한다는 뜻이다. 당연히 두 실험 모두에서 초가공식품을 먹은 쪽의 체중이 더 증가했다.

이 연구에서 비가공식품을 먹은 집단이 실험하는 동안 체중이 감소했다는 점도 주목할 만하다. 이들이 평소에 초가공식품을 많이 섭취하는 일반적인 미국인이라고 가정하면 이해할 만한 일이다. 이 사람들은 두 극단적인 식단 사이에서 시작한 경우라 생각할 수 있다. 이런 참가자들이 완전히 비가공식품만 먹는 식단으로 바꾸자 식욕이 정상화되기 시작했고, 이러한 변화는 체중 측정뿐 아니라 혈액검사 결과에서도 나타났다. 비가공식단을 섭취하는 동안에는 배고픔을 느끼게 하는 호르몬인 그렐린ghrelin 수치가 떨어진 반면, 식욕 억제 호르몬인 PYYPeptide YY의 양은 증가했다. 이는 초가공식품이 몸에 어떤 영향을 미치는지 보여주는 증거다. 식품 회사들은 공학적으로 식품을 설계해서 우리 생리학의 내부 작동 방식을 조작해왔다.

이것이 어떤 방식으로 이루어지는지 알아보자.

쥐도 홀딱 반하는 쿠키 

비만 대유행 초기에 연구자들은 무슨 일이 일어나고 있는지 연구하는 데 실험용 쥐와 생쥐를 이용하려 했다. 하지만 한 가지 문제에 직면했다. 어떻게 이 설치류들을 살찌울 수 있을까?

일반적으로 실험동물은 딱 적당한 양의 먹이만 먹기 때문에 날씬한 상태를 유지한다. 그래서 과학자들은 (동물들의) 비만을 유도하기 위해 실험을 해야 했다. 먼저 강제 급식을 시도했다. 효과는 있었지만 시간이 오래 걸렸고, 분명 잔인한 일이었다. 다음에는 지방 함량이 엄청나게 높은 사료를 주었다. 강제 급식보다는 효과가 좋았지만 여전히 시간이 오래 걸렸다.

마침내 일부 과학자가 간단한 해결책을 찾아냈다. 이들은 실험동물에게 쿠키, 과자, 사탕, 소시지, 크래커 등 우리가 좋아하는 슈퍼마켓 간식을 먹이기 시작했다. 과학계에서는 이런 식단을 '카페테리아 식단Cafeteria Diet'이라 불렀고, 비만을 유도하는 데 너무도 효과적인 것으로 입증됐다. 이런 음식을 먹이면 대부분의 실험동물이 먹는 것을 도저히 멈출 수 없게 되어 불과 몇 주 만에 비만이 됐다.[9]

3장
하얀 금이 지배하는 세계

1493년 3월, 풍파에 시달리던 배 두 척이 스페인 남서쪽 끝에 있는 팔로스 데 라 프론테라Palos de la Frontera 항구로 미끄러지듯 들어왔다. 갑판 위에는 크리스토퍼 콜럼버스 그리고 아메리카 대륙으로 떠난 첫 원정에서 획득한 전리품을 가지고 돌아온 오합지졸 스페인 선원들이 타고 있었다. 포로로 잡혀온 아메리카 원주민들은 앞으로 벌어질 피비린내 나는 역사를 예고하듯 갑판 위에 말없이 앉아 있었다. 그리고 선창에는 스페인 사람들이 탐사를 하는 동안 꼼꼼하게 수집한 이국적인 식물과 동물들이 들어 있었다.

배가 정박하자 분위기가 흥분으로 들썩였다. 득의양양해서 어깨에 힘이 들어간 선원들이 해안으로 뛰어내렸고, 사람들이 주위로 모여들자 기이하기 그지없는 생명체들을 보여주기 시작했다. 그중에는 파인애플과 화려한 앵무새도 있었다. 심지어 칠면조도 있었다. 아마 구경꾼 중에는 칠면조를 보고서 속으로 악마가 새의 모습으로 변장해 자기를 직접 찾아온 것이 아닐까 두려워하는 사람도 있었을 것이다.

콜럼버스의 항해는 아메리카 대륙 식민지 개척의 시작을 알렸고, 그와 함께 탐험, 전쟁, 이주, 노예제도, 국가 건설 등과 관련된 인간의 모든 운명이 새로이 전개되기 시작했다. 하지만 나머지 다른 승객들, 즉 대서양을 건너기 시작한 식물과 동물이 아메리카 대륙에 미친 영향에 대한 이야기는 찾아보기 힘들다. '콜럼버스 교환Columbian Exchange'이라 부르는 이런 교환을 통해 유럽의 동물들이 아메리카 대륙 곳곳으로 퍼져나갔다. 북미 대평원에서 정착 생활을 하던 아메리카 원주민 부족들은 말이 도입되자 말을 타고 다니는 상징적인 버팔로 사냥꾼으로 변모했다. 한편 양, 돼지, 소, 토끼 등 많은 동물이 대륙의 구석구석까지 퍼져 나갔다. 특히 돼지는 탈출해서도 독립적으로 잘 적응해서 살았다. 그래서 오늘날에는 수백만 마리의 야생 돼지가 아메리카 대륙 곳곳에서 살고 있다.

구대륙Old World(유럽, 아시아, 아프리카 등 신대륙 발견 이전에 '알려져 있던 세계'-옮긴이)에서 콜롬버스 교환이 미친 가장 큰 영향은 새로운 아메리카 대륙 작물이 몰려든 것이었다. 몇 세기 만에 유럽, 아시아, 아프리카 전역에서 국민 요리가 뒤바뀌었다. 이탈리아인들은 처음으로 토마토를 접했다. 인도인들은 카레 요리에 고추를 넣기 시작했다. 그리고 영국 제도British Isles에서는 볼품없는 감자에 사람들이 열광했다. 아메리카 작물의 다른 훌륭한 사례로는 옥수수, 피망, 아보카도, 카카오, 땅콩, 호박, 바닐라, 그리고 앞서 언급했던 파인애플이 있다. 이 모든 것은 불과 몇백 년 전까지만 해도 유럽, 아시아, 아프리카에 전혀 알려지지 않았던 것들이다.

잎에서 가루로: 농축이 만든 중독

대서양을 건넌 식물 중에 덜 알려진 것이 있다. 코카나무coca tree라는 작은 관목이었다. 페루와 볼리비아가 원산지인 이 나무는 이파리가 문화에서 중요한 역할을 담당했다. 코카나무 이파리를 씹으면 약한 각성 효과가 있어서 전통적으로 피로를 예방하고, 의식을 진행하는 목적으로 사용되거나, 고산병이나 배고픔, 갈증에 이르기까지 온갖 것을 막는 용도로 사용됐다.

처음에는 코카나무가 유럽에서 별로 인기를 끌지 못했지만, 다른 식물들도 마찬가지였다. 토마토는 독성이 있다고 여겨졌고, 농부들에게 감자를 재배하라고 설득하는 데도 왕실의 뒷받침과 강력한 압박이 필요했다. 하지만 시간이 지나면서 아메리카 대륙의 식물들이 사람들의 마음을 점차 사로잡았다. 코카나무의 경우 1855년에 큰 변화가 찾아왔다. 독일 화학자들이 코카나무 이파리에서 활성 화합물을 분리해냈다. 즉 코카나무 이파리의 에너지 증진 효과를 담당하는 화학물질을 발견해서 추출하는 데 성공했다.

화학자들은 이 새로운 물질의 이름을 코카나무의 이름을 따서 코카인cocaine이라 지었다. 여기서부터 그 이야기가 감자나 토마토와는 살짝 다른 방향으로 흘러갔다는 사실을 짐작할 수 있을 것이다.

알다시피 독일 화학자들은 이 새로운 약물의 의학적 용도를 찾아낼 계획이었다. 그리고 초기에는 실제로 코카인이 여러 의약품에 사용되기도 했다. 하지만 머지않아 사람들은 코카인의 다른 용도를 발견했다. 알고 보니 순수 코카인은 코카나무 이파리에 결합되어 있는 코카인보다 훨씬 강력한 각성제였다. 그 이유는 두 가지로 찾아볼 수 있다.

첫째, 코카나무 이파리에는 코카인이 1퍼센트밖에 들어 있지 않기 때문에 사람들이 순수 코카인을 통해 쉽게 얻을 수 있는 양만큼 섭취하려면 코끼리 수준으로 먹어야 한다. 둘째, 순수 코카인이 코카나무 이파리보다 효과가 더 강력한 이유는 뇌에 도달하는 시간이 더 짧기 때문이다. 코카나무 이파리를 씹을 때는 코카인뿐 아니라 다량의 섬유질과 수분을 함께 섭취하는데, 이것에는 체내 흡수를 지연시키는 효과가 있다. 코카인이 뇌에 도달하는 데 시간이 더 오래 걸린다는 의미다. 이것이 중요한 이유는 약물이 뇌에 도달하는 데 걸리는 시간이 짧을수록 보상이 더 강하게 작용하고, 중독성도 강해지기 때문이다.[1] 예를 들어 담배가 니코틴 껌보다 중독성이 강한 이유는 담배를 피울 때 니코틴이 뇌에 더 빨리 도달하기 때문이다. 담배를 피울 때는 니코틴이 폐를 통해 흡수되는데, 이 경우 니코틴 껌처럼 입의 점막을 통하는 경우보다 흡수가 빠르다. 코카인을 코로 흡입하는 형태 대신 흡연하는 '크랙 코카인' 형태로 변형시키면 중독성이 더 강해지는 이유도 이 때문이다.

코카인이 우리가 지금까지 논의한 내용과 대체 무슨 관련이 있는지 의문이 들 것이다. 당신에게 냉장고 속 음식에 대한 편집증을 만들어주고 싶지는 않지만, 여기에는 식품 초자극과의 중요한 유사점이 존재한다. 식품 제조업체들도 독일 화학자들이 코카인을 개발했을 때 사용했던 것과 똑같은 방법을 사용해서 식품 초자극을 만들기 때문이다. 즉 기분을 좋게 만드는 화합물을 찾아내고, 그것을 분리한 다음, 농축된 형태로 엄청난 양을 음식에 첨가한다. 이런 과정을 실전에서 보여준 가장 좋은 사례는 반대 방향으로 대서양을 건넌 하얀색 가루에서 찾아볼 수 있다.

하얀 금, 가장 싼 칼로리 공급원이 되다

신대륙New World(유럽인의 관점에서 아메리카 대륙을 가리키는 용어-옮긴이)에 도달하기 전에 스페인, 특히 포르투갈의 탐험가들은 한 세기에 걸쳐 고향에서 점점 더 먼 곳까지 항해에 나섰다. 이들은 아프리카 서부 해안을 따라서 모험을 하다가 결국에는 대서양 한복판을 향해 나아갔다. 이런 항해 중에 스페인 사람들과 포르투갈 사람들이 섬을 몇 개 발견했다. 마데이라Madeira, 카나리아제도the Canaries, 아조레스제도the Azores, 카보베르데제도the Cape Verde islands, 상투메 프린시페São Tomé & Príncipe 등으로 대부분이 무인도였다.

　각국의 군주는 새로 발견한 섬들을 재빨리 왕실의 영토로 선언했고, 정착민을 그곳으로 보내 섬에서 수익을 만들어내는 임무를 맡겼다. 몇 가지 전략이 시도됐지만, 오래지 않아 몇몇이 대서양 섬들의 기후가 사탕수수 재배에 적합하다는 것을 깨달았다. 이 사탕수수를 가공해서 정제 설탕을 만든다.

유럽인들은 중동에서 돌아온 십자군으로부터 맛있는 '달콤한 소금sweet salt' 이야기를 들은 이후로 사탕수수에 대해 알게 됐다. 하지만 사탕수수를 재배하려면 따뜻한 기후가 필요했기 때문에 유럽에서의 생산량은 자연적으로 제한될 수밖에 없었다. 유럽 대륙에서 이 작물을 기르기에 적합한 장소는 최남단의 작은 몇 개 지역밖에 없었다. 그래서 정제 설탕은 '하얀 금White Gold'이라는 별명을 얻을 만큼 비쌌다.

새로 발견한 섬을 이용해 사탕수수를 재배하기 시작한 스페인과 포르투갈은 짭짤한 수익을 올릴 수 있었다. 하지만 전체 설탕 생산량이 늘어나기는 했어도 사탕수수를 재배하는 섬 중에 특별히 큰 섬은 없었다. 그래서 한동안 설탕은 고위층만이 누릴 수 있는 사치품으로 남아 있었다.

콜럼버스와 그의 선원들이 신대륙의 이야기를 가지고 팔로스 데 라 프론테라 항구에 정박한 순간부터 이 모든 것이 바뀌기 시작했다. 그곳에서 유럽인들은 사탕수수를 재배하기에 완벽한 땅이 무한히 펼쳐진 것을 발견했고, 정착민들은 지체 없이 그곳으로 향했다. 그들도 대서양의 섬에서 설탕을 재배해 막대한 부를 쌓은 사람들의 이야기를 들었기 때문에 그 행렬에 함께 하고 싶어했다. 심지어 일부 이주민들은 아메리카 대륙에서 훨씬 큰 횡재를 노려보려고 사탕수수를 재배하던 섬들에서 바로 넘어오기도 했다. 그래서 콜럼버스가 상륙한 지 불과 9년 만에 아메리카 대륙에서 처음으로 사탕수수가 수확됐다. 그리고 머지않아 설탕은 아메리카 대륙의 핵심 수출품 중 하나로 자리 잡았다.

　이후 수 세기에 걸쳐 생산량을 늘리고, 시장을 장악하기 위한 치열한 경쟁이 시작됐다. 사탕수수 농업은 위험하면서 동시에 노동집약적이었다. 그래서 식민지 개척자들은 일꾼을 구하는 데 어려움을 겪었다. 결국 그들은 노동 수요를 충족하고 자신의 주머니를 채우기 위해 노예제로 눈을 돌렸다. 이것은 어디서 일어나더라도 끔찍한 일이지만, 설탕 농장의 노예는 특히 참혹했다. 여기서 노예가 된 사람들은 아메리카로 넘어온 그 어떤 사람들보다도 비참한 운명을 겪어야 했다. 매년 5~10퍼센트의 노동자가 죽었고, 가혹한 조건으로 인해 노동력을 지속적으로 보충해야 했다.

　노예를 이용하는 것 외에도, 사탕수수 재배자들은 수확량을 늘리고, 거기서 최대한 많은 양의 설탕을 추출하기 위해 다양한 새로운 방법과 기술을 발명하며 비용을 절감했다. 이런 최적화 과정을 통해 설탕 가격이 급격히 떨어졌고, 설탕 공급량이 늘어나면서 설탕을 먹는 사람이 더 많아지기 시작했다. 그러다 결국은 독일의 연구자들이 현재 우리가 사탕무sugar beet라고 부르는 품종을 개량하면서 설탕 가격이 완전히 바닥까지 떨어졌다.

　사탕무는 열대지방처럼 덥지 않아도 재배가 가능했기 때문에 유럽 소비자들과 가까운 곳에서 기를 수 있었고, 사탕수수보다 손쉽게 정제 설탕을 얻을 수 있었다. 이 시점에서 설탕은 '하얀 금'이라는 명성을 뒤로하고 세상에 존재하는 가장 저렴한 칼로리 공급원 중 하나로 전락했다. 그리고 지금까지도 그 지위를 유지하고 있다. 거주 지역에 따라 쌀이나 밀가루 같은 몇 가지 주식이 설탕보다 약간 더 저렴할 수는 있다. 하지만 요즘에는 거의 모든 음식이 칼로리당 가격으로 따지면 정제 설탕보다 비싸다.[2]

설탕의 매력적인 맛에 저렴한 가격이 결합되면서 우리는 이제 설탕을 대량으로 먹게 됐다. 영국인은 매일 평균 약 70그램 정도의 첨가당을 섭취하는 반면,[3] 캐나다인은 평균 85그램을 섭취한다.[4] 이것은 전체 칼로리 섭취량의 10퍼센트를 넘어선다. 이는 매일 순수한 설탕을 티스푼으로 18번 먹는 것에 버금가는 양이다.

과일의 진화와 단맛 음료의 등장

인간만 설탕을 사랑하는 게 아니다. 돌고래나 다양한 고양잇과 동물을 비롯한 일부 동물들은 단맛을 감지하는 미각수용기가 퇴화되어서 단맛을 느낄 수 없다. 하지만 이들을 제외한 대부분의 동물이 단맛을 좋아한다. 그 이유는 설탕이 소화에 크게 공들이지 않아도 되는 손쉬운 칼로리 공급원이기 때문이다. 예를 들어 설탕 1그램과 단백질 1그램에는 똑같이 4칼로리가 들어 있다. 하지만 단백질을 소화해서 활용하려면 칼로리 함량의 15~30퍼센트 정도나 되는 상당한 에너지를 투입해야 한다.[5] 반면 설탕은 소화 과정이 별로 필요하지 않아서 신속한 연료 공급원으로 사용할 수 있다. 운동선수들이 에너지가 필요할 때 단순당을 즐겨 섭취하는 이유도 그 때문이다.

사람이 특히나 단맛을 좋아하는 또 하나의 이유는 열대우림에서 과일을 먹는 유인원으로서 기나긴 진화의 역사를 가지고 있기 때문이다. 과일에서 당도는 익은 정도를 말해주는 표지로 작용하며, 과일에 독이 없음을 알려준다. 그래서 수백만 년 전 유인원 조상들 사이에서는 단맛을 좋아하는 성향이 가장 안전하고 질 좋은 먹이를 선택하는 데 도움이 됐다.

요즘에도 과일은 여전히 인기가 있고, 슈퍼마켓만 가봐도 이것을 쉽게 확인할 수 있다. 하지만 현대의 과일은 우리 선조들이 먹던 것과는 차원이 다르다. 복숭아를 예로 들어보자. 수천 년 전에는 복숭아가 지금처럼 사과만 한 크기의 과즙 많은 과일이 아니었다. 야생 복숭아는 베리 정도의 크기였고, 렌틸콩처럼 건조하고 밋밋한 맛이었다. 하지만 중국 동부에서 복숭아나무에 관심이 생긴 농부들이 재배하기 시작했다. 다음 세대의 복숭아를 심을 때 농부들은 가장 좋은 나무에서 나온 씨를 사용했다. 그래서 농부들의 입맛을 만족시키는 방향으로 복숭아의 점진적인 선별이 이루어졌다. 점점 커지고, 과즙이 많아지고, 달아졌다는 의미다.[6,7,8] 이 이야기는 거의 모든 과일에 적용된다. 예를 들어 요즘 나오는 수박의 조상은 초록색의 쓴맛 나는 과육을 가진 작은 베리 같은 과일이었다.[9] 그리고 야생 바나나는 딱딱한 씨앗이 들어 있는 작고 쓴 과일이어서, 우리가 아는 그 달콤한 과일과는 전혀 닮은 구석이 없었다.

그렇다고 오해하지 않기 바란다. 요즘 과일이 '천연의' 과일보다 더 달콤하다고 해서 건강에 나쁘다는 소리는 아니다. 과일은 건강에 좋다. 과일은 비타민과 미네랄의 훌륭한 공급원이고, 포만감을 느끼게 해주는 식이섬유를 함유하고 있다. 하지만 과일은 우리가 뒤에서 계속해서 만나보게 될 내용을 보여주는 첫 번째 사례일 뿐이다. 즉 인간은 자신의 입맛에 맞추어 음식을 바꾸어 나간다. 이 추세가 처음에는 아무런 문제를 일으키지 않았지만, 오늘날의 현실은 분명 그렇지 않다.

현대에 들어서는 정제 설탕을 이용해서 음식을 더 달게 만들 수 있다. 그 덕에 우리는 전례 없던 수준으로 당도를 끌어올릴 수 있게 됐다. 이것을 보여주는 아주 단순한 사례가 있다. 물에 설탕을 타서 향료를 첨가하는 것이다. 이것만으로도 탄산음료, 아이스티, 주스, 에너지 음료 같은 수십억 달러 규모의 산업을 탄생시킬 수 있었다. 영국인들은 이런 음료를 매년 평균 117리터 정도 소비하며, 이는 영국인 식단에서 첨가당의 가장 큰 공급원이다. 이로 인해 영국의 치과의사들이 밤낮으로 바빠지는 것만이 문제가 아니다. 당분이 많은 음료가 인간을 살찌우는 가장 효율적인 방법 중 하나이기 때문이다.

이런 음료는 포만감이 별로 없다.[10] 앞에서 이야기했듯이 우리 몸은 일반적으로 칼로리 섭취량의 균형을 잘 맞춘다. 자연스러운 식욕 조절 기능이 얼마나 먹었는지를 추적해서 그에 따라 배고픔을 조절하기 때문이다. 그래서 평소보다 점심을 푸짐하게 먹으면 보통 저녁에는 음식이 덜 들어간다. 하지만 당분이 많은 음료는 이런 과정을 피해간다. 사람들에게 당분 음료를 제공하는 실험에서 단 음료가 실제로 식사량을 줄이지 않는다는 것이 밝혀졌다.[11] 음료가 그냥 칼로리만 더 높여준 것이다.

왜 이런 일이 일어나는지는 아직 명확히 밝혀지지 않았지만 몇 가지 잠재적인 이유가 있다. 첫째, 설탕이 들어 있는 음료의 높은 당분 함량은 초자극으로 작용해서 뇌의 보상 체계가 "더! 조금 더!"를 외치게 만든다. 뇌의 다른 부분에서 브레이크를 걸려고 해도 소용이 없다. 둘째, 대부분의 설탕이 들어 있는 음료는 단백질이나 식이섬유 등 포만감을 불러일으키는 물질이 전혀 들어 있지 않다. 셋째, 액체는 위를 더 신속하게 통과한다. 위에는 신장수용기stretch receptor가 있다. 이 수용기는 위가 물리적으로 얼마나 채워져 있는지를 감지한다. 그래서 위에서 여유 공간이 사라지면 신장수용기가 뇌로 신호를 보내서 음식 섭취를 중단시킨다. 하지만 액체는 위를 채웠다가도 신속하게 소장으로 빠져나가기 때문에 배가 금방 꺼진다.

이유가 무엇이든 음료를 마시면 칼로리 섭취가 늘어난다. 이런 음료가 체중을 증가시킨다는 뜻이다. 이것은 거꾸로 뒤집어 보아도 분명하게 드러난다. 설탕이 들어 있는 음료를 끊으면 체중이 감소하기도 한다. 그리고 두 경우 모두에서 콜레스테롤 수치와 혈압 저하 등 일반적으로 예상되는 연쇄적인 건강 효과가 나타난다. 예를 들어 스위스의 한 연구에서 연구자들은 평소에 탄산음료를 마시지 않는 사람들로 구성된 집단에 탄산음료를 마시게 했다. 그리고 실험 기간에 정기적으로 그들의 혈액을 검사했다. 그 결과 2~3주 후에는 이미 다양한 건강 지표가 어그러지기 시작하

는 것이 보였다. 콜레스테롤 수치가 올라갔고, 혈압과 염증지표도 함께 올라갔다.[12]

설탕이 숨어드는 방식

설탕이 다른 식품 초자극에서도 핵심 역할을 한다는 사실 역시 새삼 놀랍지 않다. 아이스크림, 사탕, 초콜릿 등이 그 매력을 유지하는 데는 막대한 양의 첨가당의 역할이 적지 않다. 흥미롭게도 이 이야기는 단지 음식에서 멈추지 않는다. 설탕은 그저 스낵과 디저트류의 매력만을 뒷받침하는 비밀이 아니다. 사실상 슈퍼마켓에서 파는 모든 것에 설탕이 첨가되어 있다.

나는 강연을 할 때 보통 퀴즈 시간을 갖는데, 종종 묻는 질문이 있다. "다음 중 첨가당이 들어 있지 않은 것은?"

- 가공육(햄류)
- 통밀빵
- 콩 통조림
- 담배
- 파스타

한번에 정답을 맞히는 청중을 본 적이 없다. 대부분은 '담배'를 고른다. 하지만 장담하는데, 인간의 정신이 안고 있는 심리적 약점을 어떻게든 비집고 들어가 악용하는 산업이 하나 있다면 그것은 바로 담배 업계다. 담배 업계는 담배에 설탕을 첨가하면 맛이 더 좋아진다는 것을 오래전부터 알고 있었다. 사람들은 그렇게 만들어진 담배를 더 많이 피우고, 담배 회사들의 금고에는 돈이 채워진다.

퀴즈의 정답은 '파스타'다. 나머지 제품들은 단맛이 나지 않지만 보통 첨가당이 들어 있다. 입을 통해 느끼는 맛만으로 식사에 들어 있는 성분을 파악하는 것이 아니기 때문이다. 대부분의 동물에는 창자에 장을 통과하는 음식을 감시하는 특별한 신경세포가 있다. 이런 신경세포 중 일부는 당분 물질을 감지해서 이를 뇌에 알린다.[13] 무엇인지는 모르지만 앞에서 먹었던 것이 좋은 것이니 기회가 생기면 다시 먹으라고 말이다. 설치류 연구에서 이 점을 확인할 수 있다. 쥐의 위에 액체를 직접 주입하면, 쥐는 당연히 그 맛을 느낄 수 없다. 하지만 그래도 여전히 첨가당이 들어 있는 액체를 더 선호한다.[14]

그렇다고 통밀빵 한 조각이나 콩 통조림에 들어 있는 소량의 설탕 때문에 겁을 먹을 필요는 없다. 들어 있는 설탕의 함량도 낮고, 게다가 섬유질, 단백질, 미네랄 등이 풍부하게 들어 있는 음식이니 말이다.

그보다는 이 사례를 설탕의 식욕 자극 능력이 얼마나 강한지 설명하는 내용으로 받아들이자. 설탕이 식욕을 굉장히 강하게 하기 때문에 식품 회사는 자사 제품에 조금이라도 설탕을 첨가하지 않을 수 없는 지경이다. 그 결과 달지 않은 음식에도 상당한 양의 설탕이 들어가기 때문에, 우리는 이런 음식도 줄여야 한다. 예를 들어 패스트푸드 체인점들도 하얀 금이 우리 식욕에 어떤 역할을 하는지 잘 알고 있어 사실상 거의 모든 음식에 설탕을 첨가한다. 피자 반죽에도, 토마토소스에도, 햄버거 빵에도, 드레싱에도, 초밥의 쌀에도, 태국 음식에도, 인도 카레에도 모두 첨가당이 들어 있다. 아일랜드 대법원에서 패스트푸드 체인점 서브웨이에서 판매하는 샌드위치 반죽에 설탕이 너무 많이 들어 있어서 법적으로 빵이라 분류할 수 없다고 판결하는 웃지 못할 사례도 있었다.[15]

가면을 쓴 설탕

일부 식품 회사에서는 성분표에 그냥 '설탕'이라고 표시하지만, 이것이 항상 최고의 판매 전략은 아니다. 그래서 많은 회사에서 '덱스트로스dextrose', '포도당', '자당', '과당', '아가베 시럽', '사탕수수즙', 다양한 '시럽' 등 설탕이 아닌 다른 것처럼 보이지만 실제로는 그냥 설탕에 불과한 성분을 사용해서 설탕 표기를 피해가려 한다.

성분표에서 설탕 항목을 빼는 가장 교활한 방법은 다양한 종류의 '농축액'을 사용하는 것이다. 예를 들어 성분표에서 '과일 농축액'이 보이면 당신은 별 신경 쓰지 않고 넘어갈 것이다. 하지만 과일 농축액은 사실상 그냥 설탕에 불과하다. 과일 농축액을 만들 때는 먼저 과일의 껍질을 벗기는데, 그 과정에서 비타민과 식이섬유는 대부분 제거된다. 그리고 알맹이로 주스를 만드는 과정에서 나머지 식이섬유가 들어 있던 과육이 제거된다. 그리고 마지막으로

물을 증발시킨다. 결국 설탕 외에는 남는 것이 거의 없다. 식품 회사들은 건강을 신경 쓰는 소비자들을 표적으로 하는 포장 스낵을 만들 때 이런 잔머리를 자주 굴린다. '과일 농축액'이라고 하면 '설탕'보다 건강해 보이기 때문이다.

단맛을 남기고 칼로리를 지우다

설탕 섭취와 관련된 몇 가지 질병이 있다. 그중 잘 알려진 것으로는 설탕 때문에 촉진되는 충치가 있다. 충치는 입속에 사는 스트렙토코커스 뮤탄스streptococcus mutans라는 세균이 설탕을 먹고 치아를 부식시키는 산을 생성하기 때문에 생긴다. 그 외에 과당이라 불리는 당분의 한 종류는 가당 음료를 마시는 경우처럼 고용량으로 유입되면 간에 해롭게 작용한다.

　설탕이 건강에 미치는 해로운 영향은 대부분 간접적으로 나타난다. 그 해악은 한마디로 설탕이 너무 맛있다는 단순한 사실에서 비롯된다. 식품에 설탕을 첨가하는 것만큼 인간의 식욕을 돋울 수 있는 것은 거의 없고, 이것이 우리를 과식으로 이끈다. 그 결과 우리는 체중이 늘고, 이렇게 생긴 체지방이 당뇨병과 심혈관 질환의 위험 증가, 만성 염증, 전반적인 대사기능 장애 등 수많은 건강 문제를 야기한다. 따라서 독이 되는 것은 설탕 그 자체가 아니라, 설탕 때문에 섭취하게 되는 과도한 칼로리다. 어쩌면 여기에 해결책이 있을 수도 있다.

1879년에 러시아 화학자 콘스탄틴 팔베르크Constantin Fahlberg는 어느 날 오전 실험실에서 콜타르 유도체coal tar derivative를 연구하며 보냈다. 점심시간이 되어 그는 집에서 싸온 샌드위치를 먹으려고 밖으로 나갔는데, 샌드위치 맛이 예상했던 맛이 아니라 깜짝 놀랐다. 샌드위치에서 단맛이 났다. 그는 냅킨을 집어 들어 입을 닦았는데 그 냅킨에서 훨씬 강한 단맛이 났다. 이게 무슨 일인가 싶던 그에게 한 가지 생각이 떠올랐다. 손 씻기를 깜박한 것이다. 그 단맛은 분명 자기가 작업하고 있던 화학물질 중 하나에서 온 것이 분명했다. 누구라도 그랬을 테지만 팔베르크는 서둘러 실험실로 돌아가 시약들을 하나씩 맛보기 시작했다. 그리고 머지않아 단맛의 출처를 찾아냈다. 그의 건강을 생각하면 금방 찾아낸 것이 참으로 다행이었다. 그 주인공은 최초의 인공감미료인 사카린saccharine이라는 분자였다.[16]

어떻게 그럴 수가 있나 하는 생각이 들 수도 있겠지만, 사실 거의 모든 인공감미료가 이런 식으로 발견됐다. 예를 들어 요즘에 가장 흔히 사용되는 인공감미료는 아스파탐aspartame과 아세설팜-Kacesulfame-K다. 아스파탐은 원래 미국 화학자 제임스 슐래터James Schlatter에 의해 발견됐다. 실험을 진행하던 그는 책장을 넘기려고 생각 없이 손가락에 침을 묻히다가 이것을 발견했다. 그리고 아세설팜-K는 독일의 화학자 카를 클라우스Karl Clauss가 실험실에 있다가 스웨터에 묻은 얼룩을 지우려 손가락에 침을 묻히다 발견했다.[17]

이 분자들은 설탕이 아닌데 단맛이 난다는 공통점이 있다. 그 이유는 이들이 혀에서 단맛을 감지하는 미각수용기를 활성화하기 때문이다. 이것을 이렇게 생각해보자. 미각수용기는 설탕 모양의 특별한 열쇠로 열 수 있게 설계된 자물쇠와 비슷하다. 그리고 인공감미료는 원래 그럴 목적으로 설계되지는 않았지만 우연히 그 자물쇠와 맞아떨어지는 모양을 갖게 된 분자다. 마치 열쇠 수백만 개를 가지고 자기 집 현관문을 열어보다가 순전히 우연의 일치로 그 자물쇠와 맞는 열쇠를 하나 찾아낸 것과 비슷한 상황이다.

양쪽 사례 모두 미각수용기가 활성화되어 혀에서 뇌로 전달되는 신경 신호를 만들어내면, 뇌에서 이것을 단맛으로 감지한다. 그런데 여기서 흥미로운 점은 인공감미료는 칼로리가 거의 혹은 아예 없다. 감미료 중에는 우리가 대사할 수 없는 물질이 많다. 그럼 몸에 에너지를 제공하지 않고 변화 없이 우리 몸을 그대로 통과한다. 대사되는 인공감미료도 있지만 아주 소량만 사용되기 때문에 거기서 나오는 칼로리는 그냥 무시할 수 있다. 과도한 칼로리가 설탕이 일으키는 여러 가지 악영향의 주원인이라는 점을 고려할 때 이는 무척 흥미로운 부분이다.

앞에서 살펴본 스위스 연구에서 그 차이를 확인할 수 있다. 기억나는가? 연구에서 연구자들은 평소에 탄산음료를 마시지 않는 사람들을 모집해서 탄산음료를 마시게 했다. 그리고 2~3주 내에 참가자들의 온갖 건강지표가 나빠지는 것을 확인할 수 있었다. 콜레스테롤 수치가 올라갔고, 혈압과 염증 수치도 마찬가지였다. 그와 비슷한 연구에서 연구자들은 탄산음료를 마시지 않던 사람들에게 다이어트 탄산음료(설탕 대신 인공감미료로 단맛을 낸 것)를 마시게 해보았다. 하지만 그 결과는 사뭇 달랐다.

탄산음료를 마시지 않던 사람들이 다이어트 탄산음료를 마시기 시작해도, 앞서 측정했던 건강지표나 다른 어떤 지표에도 변화가 없었다. 다이어트 탄산음료를 마신 사람들의 건강지표는 연구 기간 내내 물만 고수했던 사람들과 비슷했다.[18] 또 다른 연구에서 연구자들은 평소에 일반 탄산음료를 마시던 사람들을 다이어트 제품으로 바꿔 마시게 했을 때 어떤 일이 일어나는지도 조사했다. 그 결과 건강지표와 체중이 모두 개선됐다. 사실 그 개선 정도가 탄산음료를 마시던 사람들에게 물만 마시게 했을 때와 동일한 수준이었다.[19,20]

물론 이런 연구들만으로 다이어트 탄산음료가 물만큼 건강에 좋다고 결론지을 수는 없다. 하지만 다이어트 제품이 그래도 설탕이 들어간 제품보다는 건강에 훨씬 좋다는 결론을 내릴 수 있다. 여기서 이렇게 반박하는 사람이 있을 것이다. 인공감미료에 대해서 부정적인 평가가 많지 않나? 사실이다. 특히 아스파탐에 대해서는 면밀한 검토가 종종 이루어지고 있지만, 잘못된 과학에 바탕을 두고 있다. 이런 과학은 대량의 아스파탐을 이용해서 세포 배양이나 설치류를 대상으로 진행된 고립된 연구인 경우가 많다.[21]

그보다는 다이어트 탄산음료를 마시는 식으로 아스파탐을 섭취했을 때 어떤 일이 일어나는지 추적해보자. 아스파탐과 우리 몸의 첫 상호작용은 구강에서 일어난다. 앞에서 이야기했듯이 이 성분이 혀의 미각수용기를 활성화해서 단맛을 느끼게 한다. 이어서 아스파탐은 위를 통과하고, 소장으로 가서 당신이 먹는 다른 대부분의 것과 마찬가지로 효소에 의해 소화된다. 소화 과정을 거치며 아스파탐은 아스파트산aspartic acid, 페닐알라닌phenylalanine, 메탄올methanol 이렇게 세 가지 다른 분자로 분해된다.[22] 즉 이론적으로 아스파탐 자체가 문제를 일으킬 수 있는 장소는 소화관뿐이라는 의미다. 그렇다면 아스파탐이 몸 안에서 일으키는 나쁜 영향은 모두 아스파트산, 페닐알라닌, 혹은 메탄올에서 나오는 것이어야 한다. 이제 이 성분이 몸에 들어간 이후에 어떤 일이 일어나는지 하나씩 추적해보자.

먼저, 아스파트산은 우리 몸에서 자체적으로 생산할 수 있는 아미노산이며, 거의 모든 식품에 풍부하게 들어 있다. 다이어트 탄산음료 한 캔을 마시면 약 80밀리그램 정도의 아스파트산이 몸에 들어간다. 하루에 평균적으로 섭취하는 아스파트산 양은 약 6500밀리그램이다. 따라서 다이어트 탄산음료를 통해 섭취하는 양은 1퍼센트를 조금 넘는 수준이다. 한마디로 아스파탐에서 나오는 아스파트산이 문제를 일으킬 일은 전혀 없다고 할 수 있다.

다음으로 페닐알라닌은 또 다른 종류의 아미노산이다. 페닐알라닌의 경우는 우리 몸에서 스스로 만들어낼 수 없어서 필수 아미노산essential amino acid이라고 부른다. 생존을 위해서는 음식으로 페닐알라닌을 섭취해야 한다. 다행히 이것은 별로 어려운 일이아니다. 페닐알라닌도 우리가 먹는 거의 모든 음식에 풍부하게 들어 있다. 다이어트 탄산음료에서 나오는 페닐알라닌은 100밀리그램 정도인데 우리가 다른 음식을 통해서 하루에 평균적으로 섭취하는 양이 3400밀리그램 정도 된다. 따라서 다이어트 탄산음료에서 나오는 페닐알라닌은 그중 3퍼센트 정도에 불과하다. 이것 역시 건강에 문제를 일으킬 수 없다. 더 확실한 증거도 있다. 우유 한 잔에는 다이어트 탄산음료보다 아스파트산이 13배, 페닐알라닌이 여섯 배나 더 많이 들어 있다.

이제 마지막 분해산물인 메탄올이 남는다. 이론적으로 메탄올은 몸에 해를 끼칠 수 있는 유일한 화합물이다. 메탄올은 알코올에 해당하며, 사촌인 에탄올(술에 들어 있는 알코올이 바로 에탄올이다-옮긴이)과 마찬가지로 대량으로 섭취하면 독성이 있다. 메탄올은 간에서 분해된 이후부터 독성을 띤다. 메탄올은 간에서 포름알데히드formaldehyde라는 물질로 변환되는데 이것이 단백질, DNA 등의 분자에 손상을 입힐 수 있다. 하지만 다이어트 탄산음료에서 나오는 메탄올의 양은 미미해서 캔 하나에 20밀리그램 정도다. 비교하자면, 오렌지 주스 한 잔에는 그보다 두세 배 정도가 들어 있고, 심지어 사과에는 더 많이 들어 있다. 이 정도의 적은 양은 간에서 쉽게 처리할 수 있다. 메탄올 때문에 실제로 해를 입을 정도로 아스파탐을 섭취하려면 매일 최소 14캔을 마셔야 한다. 이 수치도 보수적이라 실제 한계는 아마 이보다 높을 것이다.

흔히 사용되는 또 다른 인공감미료인 아세설팜-K는 더 쉽게 설명할 수 있다. 아세설팜-K는 소화되지 않고 그대로 체내로 흡수된다. 그리고 한동안 혈류를 통해 돌아다니다가 소변으로 배설된다. 아세설팜-K는 혈류에 있는 동안 다른 것들과 상호작용하는 것 같지는 않다. 적어도 혈액 지표상으로는 아무런 영향이 없다.

모든 인공감미료가 그렇지는 않다. 어떤 인공감미료는 몸에 전혀 흡수되지 않고 대장까지 도달할 수 있다. 대장에는 우리의 장

내세균이 대부분 모여 있다. 그렇다면 다양한 세균 종의 개체 수에 변화가 생길 수 있고, 이것이 몸에 해를 입히거나 복통을 유발할 수도 있다.[23] 하지만 이런 경우에도 증거들을 보면 대량의 정제 설탕을 인공감미료로 대체하는 것이 훨씬 바람직한 선택임을 보여준다. 물론 대부분의 경우 그냥 물이나 감미료가 아예 없는 음료를 마시는 것이 더 좋다.

내가 겪은 바로는 이런 사실을 이야기하면 불합리해 보일 정도로 화를 내는 사람들이 있다. 아마도 이름에 '인공'이라는 표현이 들어가 있다 보니, 인공이니까 당연히 몸에 나쁘다고 자동적으로 생각하는 것 같다. 자연에서 온 제품이라고 해서 항상 건강에 좋지는 않지만, 액체 사탕을 꿀꺽꿀꺽 들이키는 것은 전혀 자연스러운 일이 아니라고 분명하게 말할 수 있다.

인공감미료에 대한 반감은 쾌락은 곧 악이라 속삭이는 내면의 청교도적 사고에서 나온 것일 수도 있다. 하지만 모두에게 유리한 상황도 존재한다. 그리고 이것이 이 책의 나머지 부분에서 염두에 두고 있어야 할 중요한 교훈이다. 한마디로 요약하면, 쾌락은 무조건 악이니까 거기에 굴복하면 결국 죽는다는 의미는 아니다. 이 책에서 강조하는 점은 강한 보상을 주는 물질과 경험이 우리의 타고난 조절 메커니즘을 무력화시켜 과도한 소비를 이끌어낸다는 것이다. 과도한 소비를 피할 수만 있다면 다른 것은 문제가 되지 않는다. 아니면 과도한 소비에 따르는 부정적인 결과가 무엇인지 알아내서 제거할 수만 있다면, 그 역시 효과적이다.

칼로리에 대한 혼란

칼로리calorie, cal는 에너지의 측정 단위다. 칼로리의 정의는 대기압 아래서 1그램의 물을 섭씨 1도 올리는 데 필요한 에너지양이다. 하지만 엄밀하게 말하면 이 책에서 우리는 이 용어를 잘못 사용하고 있다. 우리가 일상에서 사용하는 용어도 마찬가지로 잘못됐다. 식품 라벨에 사용하는 '칼로리'와 이 책에서 사용하는 '칼로리'는 사실 '킬로칼로리kilocalorie'를 의미한다. 즉 1킬로미터가 1미터의 1000배이듯, 우리가 말하는 칼로리도 사실은 칼로리의 1000배인 킬로칼로리를 의미한다. 따라서 사과에는 80칼로리가 아니라 8만 칼로리가 들어 있다. 하지만 이것은 중요한 문제가 아니다. 그렇게 따지면 당신의 에너지 필요량도 2000~3000칼로리가 아니라, 200만~300만 칼로리가 된다.

이런 오해를 바로잡기 위해 어떤 사람은 'kcal'로 표기하려 하고, 어떤 사람은 적어도 이 문제를 인식하고 있음을 보여주기 위해 첫 글자 'c'를 대문자로 바꿔서 'Calorie'로 적는다. 하지만 이 책에서는 그냥 세상이 나를 용서해주기를 바라며, 혼란이 이어지더라도 '칼로리'로 표시하겠다.

4장
토끼만 먹으면 굶어 죽는다?

제2차 세계대전 중에 미국 육군은 항공 승무원들에게 생존지침을 배포했는데 그중에 이런 경고가 포함되어 있었다. "추락한 지역에 토끼가 풍부하다고 해서 절대 토끼고기만 먹어서는 안 된다. 토끼고기만 계속 먹을 경우 토끼 기아rabbit starvation가 생길 수 있다. 일주일 정도 지나면 설사가 시작될 것이고, 그런 식생활을 계속 이어갈 경우 사망에 이를 수도 있다."[1]

추도사 문구에 "토끼 기아로 사망했다"라는 말이 들어가면 별로 폼이 나지 않을 듯하니, 이 경고를 무시하지 않는 것이 좋겠다.

좋다. 그렇다고 누군가가 토끼 라구rabbit ragu(라구는 고기, 토마토, 향신채소 등을 오래 끓여 만든 이탈리아 전통의 진한 고기 소스로, 스파게티 등에 얹어 먹는다–옮긴이)를 권한다고 해서 무서워할 필요는 없다. 토끼고기에 독성이 있거나 건강에 해롭지는 않다. 다만 토끼고기만 먹어서는 살 수 없다는 의미다. 인간의 식단에는 약간의 지방이 필요한데 토끼고기는 한마디로 기름기가 너무 없기 때문이다.

토끼도 당연히 다른 동물들과 마찬가지로 잡아먹히고 싶은 생각은 없다. 하지만 토끼에게는 포식자를 물리칠 뿔이나 날카로운 발톱도 없고, 거대한 체구도 없다. 대신 토끼는 잡히지 않는 것을 생존 전략으로 삼았다. 토끼는 머리 양옆으로 눈이 달려 있어서 거의 360도의 시야를 확보할 수 있다. 그리고 커다란 귀가 있어서 작은 소리까지도 감지할 수 있고, 귀의 방향을 틀어 소리가 나는 정확한 방향도 포착할 수 있다.

게다가 토끼는 대다수의 동물들보다 빠르고, 곡예를 부리듯 민첩하게 움직일 수 있다. 그래서 순식간에 방향도 바꿀 수 있고, 자신의 키보다 몇 배나 높이 점프도 할 수 있다. 하지만 이렇게 곡예하듯 움직이기 위해서는 날씬해야 한다는 조건이 필요하다. 살에 지방 1그램이 더 붙었느냐, 안 붙었느냐에 따라 누군가의 저녁거리가 되느냐, 간신히 도망치느냐를 가를 수도 있다. 그래서 토끼고기는 100그램당 지방 함유량이 1∼2그램밖에 안 된다. 덕분에 토끼는 세상에서 가장 기름기가 없는 동물 중 하나가 됐다. 하지만 다른 야생동물들 역시 놀랍도록 날씬하다. 예를 들어 일 년 중 특정 시기에 순록고기만 먹고 사는 경우도 토끼 기아에 걸릴 수 있다.

우리가 지방을 좋아하는 진화적 이유

기름기 없는 야생동물에 비하면 우리가 매일 먹는 동물은 이와는 아주 대조적이다. 당장은 감이 안 잡힐 수도 있겠지만 우리가 기르는 가축은 굉장히 살이 쪘다. 건강에 좋지 않은 사료를 먹고 비참한 생활 조건에서 살아서 그런 경우도 있다. 하지만 신선한 공기를 마시며 넉넉한 공간에서 사육한 경우라도 우리의 가축은 야생의 조상보다 체지방량이 훨씬 많다. 예를 들어 돼지는 야외에서 사육하더라도 야생의 멧돼지보다 훨씬 살이 찐다.[2] 그리고 소도 가까운 친척인 들소bison에 비하면 체지방이 더 많다.[3]

무언가 머릿속에 떠오르지 않는가? 힌트는 복숭아다.

우리가 단맛을 좋아하다 보니 렌틸콩처럼 작은 과일이었던 복숭아가 크고 육즙도 풍부한 달콤한 과일이 된 것처럼, 우리의 선천적인 선호도가 가축도 변화시켰다. 다양한 동물 종을 가축화하기 시작한 이후로 우리는 우리가 좋아하는 특성을 갖춘 개체를 선별적으로 육종해왔다. 그 덕에 야생의 사촌보다 훨씬 다루기 쉬운 온순한 동물이 만들어졌다. 온순한 돼지와 공격적인 멧돼지의 차이를 생각해보라. 하지만 가축화 과정에서 우리는 또한 취향에 따라 가축의 체성분 역시 변화시켰다. 이 경우는 지방을 좋아하는 우리의 입맛이 영향을 미쳤다.

우리가 지방을 좋아하는 이유는 지방이 우리 식단을 구성하는 세 가지 주요 영양소인 지방, 단백질, 탄수화물 중에서 가장 밀도 높은 에너지원이기 때문이다. 탄수화물과 단백질은 모두 그램당

4칼로리가 들어 있는 반면, 지방은 9칼로리가 들어 있다. 그렇다 보니 사실상 모두가 끊임없이 기아의 위험에 시달리며 살아야 했던 선조들 입장에서는 지방이 굉장히 귀할 수밖에 없었다. 예를 들어 두 명의 석기시대 사람이 있다고 상상해보자. 그중 한 명은 견과류라면 환장하고 달려드는 반면, 다른 한 사람은 셀러리를 좋아한다. 견과류는 지방 함량이 높아서 밀도 높은 칼로리 공급원인 반면, 셀러리는 그렇지 않다. 견과류 한 줌에서 얻는 것과 같은 양의 칼로리를 셀러리에서 얻으려면 꼬박 1킬로그램 정도는 먹어야 한다. 따라서 석기시대 사람이 견과류 대신 셀러리를 더 좋아한다면 말 그대로 도끼로 제 발등을 찍는 격이었을 것이다. 무엇보다 굶주릴 위험이 높아지고, 그 특성을 물려받은 후손들도 제대로 살아남기 힘들었을 것이다. 반대로 칼로리 밀도가 높은 공급원을 찾는 것은 성공적인 전략이었다. 그렇게 하면 굶주림도 막을 수 있지만, 여분의 칼로리를 거대한 뇌를 키우는 등의 유용한 일에도 사용할 수 있었다. 그래서 우리가 치즈를 좋아한다(이건 다른 많은 동물들도 마찬가지다).

단맛을 좋아하는 욕구에 비하면 지방을 좋아하는 욕구 뒤에 자리 잡고 있는 생리학적 메커니즘이 무엇인지는 조금 불분명하다. '지방 맛'은 단맛, 신맛, 짠맛, 쓴맛, 감칠맛으로 정리된 다섯 가지 공식적인 맛 중에 하나가 아니다. 하지만 최근 과학에서는 우리가 지방에 대한 미각수용기를 가지고 있을 가능성을 시사하고 있다.[4] 어쨌든 식품 과학자들은 우리가 '식감mouth feel'을 통해 구강 안에서 지방의 존재를 감지할 수 있다는 데 동의한다. 우유로 만든 죽porridge과 물로 만든 죽의 차이를 생각해보라. 우유가 들어간 죽은 더 풍부하고 크림 같은 질감이어서 식감이 더 좋다. 하지만 그 이유는 아직 완전히 명확하게 밝혀지지 않았다.

하지만 우리가 지방에 끌리는 이유가 입안에서 일어나는 일 때문만은 아니다. 단맛에 대해 이야기하면서 논의했던 것처럼 우리 장 속에는 우리가 먹는 음식에 들어 있는 지방의 존재를 감지해서 뇌에게 그 사실을 전달해주는 뉴런neuron이 존재한다.[5] 저지방 다이어트 식품으로 몸을 속이기 어려운 이유도 그 때문이다. 제조업체들은 종종 비슷한 질감을 가진 재료를 이용해서 지방의 식감을 흉내 내는 데 성공한다. 하지만 장 속의 뉴런들을 속이기는 쉽지 않다. 이 뉴런들은 다이어트 버전의 음식이 지방 함량이 낮고, 칼로리도 낮다는 것을 알아차린다. 이 정보가 뇌로 전달되면, 두 음식이 맛은 동일하더라도 결국 지방이 더 많은 쪽을 선호하게 된다.[6]

음식이 가장 맛있어지는 조합을 찾아라

지방은 대부분의 식품 초자극에서 사용된다. 하지만 지방이라고 하면 특히나 많은 사람이 떠올리는 한 가지 식품 범주가 있다. 바로 패스트푸드다. 패스트푸드 햄버거만 생각해봐도 그렇다. 기름진 고기, 기름진 치즈, 기름진 베이컨, 기름진 소스 등등.

패스트푸드 체인점을 옹호할 생각은 없다. 그들은 분명 식품 과학자들을 동원해 고객들을 조작해서 과식으로 유도하는 과정을 보여주는 좋은 본보기다. 하지만 패스트푸드 산업에만 집착하다 보면 똑같은 수법을 쓰고 있는 다른 식품 산업 분야를 못 보고 지나치기 쉽다. 예를 들어 한 대규모 연구에서는 국제 연구진이 패스트푸드점과 일반 식당 음식의 칼로리 함량을 비교해보았다. 탁자에 앉아서 웨이터가 접대해주는 음식을 먹는 그 식당 말이다. 대부분의 사람들은 아무래도 식당 음식이 패스트푸드 체인점 음식보다 건강에 더 좋다고 생각할 것이다. 적어도 나는 그렇게 생각했다. 하지만 역설적이게도 연구에 따르면 대부분의 식당 음식이 패스트푸드 체인점의 전형적인 식사보다 칼로리 함량이 더 많았다.[7]

이는 식당들이 패스트푸드 체인점들과 마찬가지로 서로 치열한 경쟁관계에 있기 때문이다. 그리고 쓸 수 있는 무기를 총동원하지 않으면 이 경쟁에서 이기기는 쉽지 않다. 고객이 식당에 다시 찾아오기를 원한다면 대량의 지방을 첨가하는 '저렴한' 방법을 비롯해서 맛의 모든 측면에서 경쟁을 벌여야 한다. 개인적으로 아는 레스토랑 요리사가 있다면 스테이크를 요리할 때 버터를 얼마나 사용하는지 물어보라. 집에서 만든 것보다 맛있는 이유가 바로 버터 때문이다. 물론 식당에서는 음식의 맛을 좋게 만들기 위해 설탕도 첨가한다. 하지만 그보다는 지방을 추가로 사용하는 것이 더 똑똑한 방법으로 밝혀졌다.

연구에 따르면 우리는 일반적으로 블라인드 테스트에서 식사에 들어 있는 설탕 함량을 꽤 잘 알아맞힌다. 하지만 지방 함량에 대한 평가는 신통하지 못하다.[8] 연구자들이 식사에 들어 있는 지방의 함량을 두 배로 높여도 실험참가자들은 아무런 차이를 느끼지 못한다. 적어도 의식적으로는 그렇다. 앞에서 이야기했던 것처럼 장이 이 점수를 계속 확인하고 있기 때문에 우리는 결국 지방이 많은 음식에 끌린다.

게다가 지방 첨가와 설탕 첨가는 상호보완적인 수법이다. 지방 함량에는 변화를 주지 않고 설탕만 추가하면 사람들은 그 음식이 전보다 기름기가 덜하다고 느끼기 시작한다.[9] 즉 설탕만 추가하면 음식이 덜 기름지게 느끼도록 만들 수 있다. 지방과 설탕의 조합은 동물과 인간 모두에게 강렬한 쾌감을 제공하기 때문에 이런 수법은 분명 도움이 된다. 이것이 우리가 좋아하는 거의 모든 간식 뒤에 숨어 있는 마법의 공식이다. 예를 들어 아이스크림에는 설탕도 들어 있지만, 크림에서 나온 지방도 함유하고 있다. 초콜릿은 코코아콩에서 나온 지방을 함유하고 있다. 그리고 케이크는 버터나 오일에서 나온 지방을 함유한 음식이다. 우리가 지방과 설탕의 조합에 왜 이렇게 사족을 못 쓰는지는 아직 확실히 밝혀지지 않았다. 사실 지방과 설탕은 자연에서는 절대 찾아볼 수 없는 조합이다. 자연에서 꿀처럼 당분 함량이 높은 식품도 찾을 수 있고, 견과류처럼 지방 함량이 높은 식품도 찾을 수 있지만, 둘 다 높은 경우는 보이지 않는다.

이 조합이 대단히 효과가 좋은 이유는 그냥 인간이 서로 다른 쾌락 자극을 조합하기를 좋아해서일 수도 있다. 우리는 영화를 보면서 사탕을 먹고, 음악에 맞춰 춤을 추면서 술을 마시고, 맛있는 음식을 앞에 놓고 그것을 중심으로 사교 활동을 한다. 하지만 우리가 지방과 설탕의 조합을 좋아하는 이유를 설명할 다른 방법이 존재한다. 지금부터 설명하는 것 때문에 당신이 좋아하는 간식에 입맛이 떨어지지 않을까 걱정은 되지만, 자연에서 지방과 설탕이 결합된 음식은 없다고 말한 것이 100퍼센트 사실은 아니었다. 그런 음식이 한 가지 있다.

모유다.

모유에 들어 있는 칼로리 중 55퍼센트 정도는 지방에서, 40퍼센트는 탄수화물에서(젖당lactose의 형태로), 5퍼센트는 단백질에서 나온다.[10] 슈퍼마켓에 나와 있는 온갖 종류의 간식들도 그 영양분 함량이 모유의 비율과 수상할 정도로 비슷하다.

몇 가지 사례를 가져와서 지방:탄수화물:단백질의 칼로리 비율을 목록으로 뽑아보자.

- 모유 – 55:40:5
- 초콜릿 – 50:45:5
- 아이스크림 – 50:45:5
- 덴마크 페이스트리 – 50:45:5
- 도넛 – 50:45:5
- 치즈 퍼프cheese puff – 55:40:5
- 감자칩 – 55:40:5

이중 몇 가지 음식은 모유와 마찬가지로 탄수화물 공급원이 대부분 당분이다. 하지만 감자칩처럼 전분이거나, 케이크처럼 혼합된 형태인 경우도 있다. 어쨌든 이 특정 칼로리 비율은 모유 말고는 자연에서 발견되지 않는다. 예를 들어 강낭콩은 5:70:25이고 스테이크는 50:0:50이다.

그렇다고 식품 과학자들이 일부러 모유의 칼로리 비율을 딱 맞추려 노력했다는 이야기는 아니다. 그들은 그저 음식을 사람들의 입맛에 맞게 최적화하려고 따로 노력을 이어가다가 어쩌다 보니 서로 동일한 결과에 도달했을 뿐이다. 완벽한 식품 초자극을 만드는 과정 중에서 이 입맛 최적화 부분을 과학자들은 '지복점bliss point 찾기'라고 부른다. 지복점이란 실험동물과 인간 참가자 모두에게 최대의 쾌감을 이끌어낼 수 있는 조합을 말한다. 어느 방향으로든 지복점에서 벗어나면(많은 지방/적은 탄수화물 혹은 적은 지방/많은 탄수화물 등) 음식의 매력이 떨어진다. 이 비율이 그렇게 효과적인 이유는 추측만 할 뿐이지만, 하나의 가능성을 생각해볼 수 있다.

사람의 인생에서 왕성한 식욕이 제일 유리하게 작용하는 시기가 언제인지 생각해보라. 칼로리가 남아봤자 지방으로 저장되기 쉬운 성인기는 아니다. 하지만 아기일 때는 왕성한 식욕이 필수적이다. 아기는 성인보다 체격 대비 50퍼센트 더 많은 칼로리를 소모한다.[11] 아기는 체격이 작아서 체열을 잃기 쉬울 뿐더러, 성장도 해야 하기 때문이다. 어느 이유로든 아기들은 상대적으로 더 많이 먹어야 한다. 따라서 우리 뇌가 모유와 동일한 칼로리 구성을 접하면 식욕이 증가하도록 진화했다고 해도 놀랍지는 않을 것이다. 아이 때는 문제가 없지만 남아돌 정도로 많은 칼로리를 섭취해봐야 허리둘레 말고는 자랄 데가 없는 성인이 되었을 때는 문제가 된다.

5장
스카이다이빙과
소금의 공통점

나미비아 스바코프문트Swakopmund의 따뜻한 2월 아침이다. 조그만 아스팔트 활주로가 사막의 태양빛에 반짝이는 가운데 삐걱거리는 프로펠러 비행기가 속도를 내며 이륙한다. 비행기의 상태가 어째 그리 좋지는 않다. 오른쪽 문은 사라지고 없고, 대부분의 창문은 덕트 테이프로 고정되어 있다. 어쩐 일인지 이 비행기에는 각각 원숭이 복장과 기린 복장을 한 젊은 덴마크인 두 명이 탑승하고 있다.

원숭이는 나고, 기린은 내 친구 라르스Lars다. 아프리카를 가로지르는 여행을 하다가 우리는 서로 눈이 맞아 스카이다이빙을 시도하기로 했고, 지금 우리는 30분이 얼마나 길게 느껴질 수 있는지를 몸소 배우는 중이다. 막상 타보니 엉성한 프로펠러 비행기가 상승하는 데 걸리는 시간이 신경이 곤두설 정도로 길다는 것을 알게 됐다.

상승하기 전에는 우리도 겁이 없었다(그래서 그런 우스꽝스러운 복장을 했다). 하지만 스바코프문트가 발 아래로 사라지자 기내가 조용해졌다. 적어도 경치는 좋았다. 우리 밑으로는 현지의 산족San들이 '신이 분노로 만든 땅'이라 부르는 해골 해안Skeletal Coast을 따라 칼라하리 사막의 주황색 모래언덕들이 대서양과 만나는 극적인 풍경이 펼쳐져 있었다.

잠시 나는 우리를 기다리고 있는 자유낙하에 대해 잊고 있었지만, 그 공상은 오래 가지 않았다. 귀를 먹먹하게 만드는 엔진 소리를 뚫고 아널드 슈워제네거 같은 강한 억양이 들려왔다.

"2분!"

우리는 안전 프로토콜을 마지막으로 다시 한번 점검했다.

라르스가 문 가까이에서 몇 킬로미터 아래를 내려다보았다.

"준비됐습니까?"

그의 대답을 들을 수는 없었다. 하지만 문이 떨어지고 없는 비행기 출입구로 찰나의 순간에 거구의 10대 덴마크 소년이 진공청소기에 빨려 들어가는 먼지 한 점처럼 사라졌다.

이제 내 차례다.

"준비됐습니까?"

지금까지도 내게 대답할 기회가 있었는지 확실히 기억이 나지 않는다.

짠맛에 끌리는 본능

지금까지 식품 초자극의 삼위일체 중 두 가지 요소인 지방과 설탕을 만나보았다. 마지막 요소는 소금이다. 공장에서 생산된 식품에 관해서라면 그 왕좌가 소금에게 돌아가야 하지 않느냐고 주장하는 이도 있을 것이다. 공장에서 나온 식품 중에는 설탕이 들어가지 않은 음식도 있다. 그리고 지방이 별로 들어가지 않은 음식도 있다. 하지만 식품회사에서 제조한 음식 중에 스칸디나비아 고속도로에서 한겨울 제설작업을 해도 되겠다 싶을 정도로 많은 양의 소금이 들어가지 않은 음식을 찾아보기는 힘들다.

식품 제조업체에서 소금을 사랑하는 이유는 소금이 기적의 재료 역할을 하기 때문이다. 소금은 유통기한을 늘려주고, 식품의 외관과 질감을 향상시키고, 특히 맛을 좋게 만들어 사람들이 더 많이 찾게 만든다.

우리 입맛이 소금을 좋아하게 된 이유는 처음으로 바다를 떠나 육지에 보금자리를 잡은 동물로 거슬러 올라간다. 바닷물 속에서 진행된 기나긴 진화의 역사 동안 소금은 언제든 쉽게 구할 수 있는 자원이었다. 동물은 이 자원을 활용해서 신경전달이나 근육 수축 등 다양한 주요 생리적 기능에 소금을 통합시켰다. 하지만 육지로 나오니 갑자기 소금이 귀한 자원이 됐다. 그렇다고 이제 와서 소금이 필요하지 않은 몸으로 새로 설계하려니, 이미 소금을 필요로 하는 생리적 과정들이 너무 중요한 위치를 차지하고 있었다.

육상 동물들은 생존을 위해 식단에서 소금을 찾아야 했다. 소금을 추구하는 행동에 동기를 부여하기 위해 우리는 소금이 들어 있는 음식이 좋아지도록 짠맛을 담당하는 맛봉오리taste bud를 발달시켰다. 초식동물은 특히나 소금을 좋아한다. 식물의 소금 함유량이 고기보다 적기 때문이다. 그래서 양부터 코끼리에 이르기까지 다양한 초식동물은 순수한 소금을 보면 좋아라 하고 먹는다. 인간은 그 정도까지는 아니지만 그래도 몸이 제대로 된 기능을 유지할 수 있도록 본능적으로 짠맛에 끌린다.

그렇다면 식품 제조업체가 모든 제품에 소금을 퍼 담는 것이 우리에게 좋은 일이라는 말일까? 그렇지는 않다. 생리학적으로 인간은 하루에 약 0.5그램의 소금이면 충분히 생존할 수 있다. 수렵채집인 선조들은 하루에 약 1.7그램 정도를 섭취했다.[1] 하지만 요즘 서구인들의 일일 평균 소금 섭취량은 9그램 정도다.[2,3] 그리고 그보다 두 배 가까이 먹는다는 사람들 이야기도 심심치 않게 들린다. 바꿔 말하면 서구인들은 평균적으로 대가족이 먹어도 넉넉할 정도의 소금을 혼자 섭취하고 있다는 이야기다. 사람들이 음식에 소금을 너무 많이 뿌려 먹어서 생긴 일이 아니다. 우리가 음식에 직접 뿌려 먹는 소금의 양은 전체 섭취량의 극히 일부에 불과하다.

현대인의 식단에 들어가는 소금은 대부분 가공식품에서 나온다. 하지만 이번에도 역시 소금이 들어간 음식이 항상 분명하게 드러나지는 않는다. 설탕이 단맛 나는 음식에만 들어 있지 않고, 우리가 음식에 들어 있는 지방의 양을 제대로 짐작하지 못하는 것과 마찬가지로 소금도 꼭 짠 음식에만 들어 있지 않다. 치즈와 가공육, 드레싱에도 감자칩이나 감자튀김 못지않은 양의 소금이 들어갈 수 있다. 심지어 미미한 수준으로 가공된 음식에도 소금이 첨가되어 있는 경우가 종종 있다. 닭가슴살을 예로 들어보자. 슈퍼마켓에 진열된 닭가슴살을 보면 그냥 고기를 썰고, 포장해서 가져다 놓은 것처럼 보인다. 하지만 대형 육가공업체에서는 종종 '염수 주입support'이나 '부풀리기plumping'라는 기법을 사용해서 고기에 소금물을 주입한다. 그렇게 하면 고기가 더 통통하고 무겁게 보인다. 하지만 이것은 맛을 좋게 만드는 역할도 한다. 닭고기를 조리할 때 물이 증발되어 빠져나가면 그 뒤로 소금이 남기 때문이다.

둔감화의 법칙

짐작하겠지만 나는 스카이다이빙을 한 후에 다행히도 온전하게 땅에 착륙했다. 나중에 강사와 이야기하다가 그에게는 스카이다이빙이 어떤 느낌이었는지 물어봤다.

　그는 이렇게 말했다. "별 느낌 못 받은 지 좀 됐어요. 내게는 비행기 밖으로 뛰어내리는 것이나, 차 몰고 운전하러 나가는 것이나 별 차이 없어요."

　몇 킬로미터를 자유낙하 하는 것을 두고 이렇게 태연하게 말할 수 있다는 것이 말이 되나 싶겠지만, 사실 이런 태도는 이상한 일도, 예상 못할 일도 아니다. 결국 사람의 몸은 적응 기계다. 뇌는 특히 그렇다. 뇌는 어떤 자극에 노출되더라도 거기에 적응한다. 심지어 비행기 밖으로 뛰어내리는 극한의 자극이라도 말이다.

처음 스카이다이빙을 할 때는 무슨 일이 일어나고 있는지 몸이 감지하자마자 아드레날린이 폭주할 것이다. 그리고 뇌에서는 엔도르핀이 폭주하면서 황홀감을 더한다. 하지만 스카이다이빙 강사처럼 이런 낙하를 밥 먹듯이 반복하다 보면 몸은 천천히 반응을 줄여나간다. 그러다 보면 언젠가는 스카이다이빙을 아침에 차를 몰고 출근하는 것에 비교하는 날이 찾아온다.

이런 현상을 둔감화desensitisation라고 하며, 이 책에서 다루는 가장 중요한 개념 중 하나다. 기본적으로 둔감화란 반복적으로 노출되는 자극에 대한 민감성이 떨어지는 것을 말한다. 보상 활동을 반복할 때 뇌의 보상 체계가 그에 대한 반응을 천천히 줄여나가면서 이런 현상이 일어난다. 어떤 사람들은 첫 원룸을 얻거나, 새 차 한 대만 뽑아도 좋아 죽는데, 돈 좀 만지는 사업가들은 대저택과 슈퍼카에도 지겨움을 느끼는 이유가 바로 이 둔감화 때문이다. 스릴을 쫓는 사람들이 계속 더 크고, 더 대담한 모험을 찾아다니는 이유도 마찬가지다. 그리고 이는 마약 중독자들 사이에서도 잘 알려진 현상이다. 이들도 처음에는 소량의 마약으로도 환상적인 쾌감을 느낀다. 그렇게 그 용량으로 몇 번은 효과를 보지만 결국 둔감화가 시작된다. 이제 마약 복용자는 용량을 더 늘리거나, 더 강한 약으로 바꿔야 처음의 그 쾌감을 다시 느낄 수 있다.

비만 대유행에도 둔감화가 깊숙이 관련되어 있다. 아이스크림을 생각해보자. 예전의 아이스크림은 바닐라, 이렇게 한 가지 맛으로 나왔었다. 하지만 요즘에 벤앤제리스Ben & Jerry's 같은 아이스크림 전문점에 가 보면 그냥 바닐라 아이스크림도 있지만 바닐라 아이스크림에 카라멜 소스, 초콜릿 칩, 쿠키 반죽 등이 섞인 제품이 더 대표적이다. 아니면 브라우니 조각, 땅콩버터, 마시멜로가 들어간 것도 있다. 이런 것은 초자극 폭탄이라 할 수 있다.

바닐라 아이스크림은 설탕과 지방 함량이 높아서 이미 그 자체로 초자극물이다. 하지만 벤앤제리스 아이스크림 전문점에서 파는 아이스크림 한 통에 들어 있는 엄청난 다양성과 칼로리 밀도에 비하면 아무것도 아니다. 그래서 여기서도 익숙한 패턴을 볼 수 있다. 아이스크림을 처음 먹으면 이것이 보상 체계를 크게 자극한다. 그리고 자기가 가장 좋아하는 음식 중 하나로 자리 잡는다. 하지만 시간이 지나면서 우리는 그 초자극에 익숙해지기 시작하고, 조금 더 강한 자극을 갈망하게 된다.

위에 초콜릿 소스를 좀 뿌려볼까?

빙고.

예전처럼 큰 보상이 다시 느껴진다. 하지만 이것도 오래 가지 않는다.

둔감화가 계속 이어짐에 따라 우리는 점점 더 자극의 수위를 높인다. 지금은 벤앤제리스 아이스크림 같은 초자극 폭탄에서 끝나지만, 누군가 훨씬 더 강력한 초자극을 만들어내면 이야기가 또 달라질 것이다.

그런데 모든 사람이 꼭 이렇게 자극의 수위를 계속 높이지는 않는다. 마약을 해본 사람이라고 해서 모두 심각한 중독에 빠지지는 않는 것처럼 말이다. 하지만 공교롭게도 당신이 둔감화에 취약한 성향이라면 그 수위를 높여갈 위험이 더 크고, 언제든 더 큰 초자극을 제공할 준비가 되어 있는 세상에서 과체중이 될 위험도 더 커진다.

맛의 민감성을 회복하는 방법

이런 이야기를 들으면 우울한 기분이 든다. 나도 그렇다. 하지만 다행히 좋은 소식도 있다. 우리 뇌에서는 둔감화만 일어나지 않는다. 반대로 재민감화resensitisation라는 과정이 일어나기도 한다. 이름이 암시하는 바와 같이 이것은 보상에 대한 민감성을 다시 회복하는 과정이다. 여기서 다시 소금이 등장한다.

앞에서 이야기했듯이 서구인들은 인어가 고향에 왔다고 느낄 정도로 많은 소금을 먹고 있다. 이런 일이 벌어진 이유는 초가공 식품에 들어 있는 다량의 소금 때문에 우리가 짠맛에 둔감해졌기 때문이다. 이 전체적인 과정을 하나의 악순환이라 상상할 수 있다. 식품 제조업체가 경쟁사들보다 소금을 살짝 더 많이 써서 제품의 맛을 좋게 만들면 경쟁에서 우위를 점할 수 있다. 하지만 이런 짠맛에 노출되다 보면 점점 민감성을 잃는다. 결국 식품 제조업체는 소금 양을 늘리면서 계속 판돈을 키워야 하는 상황이 된다.

다행히도 미국 과학자들이 우리가 소금에 대한 민감성을 회복할 수 있다는 사실을 알아냈다. 한 연구에서 연구자들은 영국식 식단보다 훨씬 짠 일반적인 미국식 식단을 먹는 사람들을 모집해서 참가자 중 절반은 소금 섭취량을 줄이도록 도왔다. 그리고 이들을 5개월에 걸쳐 관찰하면서 중간에 다양한 염도의 수프와 크래커를 섭취하게 했다.

참가자들에게는 음식의 염도를 말해주지 않았지만, 처음에는 제일 짠 식품을 선호했다. 하지만 시간이 지나면서 소금 섭취량을 줄인 집단에서는 민감성을 회복하기 시작했다. 제일 짠 식품은 그들의 입맛에 너무 짜게 느껴졌고, 식품을 예전보다 더 짜다고 평가하기 시작했다.[4]

다시 말해, 참가자들은 원래의 자연적인 민감성을 회복했고, 소금을 덜 친 음식으로도 맛을 즐길 수 있게 되었다. 아마 처음이었다면 참가자들은 이 음식들이 맛이 없다고 느꼈을 것이다. 하지만 여기서 요점은 장기적으로는 아무것도 포기하지 않아도 짠맛에 대한 의존도를 낮출 수 있다는 것이다. 금단 기간만 버틸 수 있다면 짠맛에 더 민감해지고, 예전처럼 음식이 다시 맛있어진다.

단맛에 생긴 내성

초자극을 절제하고 난 후에 회복할 수 있는 것이 소금에 대한 민감성만은 아니다. 온갖 미각적 경험에 대해 다시 민감성을 회복할 수 있다. 또 다른 사례로 설탕을 들어보자. 위에 설명한 소금 연구와 비슷한 연구에서 과학자들은 참가자 절반이 설탕 섭취량을 줄이도록 도왔다. 그리고 3개월에 걸쳐 참가자들에게 다양한 설탕 함량의 디저트를 맛 보여주고 당도를 평가하게 했다. 결과는 소금 연구와 비슷했다. 설탕 섭취량을 줄인 사람들은 단맛에 점점 더 민감해졌고, 결국 예전과 계속 똑같이 먹었던 참가자와 비교했을 때 이들은 같은 푸딩을 40퍼센트 더 달다고 평가했다.[5]

이런 종류의 실험은 혼자서도 쉽게 해볼 수 있다. 나도 여러 번 해봤다. 원활한 사회생활을 위해서 이런 실험을 추천하지는 않지만, 건강을 위해 설탕을 완전히 끊지 않아도 된다. 하지만 재민감화가 얼마나 빨리 일어나는지 느껴보는 것도 참 재미있다. 첨가당을 먹지 않고 몇 주 정도를 보내면 과일과 베리 들이 예전보다 더 달게 느껴지는 것을 알 수 있다. 그리고 그런 다음 사탕 같이 달콤한 초자극물을 다시 먹어보면 달아도 너무 달아서 거의 메스꺼울 지경이 된다.

단지 맛이 더 강해졌기 때문만은 아니다. 내성tolerance이라는 원리도 작용하고 있다. 내성은 둔감화의 또 다른 형태로, 자극의 부정적 효과에 대해서만 나타난다. 우리는 물질의 해로운 영향에 대한 민감성을 잃었을 때 내성이 생겼다고 한다. 처음 술을 마셨을 때를 기억해보라. 아마 많이 마시지 않아도 금방 취했을 것이다. 그리고 그와 동시에 조금 메스꺼운 느낌도 들었을 것이고, 마셨던 술을 그날 저녁 늦게 몸 밖에서 다시 만났을지도 모른다. 원래 이런 식으로 다시 만나려는 생각은 없었겠지만 말이다. 하지만 술을 거듭 마시다 보면 몸에 내성이 생기기 시작하고, 알코올 때문에 생긴 불쾌한 부작용의 강도가 약해진다. 알코올중독자가 술로 나머지 사람들을 다 뻗게 만들고도 멀쩡한 이유, 그리고 특정 기간에 얼마나 많이 마시느냐에 따라 알코올 내성의 변화를 느끼는 이유도 그 때문이다.

독성은 독한 연기를 들이마시면서도 고통을 느끼지 못하는 흡연자에게서도 나타난다. 담배 연기 한 모금을 처음 빨아들인 사람은 죽을 것처럼 기침을 해댄다. 하지만 알코올의 경우와 마찬가지로 반복적인 노출은 내성을 만든다. 중요한 점은 내성이 생겼다고 해서 알코올이나 흡연의 해로운 영향이 사라지지 않는다. 사실 우리가 알코올과 담배를 처음 접했을 때 나오는 반응이야말로 이런 물질이 몸에 미치는 영향을 정확히 보여주는 신호다. 그와 마찬가지로 둔감화되지 않은 상태에서 달콤한 사탕을 접했을 때 나타나는 반응이 반복 노출로 무뎌졌을 때 나오는 반응보다 더 정확한 신호다. 결국 둔감화와 내성은 초자극을 두 배로 나쁘게 만든다. 식품 초자극을 먹으면 대량의 설탕, 지방, 소금에서 나오는 보상에 점점 둔감해지면서 점점 높은 수위를 갈망하게 된다. 그리고 그와 동시에 내성이 쌓이면서, 수위를 높일 때마다 건강에 미치는 부정적인 영향에 대한 민감성을 잃는다.

전 세계의 초자극화 

소금, 설탕, 지방이 가득한 식품 초자극을 가리킬 때는 '서구식 식단'이라는 용어를 쓰는 것이 아예 표준으로 자리 잡았다. 버거, 감자튀김, 피자 같은 음식이 서구에서 기원해 세계를 정복했기 때문에 나타난 현상이다. 하지만 식품 초자극이 서구만의 것은 아니다. 단지 서구가 세계에서 처음으로 식품 초자극 대규모 생산 기술을 발전시킬 만큼 부유했을 뿐이다. 시간이 지나면서 세계의 다른 지역들도 경제성장을 이루면서 서구와 비슷한 방식으로 음식이 진화했다.

인도에서는 이제 버터 치킨(버터, 크림, 향미증진제, 인공색소 함유)에 난(정제 설탕과 버터 함유)을 곁들이고 인도식 밀크셰이크인 망고 라씨를 주문하면 엄청난 양의 소금, 설탕, 지방을 섭취할 수 있다.

중국에서는 기름에 푹 튀긴 춘권을 주문할 수 있고, 이어서 소금, 설탕, 기름, 포화지방이 듬뿍 들어간 탕수육 같은 요리를 먹을 수 있다. 그리고 식사 후에는 탄산음료만큼 설탕이 많이 첨가된 버블티로 기름기를 씻어 내릴 수 있다.

식품 초자극은 너무 훌륭한 사업 아이템이기 때문에 한 나라가 충분히 발전하고 부를 쌓는 순간 어디에서든 나타난다. 그리고 비만 문제와 생활방식으로 인한 질병이 머지않아 등장한다.

디저트 배의 정체

둔감화는 장시간에 걸쳐서 일어나지 않는다. 식사를 할 때마다 일어나는 둔감화와 관련이 있는 현상도 있다. 첫 번째 한 입은 언제나 맛있고, 한 입, 한 입 먹을 때마다 느껴지는 보상이 줄어들다가 결국에는 먹기를 멈춘다. 물론 이런 종류의 단기 둔감화는 영구적이지 않다. 다음에 배가 고파지면 첫 한 입은 다시 맛있어질 것이다. 하지만 비만 대유행을 이해하려면 단기 둔감화가 어떻게 작용하는지도 알아야 한다.

앞에서 포만감이 부분적으로는 위에 음식이 얼마나 찼는지 알려주는 신장수용기에 의해 물리적으로 파악된다는 것 알아보았다. 하지만 친구에게 저녁식사에 초대를 받아서 갔다고 상상해 보자. 친구가 당신이 좋아하는 요리를 내왔고, 첫 한 입을 베어 물었을 때는 정말 환상적이다. 하지만 음식이 아무리 맛있다 한들 필연적으로 한 입도 더 삼킬 수 없는 지점이 찾아온다. 위가 빵빵하게 차면 이런 말이 절로 나온다. "이제 그만! 더는 못 먹어"

그런데 친구가 디저트를 가지고 온다…….

그러자 갑자기 식욕이 돌아오면서 몇백 칼로리 정도는 더 들어갈 수 있는 공간이 생긴다. 역시 밥 배와 디저트 배는 따로 있다.

이 현상을 '디저트 효과Dessert Effect' 혹은 좀 더 과학적으로 표현하고 싶을 때는 '감각 특이적 포만감sensory specific satiety'이라고 부른다. 두 개념 모두 포만감이 단순히 물리적인 것이 아니라는 점을 설명하고 있다. 포만감은 정신적인 것이기도 하며, 정확히 무엇을 먹고 있느냐에 따라 달라진다. 디저트가 도착해도 단백질 섭취량과 위의 팽창 같은 물리적인 포만 신호는 사라지지 않는다. 하지만 포만감 중에서 정신적인 부분이 사라진다. 이 효과를 '뷔페 효과Buffet Effect'라고도 한다. 정해진 코스 요리를 먹을 때보다 뷔페에 갔을 때 더 많은 양을 먹어야 포만감을 느끼기 때문이다.

뇌가 음식의 다양성을 추구하는 것은 진화 때문이다. 사람은 온갖 다양한 영양이 필요하고, 단독으로 이 모든 필요를 충족시킬 수 있는 음식은 거의 없다. 그래서 우리는 본능적으로 식단의 다양성을 추구한다.

하드자족으로부터 배웠듯이 우리 선조들에게는 이런 욕구가 말이 됐다. 수렵채집인들은 필연적으로 단조로운 식단을 먹어야 했다. 이들이 먹을 수 있는 음식은 주로 몇 킬로미터 반경 안에서 찾을 수 있는 것으로 국한되어 있었다. 그것을 보여주는 좋은 사례가 나미비아의 쿵족!Kung이다. 하드자족처럼 이들의 신체 조건은 뛰어나다. 하지만 당신이 과연 그런 몸을 만들어준 식단을 부러워할지는 의문이다. 쿵족이 섭취하는 칼로리 중 절반 정도가 하나의 공급원에서 나온다. 바로 몽공고 너트mongongo nut다.[6]

몽공고 너트는 분명 맛있을 것이다. 어떤 사람은 캐슈넛 비슷한 맛이라고 하고, 어떤 사람은 질 좋은 치즈 맛이라고도 한다. 하지만 맛이 어떻든 간에 매년 모든 칼로리의 절반을 몽공고 너트에서 얻어야 한다면 금방 질리고 말 것이다. 몽공고 너트에 부족한 미량영양소가 결핍될 위험도 있다. 그렇다면 다른 종류의 음식을 만났을 때 더 강하게 반응하고, 본능적으로 다양한 음식을 찾아

나서도록 뇌가 설계되는 것은 너무도 당연한 이야기다.

오늘날 우리의 음식 환경을 둘러봐도 곳곳에서 다양성에 대한 욕구를 볼 수 있다. 경우에 따라서는 이것이 이롭게 작용할 수 있다. 연구에 따르면 아이들에게 좋아하는 과일이나 채소만 줄 때보다 더 폭넓은 선택지를 제공했을 때 과일과 채소를 더 많이 먹는다고 한다.[7]

하지만 다양성을 좋아하는 우리의 성향을 악용해서 나쁜 음식을 과식하게 만드는 경우가 더 많다. 사탕을 생각해보라. 사탕을 여러 종류 섞어서 봉지에 담아 파는 경우가 많은 것은 우연이 아니다. 그렇지 않은 경우라도 젤리곰이나 엠앤엠 초콜릿처럼 겉으로 드러나는 색상에 다양성을 줄 수 있다.

아니면 앞에 나왔던 벤앤제리스 아이스크림을 생각해보자. 내가 이것을 초자극 폭탄이라고 부르는 이유는 그 안에 들어가는 아이스크림, 쿠키 반죽, 초콜릿 등이 이미 그 자체로 식품 초자극이기 때문이다. 하지만 이런 식품은 자극의 수위를 높이기 위해 몇몇 식품 초자극을 하나로 결합해서 다양성의 매력을 활용하고 있다.

식품첨가물은 나쁜가?

식품 제조업체들은 음식의 맛만 최적화하지 않는다. 감자칩의 바삭한 소리부터 식감, 냄새, 모양에 이르기까지 모든 것을 최적화한다. 이런 목표를 달성하기 위해 회사에서는 다양한 첨가물을 사용하며, 이것이 건강 문제를 일으킨다고 종종 비난을 받는다.

물론 식품첨가물이 그냥 마구잡이로 만들어낸 화학물질이 아니라는 점을 기억해야 한다. 사용량에서 건강 문제를 일으키지 않는다는 것을 확인하는 광범위한 안전성 검사를 거쳐야 나올 수 있다. 그리고 늘 그렇듯이 용량이 중요하다. 인공감미료에서 배운 것처럼 식품첨가물에 대해 부정적인 머리기사가 나오기도 하는데, 이런 것들은 너무나 부자연적인 용량을 이용해서 배양 세포나 생쥐를 대상으로 진행한 연구에서 나왔다. 심지어 맹물도 너무 빨리 마시면 독으로 작용할 수 있다.

따라서 모든 식품첨가물이 나쁘다고 할 수는 없다. 역설적이게도 꽤 많은 첨가물들이 건강보조식품으로도 판매되고 있다. 아마 당신의 지인 중에도 'E300(아스코르브산)'이나 'E306(토코페롤)'은 엄청나게 비난하면서, 비타민 C와 E는 몸에 좋다고 칭찬하는 사람이 있을 것이다. 그런데 공교롭게도 이 두 가지는 동일한 물질이다.

많은 첨가물이 직접적으로 해로운 영향을 미치지는 않지만, 그래도 첨가물을 사용하는 목적을 기억하는 것은 중요하다. 바로 소비자들이 더 많이 먹게 만드는 것이다. 향미증진제를 예로 들어보자. 독성은 없을지 몰라도 우리가 과식하게 만들어 체중을 늘린다면 건강에 해를 끼칠 수 있다. 혹은 인공색소를 생각해보자. 인공색소는 인간이 강한 색깔에 끌린다는 사실을 이용해서 우리를 조종하기 위해 식품에 첨가하는 물질이다. 식품의 색을 강화하면 더 많은 사람이 구입할 것이다. 색깔 때문에 어느 알을 품을지 혼란에 빠진 가엾은 새들과 별반 다르지 않다. 그렇지 않은가?

6장
아마존에서 배우는 건강의 지혜

지금쯤이면 비만 대유행의 원인이 분명하게 보일 것이다. 체중이 이렇게 많이 늘어난 이유는 식품이 과식을 유도하도록 설계되어 있기 때문이다. 식품 제조업체들은 우리의 식욕 조절 능력을 조작할 수만 있다면 자신의 권한 안에서 할 수 있는 것은 모두 한다. 그들은 설탕, 지방, 소금에 대한 우리의 갈망을 이용한다. 그리고 다양성에 대한 욕구도 이용하고, 점점 더 강한 자극을 추구하는 성향도 이용한다. 이런 식으로 식품의 색깔, 식감, 소리까지 모든 것이 최적화된다. 그 결과 우리는 세상 가장 외진 구석까지 퍼진 글로벌 건강 위기에 직면하고 있다. 하지만 이런 식품 초자극의 맹공에도 불구하고 과체중을 용케 피해온 사람이라면? 그런 사람들에게도 이런 문제가 여전히 중요할까?

치마네족이 뒤흔든 심혈관질환의 상식

볼리비아 아마존 열대우림 깊숙한 곳에는 치마네족Tsimané이라는 작은 부족 집단이 살고 있다. 이 사람들은 지구에서 가장 외딴 장소를 집으로 삼고 있으며, 주변 정글에서 간단한 작물을 기르고, 낚시와 사냥을 하며 생계를 꾸리고 있다.

이렇듯 자연과 가까운 생활방식 때문에 치마네족은 당신이나 나보다 인류의 선조들과 더 가까운 자연적인 방식으로 살아가는 몇 안 되는 사례 중 하나가 됐다. 그래서 우리의 친구 하드자족처럼, 아마존의 부족들도 다양한 연구자들의 관심을 끌었고, 전 세계 학자들이 연구를 위해 이들을 찾아오고 있다.

과학자들은 치마네족의 사회생활에서 수면, 식단, 전반적인 건강에 이르기까지 모든 것을 연구했다. 그리고 그 과정에서 부족 구성원들이 전반적으로 장내 기생충에 만성적으로 감염되어 있다는 사실이 금방 명백해졌다. 벌레들에게는 5성급 리조트나 다름없는 환경에서 살아가는 이상 피할 수 없는 현실이다. 하지만 이런 만성 감염 때문에 치마네족 사람들의 면역계는 끊임없이 활성화된 상태에서 싸우고 있고, 이 때문에 염증 수치가 하늘 높이 치솟아 있다.

선진국에서는 염증지표 상승이 여러 가지 질병과 관련되어 있다. 죽상동맥경화증도 그중 하나인데, 나이가 들면서 동맥의 안쪽에 쌓일 수 있는 일종의 지방성 플라크fatty plaque다. 파이프 내부에 때가 쌓이면서 막히는 것과 비슷하다고 생각하면 된다. 건강한 동맥에서는 혈액이 쉽게 흘러 다니지만, 플라크가 많이 쌓일수록 혈액이 지나다니기가 힘들어진다. 그러다 동맥이 완전히 막히거나, 플라크의 일부가 느슨하게 떨어져 나온다. 결국 이것 때문에 혈액이 응고되어 덩어리가 생기고, 혈류를 막으면 혈액을 공급받는 조직이 죽을 수 있다. 이런 일이 우리 몸에서 가장 중요한 두 기관인 심장(심장마비 유발)이나 뇌(허혈성 뇌졸중 유발)에 일어나면 특히 위험하다.

치마네족이 서구 선진국에 살고 있었다면 의사들은 염증 문제를 하루빨리 해결해야 한다고 재촉했을 것이다. 물론 열대우림에 사는 사람들이 그런 특혜를 누릴 수는 없었다. 치마네족의 혈액 검사를 진행하던 과학자들은 걱정이 되는 마음에 부족민들의 심혈관 건강을 연구했다. 그리고 다행히도 전혀 걱정할 것이 없다고 밝혀졌다. 치마네족의 동맥은 막힌 데 없이 멀쩡했다. 사실 이들의 심장과 심혈관계는 과학자들이 지금까지 본 것 중 가장 건강했다. 부족에서 제일 나이가 많은 사람들에게서도 죽상동맥경화증이 거의, 혹은 전혀 없었다. 이곳에서 심혈관질환은 딴 세상 이야기였다.[1]

전 세계 사망자의 3분의 1이 심혈관질환으로 사망한다는 점을 고려하면, 이것이 얼마나 놀라운 일인지 알 수 있다.[2] 당신이 지금까지 살아온 시간만 따져 봐도 그동안 심혈관질환으로 수억 명이 사망했다. 이런! 당신이 이 장을 읽기 시작한 후로도 벌써 수백 명이 사망했다. 심혈관질환이 그렇게 많은 사람을 덮치는 이유는 죽상동맥경화증을 피하기가 정말 어렵기 때문이다. 적어도 현대

사회에 살고 있다면 그렇다. 우리는 이 사실을 1950년대 한국전쟁 때 처음 알게 됐다. 미군 의사들이 전사한 군인들을 부검했는데 그중 80퍼센트에서 죽상동맥경화증이 발견됐다. 대부분의 군인들은 20대 초반의 젊은 남성들이었고, 사망 전에 건강에도 문제가 없었다. 하지만 그들은 살아 있을 때 이미 심혈관 질환의 첫 징후가 나타나기 시작했다. 운명이 다르게 풀렸다면 이 젊은 남성들은 건강한 모습으로 살아서 집으로 돌아갔겠지만, 생물학적 시한폭탄을 안고 살았을 것이다. 세월이 지나면서 이들의 죽상동맥경화증은 계속 진행되었을 테고, 언젠가 그중 많은 사람의 목숨을 앗아갔을 것이다.

고혈압은 나이순이 아니다

아마존의 고립된 부족 사람들이 죽상동맥경화증에 걸리지 않는 이유를 이해하기 위해 이 질병의 발달 과정을 따라가 보자.[3]

　죽상동맥경화증은 동맥의 내벽이 무언가에 의해 손상되거나 자극을 받으면서 시작된다. 그 무언가는 흡입한 담배연기나 오염물질에서 나와 혈류를 타고 들어간 독소일 수도 있고, 그냥 동맥벽을 팽창시키는 고혈압일 수도 있다.

　일단 동맥의 내벽이 자극을 받거나 손상되면 혈액에 들어 있는 LDL low-density lipoprotein(저밀도 콜레스테롤)이라는 입자가 그곳에 붙잡힐 수 있다. LDL을 아마 '나쁜 콜레스테롤'이란 이름으로 많이

들 알고 있을 것이다. 원래 이 입자의 정상적인 임무는 혈류를 통해 콜레스테롤을 운반하는 것이다. 그래서 LDL 입자들이 동맥 내벽에 갇히면, 콜레스테롤로 만들어진 지방 줄무늬가 나타나기 시작한다. 이 콜레스테롤 플라크cholesterol plaque가 몸에 경보를 울리면, 몸은 이 문제를 해결하라는 임무를 부여해서 면역세포들을 그곳으로 보낸다. 면역세포들은 콜레스테롤을 먹어치워서 이 문제를 해결하려 하지만 콜레스테롤이 너무 많으면 오히려 자기가 압도당해서 임무를 완수하기도 전에 쓰러진다. 이제 콜레스테롤 플라크는 콜레스테롤과 죽은 세포들로 엉망진창 뒤엉킨 덩어리로 변한다. 결국 몸은 콜레스테롤 플라크를 제거하기 위해 더욱 많은 면역세포를 불러 모으고, 콜레스테롤 플라크는 점점 면역세포의 공동묘지로 변한다. 그리고 이 모든 과정을 거치는 동안 콜레스테롤 플라크는 점점 더 커진다. 마침내 몸은 응급 해결책을 내놓는다. 콜레스테롤 플라크를 일종의 뚜껑으로 덮고 봉인해서 적어도 더 이상은 자라지 않게 하는 것이다.

이렇게 하면 동맥을 구할 수 있지만 장기적으로는 좋은 해결책이 아니다. 이제 시한폭탄을 품고 좁아진 동맥을 갖게 되었기 때문이다. 동맥벽이 계속 손상되면 뚜껑이 터지는 것은 그저 시간 문제다. 그렇게 되면 밑에 숨어 있던 찌꺼기들이 혈류로 방출되어 혈액을 응고시키고, 이 이야기는 종착점에 도달한다. 바로 동맥이 막히는 것이다.

이런 세부사항까지 모두 알기는 부담스러우니 중요한 내용만 요약하면 다음과 같다. 죽상동맥경화증은 동맥 안에 쌓이는 지방성 플라크다. 이는 동맥의 내벽을 무언가가 손상시키거나 자극할 때 시작되고, 그 후로는 그 부위에 콜레스테롤 플라크가 쌓이기 시작한다.

이런 질병 진행 과정을 보면 문제를 피할 수 있을 것 같은 방법이 두 가지 보인다. 애초에 동맥벽의 손상을 피하거나, 콜레스테롤의 침착을 예방하는 것이다.

앞서 언급했듯이 동맥벽에 손상을 가하는 원인 중 가장 흔한 것은 고혈압이다. 전 세계 사람 중 3분의 1 정도가 고혈압이지만 그 사실도 모르는 사람이 많다. 고혈압이 있다고 해서 만화처럼 귀에서 뜨거운 김이 뿜어져 나오지는 않는다. 사실 대부분의 사람은 아무 증상이 없다. 하지만 증상만 없을 뿐 위험하다. 실제로 고혈압은 조절이 가능한 조기사망 위험 요인 중 1등이다. 흡연, 비만, 알코올보다 매년 더 많은 생명을 앗아가기 때문이다.[4]

고혈압을 피하고 싶을 때 조절할 수 있는 몇 가지 요인들이 있지만, 그중 가장 중요한 것이 바로 소금 섭취량이다. 소금이 음식에서 얻는 보상을 높여서 과식과 체중 증가로 이어질 수 있다는 점은 이미 앞에서 살펴보았다. 하지만 소금을 많이 먹어서 생기는 건강상의 위험이 체중 증가만이 아니다. 부자연스러울 정도로 많은 소금을 섭취할 경우에는 신장결석이나 여러 가지 자가면역 질환의 위험이 높아지고, 특히 고혈압 위험이 커진다.[5,6,7]

혈압과 소금 섭취와의 연관성은 사람들의 소금 섭취량을 조절한 연구를 통해 입증됐다. 사람들에게 소금을 더 많이 먹이면 혈압이 올라간다. 그리고 소금 섭취량을 줄이면 혈압이 내려간다.

이것은 사람에게만 해당되는 내용이 아니라, 우리의 가까운 친척인 침팬지에게서도 입증됐다.[8] 따라서 언뜻 보기에는 소금을 많이 먹는다고 해서 해롭지 않아 보이지만, 전 지구적인 관점에서 보면 소금 섭취는 무시무시한 살인자와 같다. 고혈압과 소금 섭취의 연관성을 바탕으로 산출한 최선의 추정치에 따르면 과다한 소금 섭취가 매년 100만에서 500만 명의 목숨을 앗아간다.[9]

앞에서도 이야기했듯이 선조들보다 우리의 소금 섭취량이 늘어난 것은 식탁에서 소금을 미친 듯이 뿌려 먹기 때문이 아니다. 식품 초자극 때문에 생긴 일이다. 치마네족과 다른 부족민들이 이런 종류의 음식을 먹지 않는다는 점을 고려하면, 그들은 소금 섭취량이 적어서 고혈압에 걸리지 않는다고 볼 수 있다.[10] 서구에서는 나이를 먹으면 당연히 고혈압이 생긴다고 가정한다. 하지만 꼭 그렇지는 않다. 우리의 혈압은 생활방식이 낳은 결과다.

LDL 콜레스테롤, 식단 속의 조용한 악당

죽상동맥경화증 이야기에 등장하는 또 다른 악당은 앞서 언급했던 LDL 콜레스테롤이다. 이것은 심장내과 의사들이 철자법 대회 참가자들을 밤잠 설치게 만들려고 특별히 이름을 지은 듯한 유전병에서 확인할 수 있다. 바로 '가족성 고콜레스테롤혈증familial hypercholesterolemia'이다. 그냥 간단하게 FH라고 부르자. FH를 앓는 사람은 혈중 LDL 콜레스테롤 수치가 정상보다 훨씬 높다. 어떤 사람은 그 수치가 너무 높아서 눈 주변, 손가락 관절, 다양한 힘줄에 노란 콜레스테롤 침착이 생기기도 한다. FH를 앓는 사람들은 LDL 콜레스테롤 수치가 높기 때문에 심혈관질환에 걸릴 위험이 대단히 높아진다. 이런 사람은 콜레스테롤 저하제를 복용하지 않을 경우 남성의 절반 정도는 50세가 되었을 때 심혈관질환에 걸린다. 그리고 이 병이 있는 여성 중 3분의 1은 60세가 되기 전에 심혈관질환에 걸린다.

다행히 우리 대부분은 가족성 고콜레스테롤혈증에 걸리지 않았다. 하지만 패턴은 여전히 동일하다. 혈액 속에 LDL 콜레스테롤이 많고, 거기에 노출된 기간이 오래될수록 혈관에 지방성 플라크가 생길 위험이 커지고, 심혈관질환으로 사망할 확률도 높아진다.[11] 여기서 치마네족의 또 다른 큰 비밀을 찾을 수 있다. 치마네족 사람들은 서양인에 비해 평균적으로 혈액 내 LDL 콜레스테롤 수치가 훨씬 낮다.[12] 한마디로 이들은 LDL 콜레스테롤 수치가 너무 낮아서 죽상동맥경화증에 걸리지 않는다. 생활방식 때문이든, 유전적 원인 때문이든 치마네족처럼 LDL 콜레스테롤 수치가 낮은 서양인들도 심혈관질환에 걸리지 않는 것을 보고 이 사실을 알게 됐다.

전 세계적인 관점에서 보면 치마네족은 소수에 불과하지만, 사실 비정상은 그들이 아니다. 오히려 우리가 비정상이다. 수렵채집인들의 LDL 콜레스테롤 수치는 갓 태어난 신생아나 여러 동물종과 비슷하다.[13] 그것이 원래의 자연스러운 수치라는 의미다. 현대인들이 이런 추세를 거스르게 된 이유는 바로 식단 때문이다. 슬프게도 정글에서도 이런 점이 분명해지고 있다. 지난 십 년 간 몇몇 치마네족 사람들이 가솔린 모터를 구입해서 시장이 있는 열대우림의 다른 도시들로 보트 여행을 다니기 시작했다. 그 시장에서는 식품 초자극을 판다. 치마네족도 당연히 식품 초자극에 우리만큼 취약하기 때문에 지난 몇 년 동안 그들 중 많은 사람이 초가공식품을 먹기 시작했고, 그들의 LDL 콜레스테롤 수치도 올라가기 시작했다.[14]

간단히 설명하면 이런 일이 일어나는 이유는 여러 가지 식품 초자극이 콜레스테롤 수치를 높이는 최악의 조건을 만들어내기 때문이다. 앞에서 말했듯이 탄산음료처럼 당이 첨가된 음료는 불과 몇 주 만에 콜레스테롤 수치를 높인다고 알려져 있다. 식단에 들어 있는 포화지방도 마찬가지다.[15] 게다가 식품 초자극은 자연적으로 콜레스테롤을 낮춰주는 성분인 섬유질도 제거되어 있다.

식이섬유dietary fiber는 우리가 소화시킬 수 없는 다양한 식물성 물질을 총칭하는 용어다. 이것은 대다수의 과일과 야채, 통곡물이나 콩을 통해 섭취할 수 있다. 섬유질은 장에서 물과 결합해서 공간을 차지하기 때문에 포만감을 느끼게 해준다. 하지만 식품 제조업체는 당신이 포만감을 느끼기를 원치 않기 때문에 제품에서 섬유질을 제거한다. 그 결과 우리의 식이섬유 섭취량은 선조들에 비하면 현저히 낮다. 서양인들은 하루 평균 16~22그램의 식이섬유를 섭취하지만, 하드자족 같은 사람들은 80~150그램 섭취한다.[16,17,18] 이것이 수렵채집인들의 포만감을 촉진해서 날씬한 몸을 유지하는 데 도움을 준다. 그리고 이런 날씬한 몸매가 다시 이롭게 작용한다. 과도한 체지방, 특히 장기 주변의 지방은 간을 자극해서 더 많은 LDL 콜레스테롤을 만들어내는 역할을 하기 때문이다. 그것 말고 다른 메커니즘을 통해서도 식이섬유는 콜레스테롤 수치를 낮추는 역할을 한다.[19,20,21] 이 메커니즘은 조금 복잡하지만, 다음과 같다.

장은 쓸개즙염bile salt이라는 분자를 이용해서 음식을 통해 지방을 흡수한다. 쓸개즙염은 간에서 만들어져 담낭에 저장된다. 음식을 먹으면 이 쓸개즙염이 장으로 분비된다. 그러면 장에서 쓸개즙염이 지방 분자와 결합해서 지방의 분해와 흡수를 용이하게 만든다. 우리 몸은 에너지와 자원을 아껴 쓰도록 설계되어 있기 때문에 일이 끝나면 쓸개즙염을 다시 흡수해서 재사용한다. 하지만 식이섬유를 많이 먹은 경우에는 이 과정이 이루어지지 않는다. 장에 섬유질이 있으면 쓸개즙염의 일부가 섬유질과 엉겨 붙어서 재흡수되지 않고, 소화 과정에서 생긴 다른 폐기물과 함께 몸 밖으로 배출된다. 이는 언뜻 보면 좋지 않다고 생각할 수도 있지만 쓸개즙염은 콜레스테롤로 만들어지기 때문에, 쓸개즙엽을 잃어버리면 그만큼 새로 만들 수 있다. 이때 간은 혈중에 있는 LDL 콜레스테롤을 흡수해 이를 원료로 새로운 쓸개즙염을 만든다.

계란은 괜찮다

1990년대에 미국의 한 의사가 치매를 앓고 있는 한 남성에서 독특

한 식습관을 발견했다. 이 남성은 몇 년째 매일 반숙 계란 25개 말고는 아무것도 먹지 않았다. 계란에는 콜레스테롤이 많이 들어 이렇게 먹으면 엄청난 양의 콜레스테롤을 섭취하게 된다.

그래서 남성의 혈관이 막혔을까? 그렇지 않다. 이 남성은 막대한 양의 콜레스테롤을 섭취하고 있었음에도 혈액검사 결과는 완전히 정상이었다.[22] 이는 대부분의 경우 식이 콜레스테롤이 혈중 콜레스테롤 수치에 미치는 영향이 미미하기 때문이다.[23]

우리 몸은 자체적으로 콜레스테롤을 만들어낸다. 그래서 일반적으로 콜레스테롤 섭취량이 많아지면 몸은 콜레스테롤의 생산과 흡수를 줄인다. 반대로 콜레스테롤 섭취량이 적으면 흡수와 자체 생산량을 증가시킨다. 달리 말하면, 계란은 다량의 콜레스테롤이 들어 있지만, 일반적으로는 LDL 콜레스테롤 수치를 별로 올리지 않는다. 일부 과잉반응자hyper-responder로 불리는 사람들은 예외다. 하지만 대다수의 사람에게 계란은 건강에 좋은 음식이다.

구석기가 답은 아니다

건강하려면 수렵채집인처럼 살아야 한다고 생각할 수도 있다. 분명 지금까지 만나본 다양한 부족 사람들은 대사적으로 무척 건강하고, 당뇨병, 심장마비, 뇌졸중 같은 질병의 위험이 낮다. 하지만 이런 사실이 당신이 예전에 들었던 이야기와 상충할 수도 있다. 보통 구석기 시대 사람들의 평균 수명이 40세 미만이었다고 들었는데? 엄청나게 건강했다면서 수명이 이렇게 짧았다니 무언가 이상하다.

조상들의 평균 수명이 짧았다는 것은 사실이다. 현대 수렵채집인 인구집단도 마찬가지다. 예를 들어 하드자족의 출생시 기대수명은 34세에 불과하다.[24] 하지만 대다수 하드자족 사람들이 30대에 노화 관련 질병으로 사망한다는 의미는 아니다. 전혀 그렇지 않다. 평균 수명이 낮아진 이유는 수렵채집인 사회의 영아 사망률이 엄청나게 높기 때문이다. 하드자족 열 명 중 네 명은 15세 이전에 사망한다. 이것이 평균을 깎아내린다. 네 명으로 이루어진 집단에서 두 명은 80세까지 살고, 나머지 두 명은 유아기에 죽는다면 평균 기대 수명은 40세가 된다.

하지만 방정식에서 영아 사망률을 빼면 수렵채집 인구집단의 기대 수명은 우리와 아주 비슷하다. 15세를 넘겨 살아남은 하드자족 중에서 제일 흔한 사망연령은 76세이고, 치마네족은 78세다.[25] 현대의학이나 기술적 도움을 전혀 받을 수 없다는 점을 고려하면 이는 놀라운 수치다.

하드자족의 가장 흔한 사망 원인은 어른과 아이 할 것 없이 모두 감염성 질환이다. 현대 수렵채집 인구집단에서 발생하는 전체 사망의 70퍼센트가 바이러스와 세균에 의한 것이다. 그렇다면 혹시 현대적인 건강보험의 혜택을 받는 하드자족이 존재한다면 감염으로 인한 사망도 줄일 수 있으니 세상에서 가장 건강한 사람이 될 수 있지 않을까 생각이 든다.

물론 당신이나 내가 하드자족처럼 살아가는 것은 비현실적인 이야기다. 당신이 동네 다람쥐를 사냥해서 먹기 시작하면 동네 사람들이 이상한 눈으로 바라볼 것이다. 하지만 현대 생활을 수렵채집 생활의 장점과 결합하려고 시도하는 식생활 운동이 있다. 바로 '구석기 다이어트Paleo diet'다.

이 식생활에서는 빵과 쌀 같은 전분류, 각종 콩류, 유제품, 그리고 사실상 모든 초가공식품 등 구석기 시대 선조들이 구할 수 없었을 음식들은 모두 배제한다. 대신 식단을 육류, 생선, 과일, 채소 등을 바탕으로 구성한다. 이 식단은 분명 일반적인 서구 식단보다 건강하다. 하지만 실제로는 이 '구석기 다이어트'도 실패를 인정해야 한다. 이름과 달리 구석기 다이어트는 구석기 인류가 실제로 먹었던 것과 다르기 때문이다. 예를 들어 곡물 재배는 우리의 생각과 달리 최근의 발명품이 아니라고 밝혀졌다. 고고학자들은 우리가 토지 경작을 시작하기 수천 년 전부터 빵을 먹었다는 증거를 발견했다. 즉 우리가 곡물의 조상인 각종 풀들을 훨씬 오래전부터 먹어왔음을 시사한다.[26,27,28]

반면 구석기 다이어트에서 권장하는 음식 중에는 조상들이 접할 수 없었던 것이 많다. 토마토, 고추, 감자는 모두 채소라서 구석기 다이어트에서 권장하는 식품이다. 하지만 당신이 아메리카 원주민의 후손이 아닌 한, 이들은 모두 새로 접하게 된 음식이라는 점을 기억하자. 이 음식은 불과 몇백 년 전까지만 해도 아메리카 대륙을 벗어나지 않았고, 따라서 유럽인은 토마토, 칠리 고추, 감자보다 밀이나 유제품처럼 구석기 다이어트에서 금지하는 음식을 훨씬 더 오래 먹어왔다.

게다가 우리가 과거에 실제로 먹었던 음식조차 그 후로 커다란 변화를 겪었음을 앞에서 살펴보았다. 과일은 훨씬 크고 달콤해졌고, 고기는 훨씬 기름져졌다. 심지어 몸도 과거와 똑같지 않다. 유럽인과 아시아인 같이 오랫동안 농업을 해온 집단은 구석기 시대 이후로 유전적인 변화를 거쳐 빵과 쌀에 들어 있는 전분을 더 잘 소화할 수 있게 됐다. 그리고 유럽, 인도 일부, 아프리카에서는 유제품을 먹을 수 있도록 유전적 적응이 일어난 것을 볼 수 있다.

하지만 걱정할 필요는 없다. 식생활에 대한 영감을 얻겠다고 굳이 구석기 시대까지 거슬러 올라갈 필요는 없기 때문이다. 오늘날의 많은 원시 농업 공동체도 수렵채집인만큼이나 건강하다. 예를 들어 아마존의 우리 친구 치마네족은 열대우림에서 사냥도 하지만, 대부분의 칼로리는 플랜틴plantain(채소처럼 요리해서 먹는 바나나 비슷한 열매-옮긴이), 쌀, 카사바 뿌리cassava root(열대, 아열대 지역에서 널리 재배되는 뿌리 채소, 마니옥이라고도 한다-옮긴이), 옥수수 등의 농작물로부터 얻는다.

따라서 더 건강하게 살아보겠다고 굳이 수천 년 전으로 시간을 되돌릴 필요는 없다. 그렇게까지 하지 않아도 충분하다.

그럼 이제 본격적으로 살펴보자.

7장
배고플 걱정 없는
감자 다이어트

앤드루 테일러Andrew Taylor가 체중 감량을 시작하며 내세운 좌우명은 "음식은 밋밋하게, 인생은 재미있게!"였다.[1]

테일러는 호주 멜버른 출신으로, 체중이 151킬로그램까지 나가던 때가 있었다. 다른 많은 사람들처럼 그도 자기가 잘못된 음식을 먹고 있다는 것을 알고 알았지만, 도저히 스스로를 통제할 수 없었다. 자기가 음식과 어떤 관계를 맺고 있는지 곰곰이 생각한 테일러는 그 관계가 중독에 가깝다는 결론을 내렸다. 그는 아이스크림과 정크푸드를 그냥 좋아하는 정도가 아니라 갈망했다. 그래서 중독과 맞서 싸우기 위해 그는 가장 오래된 중독 치료법인 단박에 끊기를 시도하기로 했다.

물론 이 방법은 문제를 안고 있다. 음식을 단박에 끊는 것은 장기적인 해결책이 될 수 없기 때문이다. 결국은 무언가를 먹어야 한다. 굶어죽지 않기 위해 테일러는 음식을 완전히 끊는 대신 쾌락을 추구하는 식습관을 없애는 데 집중하면 음식을 단박에 끊는 것을 모방할 수 있으리라 판단했다. 그렇다면 그저 최대한 밋밋한 식단을 찾아서 고수하기만 하면 실천할 수 있는 문제였다.

괜찮겠다 싶은 몇 가지 가능한 다이어트 방법이 있을 것 같은데, 테일러는 결국 감자만 먹는 다이어트를 선택했다. 내가 보기에는 그리 나쁜 선택은 아니었다. 처음에 테일러는 이 다이어트를 몇 주 정도만 엄격하게 따를 생각이었다. 하지만 체중이 빠지기 시작하자 그는 이 다이어트를 계속 이어가기로 결심했다. 하지만 감자만으로는 몸에 필요한 영양소를 모두 얻을 수 없었다. 그래서 테일러는 건강을 유지하기 위해 몇 가지를 조정했다. 감자에는 비타민 A가 부족하기 때문에 식단에 고구마를 포함시켜 이 문제를 해결했다. 감자에는 소금이나 비타민 B12도 없기 때문에 감자에 소금을 뿌려 먹고, 종합비타민을 복용하기 시작했다.

이렇게 조정한 부분을 제외하면 테일러는 오직 감자만 먹고 살았다. 그는 아무 때나 배고프다고 느끼는 즉시 먹고, 원하는 만큼 마음껏 먹는 것을 원칙으로 했다. 즉 배고플 염려는 없었다. 다른 대부분의 다이어트와 비교했을 때 큰 장점이었다. 하지만 테일러는 배고픈 적이 한 번도 없었음에도 결국에는 칼로리 부족 상태가 됐다. 한마디로 체중을 유지할 수 있는 수준까지 감자를 먹을 수 없었다. 그는 결국 53킬로그램을 감량했다. 그리고 그와 동시에 높았던 콜레스테롤과 혈압도 정상으로 돌아왔다.

감자만 먹는 시간을 보낸 후로 테일러는 더 다양한 식단으로 전환했다. 그의 말처럼, 이 실험의 목적은 장기적인 실천이 가능한 최적의 다이어트를 찾는 것이 결코 아니었다. 그저 음식과의 건강하지 못한 관계를 재설정하려는 노력이었다. 그리고 그는 성공했다. 테일러는 그 후로도 감량한 체중을 유지하고 있는데, 당신도 알다시피 이런 경우는 매우 드물다.

감량한 체중을 유지하는 비밀이 뭐냐고? 여전히 감자다. 그와 대화를 나눌 때 최근에 먹은 식사가 무엇이었는지 물어봤는데, 예전처럼 큼직하게 감자 한 접시를 먹었다고 했다.

배고프지 않았지만 즐겁지도 않았다

당연히 감자만 먹는 단조로운 식단은 장기적으로 건강에 좋지 않다. 하지만 내 경험으로 보면 이런 이야기 위에 '집에서는 따라 하지 마세요'나 '이것은 좋은 생각이 아닙니다'라는 설명을 아무리 갖다 붙여도 분명 '재미있겠는데 나도 해볼까?'라고 생각하는 사람이 있을 것이다. 그래서 내 글을 읽고 스스로를 고문하기 시작할 독자들이 어떤 일을 겪게 될지 몸소 체험해보기 위해 나도 감자 다이어트를 직접 시도했다. 나는 형을 설득해서 함께 감자 다이어트를 하기로 했고, 어느 일요일에 우리는 제대로 된 식사를 마지막으로 하고 나서 5일치의 감자를 여러 종류로 다양하게 준비했다. 그리고 실천 과정에서 배운 교훈이 있었다.

- 교훈 1: 직장 구내식당에서 당신의 그릇에 19세기 아일랜드 농민의 그릇처럼 감자만 잔뜩 올라가 있으면 사람들이 모두 이상하게 쳐다본다.
- 교훈 2: 다른 것은 먹지 않고 오직 감자만 먹으면 충분한 칼로리를 얻기가 절대 불가능하다. 적어도 나는 그랬다.

보다시피 감자는 실제로 인간이 아는 식품 중에서 포만감이 가장 크다. 나도 감자 세 개를 억지로 먹어보니 그 말이 실감이 났다. 이것을 뒷받침하는 과학적 연구도 있다. 호주 과학자들은 '포만감 지수satiety index'를 만들었다. 특정 음식이 칼로리 당 얼마나 높은 포만감을 주는지 대략적으로 알려주는 수치다.[2] 바꿔 말하면 오렌지 100칼로리를 먹었을 때와 비교해 사과 100칼로리를 먹으면 얼마나 포만감을 느끼는지 알려준다.

포만감 지표를 구성하기 위해 호주 연구진은 학생들을 실험에 참가시켜 단일 음식으로 240칼로리를 제공했다. 그런 다음 두 시간에 걸쳐 15분마다 얼마나 배가 고픈지 평가하도록 했다. 그리고 마지막에는 뷔페를 제공했는데, 이때 과학자들은 각각의 학생이 얼마나 먹는지 몰래 기록했다.

과학자들이 제공한 음식이 무엇이었든 간에 참가자들이 똑같은 포만감을 느낄 거라 생각할 수 있다. 동일한 칼로리를 제공받았으니까 말이다. 하지만 참가자들이 느끼는 배고픔의 수준은 크게 달랐다. 일부 참가자들은 뷔페가 도착했을 때 이미 배가 불렀지만, 어떤 참가자들은 달려들어 허겁지겁 먹기 시작했다.

포만감이 제일 적었던 음식이 무엇인지 들으면 고개를 끄덕일 것이다. 여기에는 쿠키, 캔디바, 그리고 우리도 알다시피 포만감을 주지 않도록 설계된 다른 식품 초자극 등이 포함되어 있었다. 포만감 지수 상위 자리에는 콩, 고기, 과일 등의 여러 가지 자연식품들이 올랐다. 하지만 이런 통식품whole food 중에서도 다른 것과 비교했을 때 포만감 측면에서 압도적 1위는 바로…… 두둥! 삶은 감자였다. 어지간한 격차가 아니었다. 빵, 쌀밥, 파스타 같은 다른 전분 공급원은 감자에 비하면 포만감이 훨씬 덜했다.

이 연구를 처음 읽었을 때만 해도 이런 차이가 생기는 이유가 궁금했다. 어째서 감자가 다른 전분 공급원보다 훨씬 포만감이 클까? 하지만 내가 직접 감자로 실험해본 이후로는 그런 궁금증이 사라졌다. 감자만 먹는 5일 동안 나는 한 번도 배고픔을 느끼지 않았다. 그렇다고 그것이 특별히 즐거운 경험은 아니었다. 사실은 정반대였다. 이 다이어트는 정말 추천하고 싶지 않다. 하지만 정말 배고프지 않았다. 그 이유는 확실치 않지만 몇 가지 추측은 나와 있다.

첫째, 감자에는 식이섬유가 들어 있는데, 우리도 알고 있듯이 이것이 포만감을 준다. 하지만 목록에 올라 있는 다른 많은 통식품들도 식이섬유가 포함되어 있다. 그리고 감자보다 더 풍부한 경우도 많다. 따라서 식이섬유만으로 이것을 설명할 수는 없다. 게다가 감자의 식이섬유 중 상당부분은 껍질에 들어 있는데, 감자 다이어트를 할 때는 감자 껍질을 꼼꼼히 잘 벗겨내야 한다. 껍질에 들어 있는 화합물이 평소라면 문제가 되지 않지만, 감자만 먹을 때는 문제가 될 수 있기 때문이다.

둘째, 감자에는 단백분해효소 억제제 IIproteinase inhibitor II라는 단백질이 들어 있다. 한 생쥐 실험에서 이 단백질이 식욕을 억제한다고 밝혀졌다. 이것이 사람에게도 해당될 수 있다.[3,4]

셋째, 쾌락적인 측면이 있다. 내가 보기에 삶은 감자는 세상에 존재하는 가장 밋밋한 음식 중 하나다. 삶은 감자를 반초자극anti-super-stimulus이라 할 수도 있다. 삶은 감자는 섬유질이 많고, 무척 단조로운 맛이다.

넷째, 감자의 에너지 밀도는 놀랄 정도로 낮다. 크기에 비해 칼로리 함유량이 무척 낮다는 의미다. 삶은 감자를 들어보면 꽤 무겁지만, 그중 상당 부분은 물이라서 칼로리가 별로 들어 있지 않다. 감자 100그램에 77칼로리 정도가 들어 있다. 따라서 1킬로그램에 770칼로리가 들어 있다. 그러니 하루 권장 칼로리 섭취량을 채우고 체중을 유지하려고만 해도 몇 킬로그램을 먹어야 한다. 해보시라. 절대 쉬운 일이 아니다.

호주 실험을 보면, 감자는 칼로리 밀도가 낮기 때문에 감자를 먹는 참가자가 초콜릿바 하나(대략 230칼로리)를 먹는 사람만큼의 칼로리를 섭취하려면 삶은 감자를 300그램 넘게 먹어야 했다. 그러니 감자를 먹는 사람이 배가 더 불렀던 것도 당연하다. 뱃속을 더 큰 부피로 채우고 있었으니 말이다. 칼로리 밀도가 낮은 음식이 칼로리 밀도가 높은 음식보다 포만감이 더 크다는 규칙을 기억해두면 도움이 될 것이다.[5] 따라서 가능한 한 적은 칼로리로 최대한 큰 포만감을 주는 음식을 찾으라는 경험법칙을 간단히 적용할 수 있다.

견과류를 제외하면 대부분의 비가공식품이 이런 측면에서 우수한 특성을 보인다. 예를 들어 딸기 100그램에 들어 있는 칼로리는 겨우 32칼로리밖에 안 된다. 따라서 딸기를 간식으로 먹을 때 초콜릿바 하나와 맞먹는 칼로리를 섭취하려면 딸기 750그램(40~60개)을 먹어야 한다.

다이어트 전쟁의 비밀

지금쯤 여러분은 다이어트의 세계가 정글과 닮았다는 사실을 깨달았을 것이다. 어떤 다이어트가 더 우수한지를 두고 온라인에서 사실상 전쟁이 벌어지고 있다. 어떤 사람들은 파스타, 빵, 쌀 등을 먹지 않는 저탄수화물 다이어트를 맹신한다. 어떤 사람은 고기를 먹지 않는 채식주의로 체중을 감량한다. 어떤 사람은 반대로 고기를 더 많이 먹어서 체중을 감량한다. 이런 다이어트 목록은 지중해식 다이어트부터 앞에 나온 감자 다이어트, 그리고 기괴하기 짝이 없는 젤리곰 다이어트, 화장솜 다이어트cotton ball diet(주스나 물에 적신 화장솜을 삼켜 인위적인 포만감을 유도하는 방법. 장폐색 등의 치명적 결과를 낳을 수 있다-옮긴이)에 이르기까지 끝도 없이 이어진다.

복잡해 보이지만 사실 따지고 보면 다이어트 분야는 보이는 것만큼 복잡하지 않다. 작은 비밀을 하나 알려주겠다. 이런 다이어트 방법은 대부분 효과가 있다. 단지 사람들이 믿는 이유 때문에 효과가 있는 것은 아니다. 사람들은 탄수화물, 설탕, 지방 등을 다이어트의 적이라 비난하지만, 사실 이렇게 음식의 종류를 제한하는 다이어트가 효과를 보는 이유는 바로 식사가 밋밋해지기 때문이다.

이런 방법들을 직접 시도해본 사람이 하는 말이니까 한번 믿어보라. 한 가지 식품군을 식사에서 배제하면 먹는 행위에서 오는 보상이 줄어들 수밖에 없다. 다이어트 책을 쓰는 저자들이 저탄수화물 식품이나 저지방 식품을 아무리 흥미롭다고 칭찬한들, 솔직히 빵과 파스타는 맛이 좋다. 고기와 생선도 맛이 좋다. 베이컨과 치즈 역시 맛이 좋다. 따라서 특정 식품을 식단에서 배제하면 먹는 재미가 훨씬 떨어진다. 게다가 이렇게 먹으면 식단의 다양성이 줄어드는데, 앞에서 배웠듯이 다양성 자체가 우리로 하여금 더 많이 먹게 만드는 요인이다.

비건과 채식주의자들에 대한 연구에서 이런 보상 감소 현상을 관찰할 수 있다. 순수한 비건에 가까워질수록 섭취하는 칼로리가 줄어든다.

잡식주의자가 제일 많은 칼로리를 섭취한다. 그 다음은 고기는 끊었지만, 생선, 조개류, 달걀, 유제품은 계속 먹는 해산물 채식주의자pescatarian다. 그리고 마지막으로, 제일 적은 칼로리를 섭취하는 사람은 동물성 식품은 아예 먹지 않는 비건이다.[6]

따라서 음식을 많이 배제할수록, 즉 더 제한적인 다이어트를 할수록 전반적인 칼로리 섭취량은 줄어든다는 규칙이 성립한다. 이런 다이어트 집단에서 보이는 평균 BMI를 봐도 이런 규칙이 잘 반영되어 있다. 비건이 BMI가 제일 낮고, 그 뒤를 채식주의자, 해

산물 채식주의자, 잡식주의자가 잇고 있다.[7,8]

감자 다이어트는 비건보다도 음식을 더 제한함으로써 이 원칙을 극단으로 몰고 간다. 만약 한 집단의 사람들이 실제로 감자 다이어트만 하면서 평생을 산다면, 그들의 칼로리 섭취량과 BMI는 분명 모든 집단 중에서도 가장 낮을 것이다.

정리하면, 제한적 다이어트가 효과가 있는 이유는 음식에서 얻는 보상이 낮아짐에 따라 먹는 양도 함께 줄어들기 때문이다. 우리의 오랜 친구 하드자족이나 다른 수렵채집인 인구집단에서도 이와 동일한 현상을 볼 수 있다. 이런 인구집단을 연구하는 사람들은 항상 이 부족민들에 대해 늘 이런저런 좋은 평판을 늘어놓는다. 따뜻하고, 살갑고, 손님을 극진히 대접하고, 함께 하면 아주 재미있고 즐겁다고 말이다. 하지만 그래도 딱 한 가지 불만이 있다면 바로 음식이라고 수줍게 인정한다. 그들의 음식은 정말 밋밋하다.

앞에서 만나보았던 인류학자 허먼 폰처는《운동의 역설》에서 이렇게 적고 있다.

하드자족의 음식은 별로 흥미롭지 않다. 꿀과 몇 가지 톡 쏘는 맛의 과일을 제외하면 모든 음식의 맛이 아주 밋밋하다. 가끔 소금을 뿌려 먹는 경우를 제외하면 향신료 같은 것은 들어본 적이 없다. 거의 모든 음식이 날 것으로, 혹은 굽거나 삶기만 해서 그대로 제공된다. 서구인의 시선에서는 맛있거나 매력적인 음식으로 보일 수 있는 것들이 아니다. 피가 흥건하거나, 너무 오래 됐거나, 너무 보기 흉한 음식은 없다. 만약 큰 바비큐 파티를 연 다음 날 그릴을 열어봤더니 차갑게 식은 닭다리와 석쇠 위에 새까맣게 혼자 외로이 그을려 있는 감자 하나를 발견한 적이 있다면, 당신은 이미 하드자족의 요리를 만나본 것이다.[9]

폰처의 설명을 들어보면 우리 조상들이 수백만 년 동안 어떻게 먹고 살았는지 대충 감이 온다. 그들은 다양한 재료로 흥미로운 요리를 만들어내지도 않았고, 다양한 먹거리를 구할 수도 없었다. 대신 똑같은 음식을 항상 거의 비슷한 방식으로 요리해서 반복적으로 먹었다. 그리고 음식을 구하려면 아주 큰 노력이 필요했기 때문에 현대사회에 사는 우리는 건드리지도 않았을 음식도 기꺼이 먹었다.

하지만 공정하게 말하자면, 수렵채집인들이 자기네 음식을 흥미롭지 않다고 여겼는지는 분명하지 않다. 그들이 과연 사냥한 고기와 섬유질 가득한 덩이줄기 음식을 매일 먹는다고 지겨워했을까? 그렇지는 않은 것 같다. 대부분의 하드자족은 삶에서 자신을 가장 행복하게 만드는 것 중 하나로 음식을 꼽으며, 맛있는 식사를 찬양한다. 우리 뇌가 적응 기계라는 점을 생각하면 완벽하게 말이 된다. 평생 식품 초자극에 노출된 사람이라면 둔감화가 진행되어 천연의 음식은 매력적으로 느껴지지 않을 것이다. 하지만 이런 천연 음식밖에 모르고 살아온 사람이라면 음식에 대한 선호도도 그런 천연 음식을 중심으로 형성된다. 이것은 좋은 일이다. 둔감화가 덜한 사람일수록 설탕, 지방, 소금 등이 덜 들어간 식단이라도 맛있게 느끼기 때문이다. 앞에서도 이야기했지만 다행히 적어도 어느 정도는 재민감화가 가능하다. 당신이나 내가 신 과일에 하드자족만큼 열광할 일은 절대 없을 것이다. 하지만 체중을 감량하거나 건강해지고 싶을 때는 어느 정도 재민감화를 목표로 삼는 것이 큰 도움이 된다. 우리가 하드자족의 삶의 방식을 정확히 따르기는 불가능하지만, 식단에서 다양성만 조금씩 줄여도 얻을 수 있는 부분이 있을 것이다.

기내식은 왜 밋밋할까?

콜로라도는 평균 고도가 해발 2100미터로 미국에서 가장 높은 주다. 또한 미국에서 사람들이 가장 날씬한 주이기도 한데, 놀랍게도 이 두 가지 사실이 서로 관련이 있을 수도 있다. 고도비만을 예방하는 데 어느 정도 효과가 있다는 것은 일반적인 현상으로 보인다.[10,11] 예를 들어 미군 장병들을 추적한 연구에서는 더 높은 고도에 배치된 사람들이 체중 증가가 덜한 경향이 나타났다.[12] 기압이 낮으면 음식의 매력이 떨어지기 때문일 수 있다. 기내식에서 미식 경험의 절정을 맛보았다는 사람은 없을 것이다. 실제로 루프트한자 항공이 실시한 연구에 따르면 공중에서는 단맛과 짠맛에 대한 맛봉오리의 민감도가 최대 30퍼센트까지 낮아졌다.[13] 거기에 더해서 낮은 기압과 습도 때문에 후각까지 둔해진다.

　그렇다면 산악 지역 거주자들이 날씬한 몸매를 더 쉽게 유지할 수 있는 이유는 생활 환경 덕분에 식품 초자극의 조작에 덜 취약해지기 때문일지도 모른다.

8장
다이너마이트에서
다이어트 약까지

제1차 세계대전이 시작되고 몇 주 만에 독일군이 파리를 점령하기 위해 프랑스 북부로 진격했다. 프랑스 공화국의 운명이 풍전등화였던 상황에서 프랑스군은 독일군에 맞서 유럽 역사상 가장 참혹한 전투를 벌이며 치열하게 저항했다.

한편 뒤에서는 프랑스 폭탄 제조 공장의 노동자들이 전선에 보낼 폭발물 생산을 위해 밤낮없이 일하고 있었다. 이 공장의 안전 기준은 이미 전쟁 전부터 허술했지만, 국가의 생존이 걸린 상황에서는 안전을 따질 여유가 더욱 없어졌다. 중요한 것은 오직 최전선에 폭발물을 최대한 빨리 보급하는 일뿐이었다. 그 결과 공장 노동자들은 화학물질을 흡입하고 만지면서 직접 접촉하는 일이 잦았고, 시간이 지나면서 많은 사람이 다양한 건강 이상을 호소하기 시작했다.

노동자들은 특히 밤에 땀을 비오듯 흘렸고, 극심한 피로감과 함께 체중이 급격히 감소했다. 어떤 사람은 증상이 너무 심해져 목숨을 잃기도 했다. 전쟁 기간에는 모든 관심이 다른 문제에 집중되어 있어서 겨를이 없었지만, 전투가 끝나자 과학자들은 이 문제를 다시 살펴보기로 했다. 무엇이 이 가엾은 공장 노동자들을 그렇게 괴롭혔을까? 연구자들은 공장에서 사용하는 다양한 화학물질이 실험동물과 인간에게 미치는 영향을 연구하기 시작했다. 그렇게 수년의 조사 끝에 과학자들은 이런 증상들이 디니트로페놀dinitrophenol, DNP이라는 화학물질 때문이라고 결론 내렸다.[1]

에너지를 태우는 화학물질과 최초의 다이어트 약

DNP가 폭발물에 사용되는 이유는 높은 가연성 때문이다. 이 성분을 압축해서 적절한 기폭장치에 연결하면 강력한 폭탄을 만들 수 있다. 하지만 DNP는 생물체가 흡입하거나 섭취했을 때 또 다른 효과가 있다는 것이 밝혀졌다. 과학자들은 DNP가 우리 세포 속에 들어 있는 미토콘드리아mitochondria라는 특별한 구조물에 영향을 미친다는 것을 밝혀냈다. 미토콘드리아라는 말에 '세포 발전소!'라는 생각이 바로 들었다면 아무래도 스크린 시청 시간을 줄이는 것이 좋겠다. 하지만 맞는 말이다. 미토콘드리아는 소위 세포 내 소기관organelle이랖 불린다. 미토콘드리아가 발전소라는 별명을 얻은 이유는 음식에서 에너지를 추출하는 최종 단계를 담당하기 때문이다. 이 과정은 결국 아데노신삼인산adenosine triphosphate, ATP이라는 분자의 생산으로 끝난다.

　이렇게 생각해보자. 먼저, 음식을 먹는다. 이 음식은 위와 소장에서 소화되고, 그 영양분이 몸속으로 흡수되어 혈류로 들어간다. 여기서 다시 영양분이 세포로 흡수되고, 세포는 이 영양분에서 에너지를 추출하기 시작한다. 처음 몇 단계는 세포의 주요 구획인 세포질cytoplasm에서 일어난다. 하지만 에너지 추출 과정의 대부분은 미토콘드리아 내부에서 일어난다. 여기서 생산된 에너지는 즉각적으로 사용되지 않고 ATP라는 분자에 저장되는데, 이것은 작은 배터리라고 생각하면 된다. ATP를 생산함으로써 세포는 나중에 쓸 에너지를 저장했다가, 집중적으로 에너지를 투여해야 하는 작업에 다양하게 활용할 수 있다. 예를 들어 근육세포는 ATP에서 수축에 필요한 에너지를 뽑아 쓸 수 있고, 면역세포는 ATP를 사용해서 감염과 싸울 수도 있다.

　좋다. 분자생물학 이야기가 너무 길었다. 여기서 핵심은 세포의 발전소인 미토콘드리아가 음식에서 에너지를 뽑아내서 나중에 쓸 수 있게 ATP로 저장한다는 것이다. 이것이 우리의 생명을 유지하면서 몸의 모든 기능에 동력을 제공하는 근본 현상이다. 하지만 DNP는 미토콘드리아의 기능을 방해한다. 음식에서 뽑아낸 에너지를 ATP로 저장하는 대신, 그냥 열로 태워버리게 만든다. 자동차 기어를 중립에 놓고 엑셀을 밟는 것과 비슷하다. 그러면 차는 앞으로 나가지 못하고 엔진만 뜨거워진다. 폭발물에서 나오는 DNP를 들이마신 프랑스 노동자의 몸속에서는 에너지를 태워

ATP를 만드는 대신 열이 발생했다. 이들이 체온이 올라가고 땀을 엄청나게 흘렸던 이유도 그 때문이다. 이로 인해 ATP 수치가 낮아져 세포들이 일을 할 수 있는 에너지가 부족했다. 극도의 피로감은 이것으로 설명할 수 있다. 폭탄 제조 노동자들의 몸은 이 에너지 부족 현상을 해결하려고 체지방을 태우기 시작했는데, 이마저도 그냥 열로 변해버렸기 때문에 땀만 더 많아지고, 체중이 급격하게 감소했다.

물론 이 중에 유쾌한 증상은 없었다. 하지만 다음에 무슨 일이 일어났을까? 폭탄 제조 노동자 중 일부는 DNP에 노출되어 있는 동안 평소보다 50퍼센트 많은 칼로리를 소모하고 있었다. 이것을 보고 약삭빠른 사업가들이 이 화합물을 별다른 노력 없이 손쉽게 '지방을 녹이는' 방법이라며 광고하기 시작했다. 그리고 몇 년 만에 10만 명이 넘는 사람이 살을 빼겠다는 생각으로 DNP를 복용했다. 최초의 '다이어트 약'이 탄생한 것이다.

물론 다이어트 약이라 이름 붙였다고 해서 그 성분이 안전해지지는 않았다. 사람들은 여전히 끔찍하게 죽어가고 있었다. 한 의사는 회상하기를, DNP 복용자를 응급실에 받았는데, 환자의 체온이 무려 45도까지 올라갔다가 사망했다고 했다. 또한 처음에는 몰랐던 새로운 부작용이 나타나기 시작했다. 어떤 사람은 발진이 생기기도 했고, 어떤 사람은 잠에서 깨어보니 시력이 흐려져 있거나, 갑자기 시력을 상실하기도 했다.[2,3] 당연히 의사들의 우려가 점점 커졌고, 결국 DNP는 불법으로 선언됐다.

사실 이 일은 보건당국이 특정 물질의 사용을 금지할 법적 권한을 얻자마자 바로 일어났다. 금지 조치로 DNP 사용은 급격히 줄어들었지만 암시장에서는 완전히 사라지지 않았다. 특히 보디빌더들이 경기 전 체중 감량을 위해 자주 사용하고 있고, 예전처럼 지금도 이것 때문에 목숨을 잃는 사람이 가끔씩 생기고 있다.

이런 끔찍한 결과에도 불구하고 DNP 이야기가 비참한 결말로만 이어지지는 않았다. 사실 이 발견은 의학적 비만 치료법을 찾는 연구의 시발점이 되었다. 끔찍한 부작용은 제쳐놓고 그 기본 원리만 생각하면 대단히 유망한 방법이었다. 대사를 안전하게 증가시킬 수 있는 약을 개발할 수만 있다면 이 약은 간단하면서도 만족스러운 해결책이 될 것이다. 즉 원하는 대로 마음껏 먹고, 알약을 먹어 에너지 소비량만 늘려주면 체중이 늘지 않을 테니까 말이다.

하지만 이런 아이디어는 기대보다 훨씬 복잡한 것으로 밝혀졌다. 비만 연구자들은 DNP 외에도 대사를 증가시키는 몇몇 약물을 발견했지만, 안타깝게도 모두 부작용이 따라왔다. 이런 약물들은 대부분 심장 문제를 일으켰다. 그래서 연구자들은 방정식의 다른 쪽에 초점을 맞추기 시작했다. 식욕을 떨어뜨려 음식 섭취량을 줄이는 방법이었다.

비만 치료제의 잔혹한 실험사

식욕 억제 약물에 영감을 불어넣은 가장 중요한 것 중 하나가 대마초 흡연자의 경험이다. 대마초 흡연자는 '간식 끌림the munchies' 이라는 증상을 잘 느낀다. 이것은 사탕이나 간식이 엄청 당기는 일종의 식욕 폭주 상태다. 이런 면에서 보면 대마초는 비만 연구자들이 찾고 있던 것과 완전히 정반대되는 식욕 증진 효과가 있는 셈이다. 그래서 연구자들은 이런 생각을 했다. 안티-대마초를 만들 수 있다면? 그럼 안티-간식 끌림 효과가 생기지 않을까?

프랑스의 한 제약회사에서 이것을 구현할 방법을 찾기 시작해서 결국 뇌에 대마초와 반대 방향으로 작용하는 화합물을 발견했다. 그들은 이 화합물을 리모나반트rimonabant라 이름 지었고, 임상 실험에서 실제로 안티-간식 끌림 비슷한 증상을 만들어냈다. 연구 참가자들은 평소보다 식욕이 줄고, 먹는 양도 줄어들었으며, 결국에는 체중도 감소했다.[4] 이 모든 징후들이 이 안티-대마초가 최초의 본격적인 비만 치료제가 되리라 약속하고 있었다. 심지어 이 약은 유럽연합에서 승인을 받아, 수천 명이 의사에게서 처방받기도 했다. 하지만 미국에서 진행된 최종 임상 연구에서 문제가 생겼다. 돌이켜보면 당연히 예상할 수 있었던 문제였다.

대마초는 주로 기분을 좋게 해주는 용도로 사용된다. 적어도 일시적으로는 기분이 좋아진다. 따라서 안티-대마초는 기분에 부정적인 방향으로 영향을 미칠 것이라 예상할 수 있다. 미국 연구에서 과학자들은 리모나반트 사용자의 최대 10퍼센트 정도에서 우울증이 생기는 것을 발견했다. 그리고 참가자 두 명이 자살을 하자 실험을 중단했다.[5] 이후 유럽연합에서도 이 약물의 시판 허가가 보류됐다.[6,7]

이 실패는 비만 연구의 사기를 확 꺾어놓는 큰 타격이었다. 이 번에도 역시 거의 다 왔나 싶었지만 다시 멀어지고 말았다. 마치 비만의 의학적 치료법을 절대 찾을 수 없을 것만 같았다. DNP는 사람들을 시각장애인으로 만들거나, 내부에서 펄펄 끓어 죽게 만들었다. 리모나반트는 사람들을 우울하게 만들었다. 그리고 다른 시도들도 모두 수포로 돌아갔다.

이 역경을 전체적으로 보여주는 완벽한 사례가 바로 올레스트라Olestra라는 다이어트 제품이다. 올레스트라는 원래 연구자들이 설탕 대신 사용한 인공감미료처럼, 지방 대신 사용하려고 만든 실험적 식품첨가물이었다. 즉 우리를 속여 지방을 먹고 있다고 착각하게 만들지만, 포함된 칼로리는 훨씬 적은 성분이다. 올레스트라는 임상실험에서는 좋은 성적을 거두었다. 지방을 올레스트라로 대체한 사람들은 칼로리 섭취량을 줄이는 데 성공했다.

하지만 이 제품이 시장에 나오고 사람들이 집에서 사용하기 시작하자 안타까운 부작용이 나타났다. 실험실 환경에서의 행동과 집에서 소파에 앉아 있을 때의 행동이 완전히 달랐기 때문이다. 연구자들의 관찰 아래 진행되는 실험에서는 참가자들이 올레스트라 쿠키를 한두 개만 먹고 멈출 수 있었다. 하지만 남의 시선을 의식할 필요가 없는 집에서는 이야기가 달라졌다. 집에서는 쿠키 몇 개가 아니라 한 상자를 통째로 먹어치우는 일은 그리 어렵지 않았다. 올레스트라가 들어간 제품을 그렇게 많이 먹자 몸에 이상이 생기기 시작했다. 증상은 복통에서 극심한 설사까지 다양하게 나타났다. 결국 대부분의 식품 제조업체는 올레스트라 제품을 시장에서 철수하기로 결정했다.

당시 비만 연구자로 일하고 있었다면 우주 전체가 작당하고 만들어낸 농담의 웃음거리가 된 기분이었을 것이다. 비만율이 폭발하고 있는데, 그 비만을 관리하려고 과학이 한 일이라고는 사람들에게 심장질환과 설사를 안겨준 것밖에 없었으니까 말이다.

GLP-1, 비만 치료의 판을 바꾸다

수많은 차질에도 불구하고 비만약이 영원히 실패로 남을 운명은 아니었다. 2021년에 덴마크 제약회사 노보 노디스크에서 세마글루티드semaglutide라는 비만약의 임상실험 결과를 발표했다. 이 약물은 위고비Wegovy와 오젬픽Ozempic이라는 상품명으로도 알려져 있다.(저자 소개에서도 밝히고 있듯이 이 책의 저자는 노보 노디스크 국제 재능 프로그램과 노보 노디스크 장학금 프로그램의 수혜자이니, 이해충돌이 있을 수 있다는 점을 감안하고 글을 읽자-옮긴이)

노보 노디스크 실험에서 참가자들은 식이요법과 운동을 통해 체중을 감량하는 방법을 지도받았다. 그리고 참가자의 3분의 2에게는 실제 약물을, 나머지에게는 위약을 투여했다. 실험 시작 당시 참가자들의 평균 체중은 105킬로그램이었다. 1년 4개월 후에 평가해보니 식이요법과 운동 지도만 받은 집단은 2.6킬로그램을 감량했다. 하지만 여기에 오젬픽을 추가로 복용한 집단은 15킬로그램, 즉 원래 체중의 15퍼센트를 감량했다.[8,9] 이 정도의 체중 감량 효과는 사실상 어떤 치료법에서도 볼 수 없었던 수준이었다. 동시에 부작용은 메스꺼움이나 변비 정도로 제한적이었고, 대개 일시적으로 일어났다.

이 소식이 세상에 알려지자 광풍이 시작됐다. 노보 노디스크의 주가가 급등해서 유럽에서 기업 가치가 가장 높은 회사가 됐다. 한때는 덴마크 전체 GDP와 맞먹을 정도였다. 경험 많은 투자자들조차 이런 반응을 예상하지 못했고, 대부분의 일반인이 보기에는 오젬픽이 말 그대로 하늘에서 뚝 떨어진 것처럼 보였다. 하지만 사실 그 전체적인 이야기는 그보다 수십 년 전에 시작되었다.

1980년대 말에 덴마크 연구자 옌스 율 홀스트Jens Juul Holst와 그 동료들은 GLP-1이라는 호르몬을 연구하기 위해 돼지의 몸에서 떼어낸 장기로 일련의 실험을 진행하고 있었다.[10] GLP-1이라고 하니 IT 부서에서 90일마다 바꾸라고 강요하는 패스워드 중 하나처럼 들린다. 하지만 GLP-1은 당신이 음식을 먹고 난 후에 소장의 특정 세포에서 분비되는 호르몬의 이름이다. 홀스트와 동료들은 GLP-1이 또 다른 호르몬인 인슐린 분비를 촉진한다는 것을 보여주었다. 상당히 큰 발견이었다. 당시 인슐린은 세상에서 제일 가치 있는 호르몬이었기 때문이다(아이러니하게도 지금은 GLP-1이 그 자리를 차지하고 있다).

인슐린이 중요한 이유는 2형 당뇨병 환자의 치료에 사용되기 때문이다. 인슐린의 작동 방식은 다음과 같다. 보통 혈액 속에는 세포들이 에너지로 활용할 수 있는 티스푼 한 숟가락 정도의 당이 들어 있다. 하지만 빵, 쌀밥, 감자처럼 탄수화물이 들어 있는 식사를 하고 나면 소화 과정에서 혈액으로 당분이 급격히 유입된다. 혈당 올라가는 무서운 소리로 들리지만 사실 위험한 상황은 아니다. 혈당 상승은 우리 몸이 인슐린을 분비하게 만들고, 근육, 지방, 간이 여분의 당을 흡수해서 에너지로 태우거나, 나중에 사용할 수 있도록 저장한다. 이는 음식을 먹을 때마다 일어나는 완전히 정상적인 생리현상이다.

문제는 이런 메커니즘이 고장 났을 때만 생긴다. 2형 당뇨병에 걸리면 점차 인슐린에 대한 반응성을 잃고, 시간이 지나면서 인슐린 생산량도 줄어들 수 있다. 그럼 결과적으로 혈당이 높아지는데, 이것은 좋지 않은 소식이다. 혈액 속에 당이 너무 많으면 혈관에 독성을 일으키고, 2형 당뇨병 말기에는 그 손상이 너무 심해져서 실명하거나, 절단 수술을 받아야 할 수도 있다. 그래서 2형 당뇨병 환자는 혈당 조절의 개선이 무엇보다 중요하며, GLP-1은 이것을 할 수 있는 유망한 새로운 방법으로 보였다.

하지만 머지않아 GLP-1이 단순히 혈당 조절 이상의 효과를 몸에 미친다는 점이 분명해졌다. 과학자들은 GLP-1을 장기간 주입받은 설치류들의 체중이 줄기 시작한다고 보고했다.[11] 지금 와서 보면 혈당에 미치는 효과보다도 훨씬 흥미진진한 발견이었다. 하지만 그동안 체중 감량 약품 개발의 성적표가 어땠는지 생각해보라. 대부분의 제약회사 입장에서는 비만을 약으로 치료하려 드는 것이 돈을 날리는 가장 확실한 방법으로 보였다. 그래서 대부분은 먼저 GLP-1로 당뇨 치료제를 만드는 데 노력을 집중했다.

그 과정에서 연구자들이 마주한 문제가 하나 있었다. 사람에게

GLP-1을 주사하면 몇 분 안으로 사라진다는 점이었다.[12] 그 이유는 GLP-1이 콩팥에서 걸러질 만큼 크기가 작고, 혈관에 있는 효소가 이를 적극적으로 파괴하기 때문이었다. 이 효소는 아무 분자나 자르지 않고, GLP-1 등 몇몇 선별된 분자만 자르도록 특별히 만들어진 작은 가위라 생각하면 된다. 양쪽 어느 경우든 GLP-1 분자가 바로바로 사라지면 아무것도 치료할 수 없으므로, 제약회사들은 이를 극복하기 위한 실험을 시작했다.

첫 번째 해결책은 아밀린 파마슈티컬스Amylin Pharmaceuticals라는 작은 미국 회사에서 나왔다. 이곳 과학자들은 생각지도 못했던 곳에서 답을 찾아냈다. 사막에 사는 길라 몬스터Gila monster라는 독 도마뱀의 침 속이었다. 이 도마뱀은 미국 서부가 원산지인데 이유는 알 수 없지만 침에서(독이 아님) GLP-1과 유사한 펩티드를 만들어낸다.[13] 지금까지 아무도 이 도마뱀이 이 펩티드를 만드는 이유를 모른다. 하지만 흥미로운 점은 이 펩티드가 GLP-1과 아주 비슷해서 사람에게 주사하면 비슷한 효과를 내면서도 혈관에서 분해되지 않을 만큼 충분히 다르다는 것이다. 그래서 길라 몬스터의 펩티드는 결국 엑세나타이드exenatide라는 새로운 당뇨병 치료제로 개발됐다. 하지만 이것도 완벽하고는 거리가 멀어서 블록버스터 약물로 자리 잡지는 못했다. 이 약물은 효소에 의해 잘려 나가거나 콩팥에서 바로 걸러지지는 않았지만, 몇 시간 안으로 사라졌기 때문에 무언가 더 나은 것이 필요했다.

지방에 묶인 호르몬이 식욕을 잠재우다

1994년 5월에 한 젊은 연구자가 새로 발표된 연구 논문을 손에 들고 상사의 사무실로 급하게 뛰어 들어왔다. 로테 비에레 크누드센Lotte Bjerre Knudsen은 노보 노디스크 소속 화학자였다. 그녀의 손에 들려 있던 논문은 앞에서 말한 옌스 율 홀스트가 공동저자로 참여한 논문으로, GLP-1 주사가 2형 당뇨병 환자의 혈당 정상화에 어떻게 도움이 되었는지 보여주고 있었다. 노보 노디스크는 당뇨병 치료제를 전문으로 하는 곳이다 보니 이 연구 결과에 당연히 관심을 보였고, 그렇게 오젬픽을 향한 여정이 시작됐다.[14]

비에레 크누드센은 GLP-1 호르몬이 체내에서 24시간 동안 생존할 수 있는 방법을 찾는 임무를 맡았다. 그녀와 동료들은 독도마뱀 길라 몬스터에 기대는 대신, GLP-1을 지방 분자와 결합하는 방법을 선택했다. 영리한 접근법이었다. 지방이 체내에서 운반되는 방식 때문이다. 화학 시간에 배웠겠지만 지방은 물에 녹지 않는다. 예를 들어 기름을 물에 부으면 섞이지 않고 별도의 층을 형성한다. 이런 현상 때문에 체내에서 지방을 운반할 때 문제가 될 수 있다. 혈액은 대부분 물로 구성되어 있어서 지방을 그대로 운반할 수 없기 때문이다. 그래서 우리는 다른 다양한 분자들의 도움을 받는다. 그중 하나가 혈액에 풍부하게 존재하는 알부민albumin이라는 단백질이다. 이 단백질은 지방 분자와 결합해서 끌고 다닐 수 있기 때문에 지방과 다른 분자들을 태우고 내려주는 미니버스라고 생각할 수 있다.

비에레 크누센은 GLP-1을 지방 분자와 결합시켜 GLP-1이 알부민에 달라붙게 했다. 그 덕분에 GLP-1 분자는 잘리지도, 신장에서 걸러지지도 않고 체내에 며칠 동안 머물 수 있었다. 노보 노디스크는 이 새로운 약물을 리라글루티드liraglutide라 이름 짓고, 처음에는 당뇨병 치료제로, 그 다음에는 체중 감량제로 승인을 받았다. 최종 임상실험에서 참가자들의 평균 체중은 106킬로그램이었고, 단순히 식단을 개선하고 운동한 사람들보다 5.6킬로그램을 더 감량했다.[15]

오젬픽을 만들기 위해 노보 노디스크는 또 다른 유형의 지방 분자를 이용해서 리라글루티드에 변화를 주고, GLP-1 분자 자체도 살짝 바꾸었다. 이로써 약물이 훨씬 오랫동안 체내에 머물게 되어 효과가 강력해졌고, 그 결과 체중이 리라글루티드로 5퍼센트 줄었던 것과 대조적으로 15퍼센트 줄었다. 그리고 얼마 후 미국 제약회사 일라이 릴리Eli Lilly가 GLP-1 기반 약물인 티르제파티드tirzepatide를 출시했다. 이 약물은 GLP-1의 효과에 더해서 식욕을 억제하는 또 다른 장 호르몬을 모방하는 작용을 결합한 것이었다. 그 결과 이 약물을 사용한 참가자는 최종 임상실험에서 체중의 21퍼센트를 감량했다.[16] 노보 노디스크는 자체 개발한 복합 약물double drug로 대응해서 이를 살짝 앞서는 성과를 올렸다. 이 즈음에는 새로운 경쟁 약물 개발에 뛰어들지 않은 제약회사가 거의 없을 정도였다.

하지만 한 가지 의문이 남아 있다. 이 약물들의 작용 원리가 무엇일까? 어째서 이 약을 투여하면 살이 빠질까? 처음에는 GLP-1

이 음식의 장 통과 속도를 늦추어 체중 감량 효과를 나타낸다고 생각했다. 실제로 이 약 때문에 변비가 생기는 사람도 있기 때문이다. 장에 음식이 더 많이 머물고 있으니까 포만감이 오래 간다는 생각이었다. 하지만 이런 장 효과가 체중 감량에 불필요하다는 것은 실험동물을 대상으로 한 연구에서 오래 전에 밝혀졌다.

대신 이 체중 감량 약물들은 뇌에 영향을 미쳐서 효과를 나타낸다.[17] 좀 더 구체적으로 설명하면 식욕 조절과 보상에 관여하는 뇌 영역에 영향을 미친다. 즉 사람들의 식욕을 떨어뜨림으로써 칼로리 섭취량을 줄여 몸을 날씬하게 만드는 메커니즘이다. 이 효과는 특히 '짜고 단 음식', 즉 식품 초자극에서 두드러지게 나타나는 것 같다.[18] 그리고 실제로 현실 세계에서도 이미 그 효과가 체감되고 있다. 월마트의 최고경영책임자는 사탕이나 감자칩 같은 식품 초자극의 매출이 감소를 보이고 있다고 보고했다. 그리고 미국의 데이터에 따르면 근래 들어 기록 관리가 시작된 이후 처음으로 비만율이 실제로 살짝 감소한 것으로 나온다.[19]

뭐든 먹어도 괜찮은 다이어트? 

이 책에서 우리는 식품 초자극이 우리가 너무 많은 칼로리를 섭취하게 만들고, 이것이 온갖 부정적인 효과를 연쇄적으로 일으킨다는 사실에 초점을 맞추었다. 하지만 이 문제를 다른 각도에서도 볼 수 있다. 이 부분에 있어서는 우리 몸이 제 발등을 도끼로 찍고 있는 격이라 말할 수 있다.

우리가 진화해온 과거를 돌아보면 여분의 칼로리를 지방으로 저장하는 것은 완벽하게 이치에 맞는 전략이었다. 우리 뇌는 크기가 커서 많은 에너지를 필요로 하며, 이런 필요를 무시하기는 어렵다. 따라서 먹을 것을 구하기 어려운 환경에서 살 때는 음식에서 얻은 에너지의 일부를 나중을 위해 저장하는 것이 훌륭한 전략이었다. 그러나 지금은 이런 저장 전략이 우리를 병들게 할 뿐이다.

이곳이 이상적인 세상이었다면 우리 몸은 이용 가능한 여분의 에너지를 생산적으로 사용했을 것이다. 그렇게만 되면 무한한 가능성이 펼쳐졌을 것이다. 무한한 에너지를 활동에 쓸 수도 있고, 뇌의 크기를 키울 수도, 더 튼튼한 뼈를 만들 수도, 완전 근육질의 몸을 가꿀 수도 있었을 것이다. 인간은 다른 동물에 비해 힘이 약한 편인데, 아마도 뇌의 에너지 소모량이 많다 보니 근육량을 줄여 에너지를 아껴야 했기 때문일 것이다.

하지만 현대사회에서는 이 두 가지를 얼마든지 동시에 추구할 수 있다. 해변에서 더 멋진 몸을 뽐내기 위해 아이스크림을 좀 더 먹어야 한다면 그걸 마다할 사람은 없을 것이다. 지금으로서는 이런 것들이 대부분 허황된 꿈에 불과하다. 지금은 훨씬 나은 식욕억제제를 어떻게 만들 것인지가 중요하다. 현재는 생산적인 방향으로 더 많은 에너지를 소비하도록 몸을 재촉할 수 있는 안전한 방법이 나오지 않았지만, 앞으로 어떻게 될지는 지켜볼 문제다.

2부
포르노 중독을 통제할 수 있다는 착각

SUPER STIMULATED

9장
성관계와 맥주병의 마력

호주 서부는 이른바 부시bush(호주에서 도시와 멀리 떨어진 야생의 내륙 지역을 칭하는 용어로 덤불이나 관목이라는 의미도 있다-옮긴이)라는 지형이 유명하다. 적갈색의 땅 위에 키 작은 덤불들이 여기저기 흩어져 있는 상징적인 풍경을 엽서에 담으면 굉장히 멋져 보인다. 하지만 식물과 동물에게 이 부시 지역은 결코 낙원이 아니다. 물기 하나 없이 건조하고, 타는 듯한 더위가 작렬하고, 지구에서 가장 영양분이 빈약한 땅 중 하나다. 그래서 호주 서부에는 야생동물이 그리 많지 않다. 심지어 사람도 찾아보기 힘들다. 호주 인구의 80퍼센트가 좀 더 비옥한 동부 해안을 따라 살고 있고, 호주 서부에 딱 하나 있는 대도시인 퍼스Perth는 세계의 주요 도시 중 가장 고립된 곳 중 하나다.

하지만 아이러니하게도 인간이 없다고 해서 부시 지역의 동물이 인간이 만들어낸 문제에서 자유롭지는 않다. 보석딱정벌레 jewel beetle를 예로 들어보자. 곤충학자가 아니고서야 이 벌레에 보석이라는 이름을 붙여줄 수 없었을 것이다. 대부분의 사람은 보석딱정벌레의 갈색 타원형 몸체와 검은 머리를 보고 차라리 바퀴벌레와 더 비슷하다고 말할 것이다. 이 보석딱정벌레가 미인대회에서 우승할 일은 없겠지만 그래도 적응을 보여주는 훌륭한 사례다. 호주 서부의 적갈색 배경 속에서 보석딱정벌레는 뛰어난 위장 기술로 대부분의 시간을 방해 없이 건조한 풍경 속에 돋아난 다양한 식물을 먹으며 보낸다.

하지만 1년에 한 번 짝짓기 계절이 오면 이런 단조로운 생활방식이 깨진다. 이때가 되면 수컷 보석딱정벌레는 짝짓기를 할 암컷을 찾아 날아오른다. 암컷은 날 수 없기 때문에 사랑에 눈이 먼 수컷들은 부시 지역을 윙윙 돌아다니면서 갈색의 짝을 찾아 미친 듯이 땅을 훑으며 다닌다. 여기서부터 인간이 만들어낸 문제가 시작된다. 목마른 호주인들이 때때로 목을 축이고 남은 빈 맥주병을 버리고 가는데, 불쌍한 보석딱정벌레들은 이 병을 보자마자 첫눈에 사랑에 빠지고 만다. 빈 맥주병은 크고, 반짝거리고, 게다가 갈색이다. 영락없이 커다란 암컷 보석딱정벌레의 모습이다. 사실 이 맥주병은 암컷 딱정벌레가 아무리 하늘을 보며 기도해도 절대 따라갈 수 없는 크기와 반짝거림을 자랑한다. 성적 초자극sexual superstimulus인 셈이다.

그래서 수컷 보석딱정벌레는 빈 맥주병이 눈에 들어오기만 하면, 당장 그리로 날아가서 열렬하게 짝짓기를 시도한다. 진짜 암컷이 어쩌다 근처에 오더라도 수컷은 완전히 무시한다. 한마디로 암컷은 맥주병의 마력과 경쟁할 수가 없다. 사실 세상 그 무엇을 가져다주어도 수컷 보석딱정벌레들은 이 맥주병과의 사랑을 절대 단념하지 않는다. 수컷들의 이 절망적인 짝짓기 시도를 멈추려면 물리적으로 떼어내는 수밖에 없다. 인간이 개입하지 않으면 수컷 보석딱정벌레는 사랑하는 맥주병을 절대로 포기하지 않기 때문에 대개 뜨거운 태양 아래서 탈수로 죽거나, 개미들에게 산 채로 잡아먹히고 만다.[1,2]

번식 본능은 어떻게 설계되는가

동물이 성적 초자극에 속는다는 점은 그리 놀랍지 않다. 사실 충분히 예상할 수 있는 일이다. 야생에서는 두 가지 근본적인 목표가 존재하기 때문이다. 바로 음식 섭취와 번식이다. 우리에게 먹을거리가 필요한 이유도 돌아다니면서 성관계와 번식을 할 에너지를 얻기 위한 것이다.

생물학적 존재가 이런 식으로 진화한 이유는 번식에 성공한 개체가 다음 세대를 만들 수 있기 때문이다. 간단한 사고실험으로 설명해보자. 두 버전의 동물을 만든다고 해보자. 첫 번째 버전의 동물은 짝짓기에 관심이 없다. 대신 거기서 남은 시간을 먹이를 찾고, 잠을 자고, 주변을 탐험하는 데 보낸다. 이 동물은 결국 죽음을 맞이할 때까지 짝짓기를 한 적이 없어서 후손을 남기지 못한다. 따라서 그 다음 세대에는 이 동물의 낮은 성욕을 물려받은 후손이 하나도 남지 않는다.

반면 두 번째 버전의 동물은 짝짓기에 집착한다. 이 동물 역시 먹을 것을 찾고, 잠을 자고, 주변 환경에 대해 알아가야 한다. 짝짓기 기회를 찾는 데 모든 시간과 에너지를 쓸 수는 없다. 하지만 그러고 남는 시간과 에너지를 번식이라는 사명에 투자한다면 짝짓기에 무관심한 동물보다는 당연히 더 많은 후손을 남길 것이다. 그렇다면 성욕 역시 다른 대부분의 특성처럼 부분적으로 유전이 되는 만큼, 다음 세대에는 짝짓기에 집착하는 동물이 더 많이 등장할 것이다. 다세포 생명체와 유성생식이 시작된 이후로 진화는 늘 이런 식으로 진행되어 왔다.

수만 세대에 걸쳐 성욕에 대한 자연선택이 이루어지다보니 우리는 성 관련 자극에 반응하도록 최적화된 뇌를 갖게 됐다. 선조들의 생존에 도움이 되었기 때문에 우리가 음식 관련 자극에 민감하게 반응하는 것과 마찬가지 원리다. 그러다 보니 보석딱정벌레는 반짝이는 갈색 표면에 매력을 느끼고, 수컷 개코원숭이는 크고 빨간 엉덩이에, 인간은 멋진 몸매나 매력적인 얼굴부터 사려 깊은 성격, 자신감, 권력 같은 더 추상적인 특성에 이르기까지 별의별 특성에 매력을 느낀다.

어떤 경우든 선천적으로 타고난 성욕을 추구할 때 첫 번째 단계는 짝짓기를 할 상대를 찾는 일이다. 이것은 보석딱정벌레보다는 인간의 경우가 조금 더 복잡하거나 발전된 형태를 띤다. 딱정벌레는 서로 확인만 하면 바로 일이 성사된다. 반면 인간은 구애하는 과정이 필요하고, 때로는 장황한 과정을 거쳐 서로를 평가하며 감정적 유대를 쌓아야만 일이 성사된다. 지금 지구에 살고 있는 80억 명의 인구가 증명하듯이 역사적으로 보면 이렇게 복잡해진 과정이 우리의 성관계를 가로막지는 못했다.

하지만 인류가 짝을 맺는 일에 점점 더 서툴러지고 있다는 징후가 나타나고 있다. 적어도 독신인 성인의 비율이 사상 최고치를 기록했고, 혼자 사는 성인의 숫자 역시 마찬가지다.[3] 이는 거의 모든 선진국에서 공통적으로 나타나는 현상이지만, 반전이 있다. 내 조국인 덴마크를 예로 들어보겠다. 덴마크 통계를 보면 모든 연령대에서 독신이 점점 더 많아지고 있는 상황은 아니다. 최고 연령대에서는 독신자 수가 예전보다 적은데, 이는 요즘에는 장수하는 경우가 늘어서 배우자와 사별한 사람 수가 적어졌기 때문이다.

선택지는 늘었는데, 인류는 왜 더 혼자가 되었을까

하지만 50세 미만 연령층에서는 혼자 사는 사람의 수가 해마다 기록을 새로 경신하고 있다. 물론 여기에는 여러 가지 이유가 있다. 우선 우리는 지금 그 어느 때보다도 풍요롭기 때문에 원하면 어렵지 않게 혼자 살아갈 수 있다. 그리고 결혼, 전통적 가치, 핵가족 등을 강조하던 문화도 약화됐다. 하지만 어떤 현상이 나이든 세대보다 젊은 세대에서 더 두드러지게 나타난다면, 기술이 어떤 역할을 하고 있는 것은 아닌지 의심해 볼만하다.

예를 들어 당신이 중세 영국에 살고 있는 희망에 찬 젊은 남성이라고 상상해보자. 작은 마을의 농장에서 자라난 당신은 가족의 농장을 물려받으려면 결혼할 여성을 찾아야 한다. 마을을 둘러보았는데 무한한 가능성이 펼쳐져 있는 상황은 아니다. 사실 결혼이 가능한 나이의 여성은 딱 세 명밖에 없다. 첫 번째 여성은 귀엽지만 당신을 좋아하지 않는다. 두 번째 여성은 당신의 사촌이다. 그리고 세 번째 여성은 이가 절반 정도 빠졌다.

　좋다. 좀 과장된 건 사실이다. 실제로는 더 많은 선택지가 있었을 것이고, 이 마을에서 못 찾으면 주변 마을에서 찾아볼 수도 있다. 그럼에도 불구하고 선택지가 상당히 제한적이라는 점은 의심의 여지가 없다. 만약 당신이 여성이라면 선택지조차 없다. 남녀 모두 부모가 이 선택에 관여하기 때문이다. 영국의 경우 신랑 신부 후보자가 기대에 못 미친다 싶으면 부모가 거절할 수 있었다. 하지만 세계의 다른 지역에서는 부모끼리의 중매를 통해 결혼하는 것이 정상적이었고, 일부 지역에서는 지금도 그렇다. 따라서 이가 없는 마을 소녀가 아버지와 함께 사업을 하는 동업자의 딸이라면, 당신은 나무 틀니 한 벌 살 돈을 모으기 시작해야 할 것이다.

　이것을 요즘의 젊은이와 비교해보자. 요즘의 당신은 파티에서 파트너를 만나거나, 서점에서 당신이 좋아하는 책인《중독을 통제할 수 있다는 착각》을 들고 있는 사람을 보고 사랑에 빠질 수도 있다. 하지만 요즘 사람들은 온라인 데이팅을 통해 만나는 경우가 제일 흔하다. 모든 국가를 대상으로 이와 관련된 정확한 데이터가 나와 있지는 않지만, 미국의 설문조사 결과를 보면 온라인 데이팅이 증가하는 것을 볼 수 있다. 1999년에는 새로 맺어진 미국 커플 중 5퍼센트가 온라인을 통해 만났다고 보고했다. 그런데 2009년에 와서는 그 비율이 22퍼센트로 올라갔다. 그러다가 2019년에는 40퍼센트가 됐고,[4] 현재는 50퍼센트를 넘었다.[5]

2010년대에는 스마트폰이 대중화되고 틴더Tinder, 범블Bumble, 힌지Hinge 같은 데이팅 앱이 인기를 끌면서 온라인 데이팅의 부상 속도가 한층 빨라졌다. 결혼의 꿈에 부풀어 있던 중세 농장 소년이 이런 앱을 몇 분만 사용해 보았다면 완전히 신세계를 경험했을 것이다. 손끝 하나만 움직여도 연이어 한 번에 한 명씩 수천 명의 잠재적 파트너를 만나볼 수 있으니 말이다. 물론 이 여성들이 모두 그의 마음에 들지는 않을 것이다. 그리고 그가 호감을 느끼는 여성이 그에게도 호감을 느끼리라는 보장도 없다. 하지만 중세 농장 소년의 상황과 비교하면 이런 앱은 선택지가 노다지처럼 널려 있는 상황이나 마찬가지다. 아마도 그 소년은 이렇게 소리쳤을지도 모른다. "하늘이 내려주신 선물이야! 이렇게 다양한 선택지가 존재하니 분명 모든 사람이 자기와 꼭 맞는 짝을 찾을 수 있겠군! 그리고 그렇게 맺은 관계에 분명 아주 만족할 거고!"

정말 그럴까?

선택의 역설: 잼 진열대와 데이팅 앱

그게 사실이었다면 요즘에 독신이 늘어나는 것이 아니라 줄어들어야 했다. 하지만 역설적이게도 너무 많은 선택지가 현대에 들어 짝을 맺는 사람이 더 적어진 이유 중 하나일 수 있다. 적어도 연구에 따르면, 선택지가 다양해지면서 사람들이 더 우유부단해지고, 결정을 내린 후에도 그 결정을 후회하는 경향이 생겼다. 이것을 선택의 역설paradox of choice이라고 한다.

한 유명한 연구에서 심리학자 그룹이 잼을 이용해서 이 현상을 실험했다. 연구 첫째 날, 연구자들은 슈퍼마켓에 24가지 종류의 잼 샘플 진열대를 설치했다. 그리고 그 다음 날에는 똑같은 진열대를 설치하되, 이번에는 6가지 샘플만 배치했다. 그 결과 다양한 잼을 배치하는 것이 사람들의 관심을 끌어 샘플 시식으로 유도하는 데는 효과적이었다. 하지만 실제로 그중에 무언가를 선택해서 실제로 구매하게 만드는 데는 선택지를 줄이는 것이 더 효과적이었다. 연구진은 다양한 선택지가 관심을 이끌어내는 데는 효과적이지만, 실제로 결정을 내릴 때는 선택지를 줄이는 것이 더 효과가 있다는 점을 확인했다.[6]

당신도 넷플릭스에서 어떤 영화를 볼까 고르다가 이런 경험을 했을지도 모르겠다. 끝없이 이어지는 선택지 때문에 오히려 선택이 어려워져서 결국 영화는 보지 않고 열심히 목록만 살펴본다.

미국 과학자들은 데이팅의 세계에서도 같은 현상이 나타나는 것을 보여주었다. 위의 잼 연구에서 영감을 받은 과학자들이 애인이 없는 여학생들을 실험참가자로 모집해 그들에게 대학교 측에서 데이팅 서비스를 개발하고 있으니 이것을 평가해달라고 요청했다. 그러고서 일부 여학생에게는 파트너 후보 여섯 명을 보여주고, 나머지 학생에게는 24명을 보여주었다. 그리고 마지막에는 모든 참가자에게 자신에게 제시된 선택지 중 누가 제일 마음에 드는지 선택하라고 요청했다.

과학자들은 그 다음 주에 실험참가자들을 다시 소집해서 자신의 선택에 얼마나 만족하는지 평가하도록 했다. 그 결과 선택지를 제일 많이 제공받은 여학생이 자신의 결정을 후회하는 경향이 가장 높은 것으로 나타났다. 이들은 자신의 선택에 대한 만족도가 낮았고, 기회가 주어진다면 선택을 바꿀 가능성도 더 높았다.[7]

선택지가 많으면 행복할까?

현실 세계에서도 데이팅의 선택지가 풍부하면 선택이 우유부단해지고, 관계가 불안정해진다는 징후들이 있다. 할리우드에서 이루어지는 결혼만 생각해봐도 그렇다. 영화배우는 많은 사람이 꿈꾸는 바람직한 파트너의 전형이다. 이들은 매력적이고, 사회적으로 유능하며, 부유하고, 권력이 있다. 그래서 세상에서 이들보다 데이팅 선택지가 넓은 집단을 찾기는 어렵다. 할리우드 A급 스타들은 선택할 수 있는 상대의 폭이 다른 그 누구보다 넓다. 그리고 그 결과 그들의 결혼은 순탄치 않기로 악명 높다.

과학자들은 일반인 사이에서도 이런 현상을 감지했다. 덴마크의 결혼에 대한 한 연구에 따르면 이성의 비율이 더 높은 업계에서 일할 경우 이혼 위험이 더 높게 나온다. 이는 남녀 모두에게 해당되는 이야기지만, 특히 남성에서 두드러졌다.[8]

포르노가 시청자를 붙드는 법

물론 상대가 없어도 성관계를 할 수 있다. 하지만 대부분의 동물이 성관계를 하려면 또 다른 개체가 필요하다. 그리고 늘 그렇듯 인간은 창의적이다.

이것을 보여주는 초기 징후는 구석기 시대 유럽까지 거슬러 올라간다. 유럽 대륙 곳곳의 고고학자들은 발굴현장에서 이른바 비너스 조각상Venus figurine을 계속 발견하고 있다. 벌거벗은 여성을 묘사한 작은 조각상들로, 곡선미와 큰 가슴, 넓은 엉덩이를 자랑하는 경우가 많다. 이 작은 조각상들을 만든 목적에 대해서는 오랫동안 논란이 있었다. 다산을 상징하는 여신이었을까? 아니면 자신의 외모를 미화하려고 시도했던 자화상일까? 이제 와서 물어볼 수도 없는 노릇이다.

하지만 한 가지 그럴듯한 설명이 있다. 이 조각상들이 그냥 우리에게 알려진 포르노의 첫 사례라는 것이다. 어쩌면 아내를 집에 두고 긴 사냥 원정을 떠날 때 가져가는 것이었는지도 모른다. 이 비너스 조각상들이 거래의 대상이었다는 명백한 사실도 이런 가설을 뒷받침하고 있다. 가장 유명한 조각상인 빌렌도르프의 비너스Willendorf Venus는 비엔나에서 서쪽으로 약 100킬로미터 떨어진 오스트리아의 한 마을에서 발견됐다. 하지만 이것은 그 지역의 원료가 사용되지 않았다. 빌렌도르프 비너스를 만든 석회암은 남쪽으로 수백 킬로미터 떨어진 지역에서 나온 것이다. 따라서 조각상의 소유자가 실제로 그것을 만든 사람이 아니라, 거래를 통해 획득한 사람이었을 가능성이 높다.[9] 어쩌면 누군가가 포르노가 수익이 아주 짭짤한 사업이 될 수 있다는 사실을 그 시절에 이미 알아냈을지도 모르겠다.

그게 사실이라면, 그게 그들만의 생각은 아닐 것이다. 사실 포르노의 사업성은 워낙에 보편적인 부분이어서 종의 경계를 초월한다. 미국의 한 연구에서는 과학자들이 우리의 먼 친척인 붉은털원숭이rhesus macaques를 훈련시켜 이 점을 보여주었다. 과학자들은 붉은털원숭이가 오렌지 주스를 좋아한다는 사실을 이용했다. 그래서 과학자들이 원숭이들에게 오렌지 주스를 한 번 주면 되돌려 받기가 어지간해서는 불가능했다. 과학자들은 원숭이들을 가르쳐, 자기가 갖고 싶은 다른 물건이 있으면 오렌지 주스와 교환하는 거래가 가능함을 알려주었다. 대부분의 경우 붉은털원숭이는 사랑하는 주스를 절대 내놓으려 하지 않았다. 하지만 암컷 원숭이의 엉덩이 사진을 보여주면 수컷 원숭이들은 기꺼이 거래하려 들었다.[10]

우리 종, 우리의 시간으로 다시 돌아와 보면 전 세계적으로 사람들이 가장 많이 방문하는 웹사이트 중 상당수가 포르노 사이트라는 사실에서 우리가 포르노에 얼마나 이끌리는지 확인할 수 있다. 빌렌도르프의 비너스 이후로 포르노의 수위는 끝없이 상승해왔다. 처음에는 그림 속의 성적 묘사로 시작했던 포르노는 사진의 발명으로 이어졌다. 그리고 사진은 포스터 사진 속 여성pin-up girl에서 《플레이보이》 잡지로, 그리고 다시 VHS 테이프 형태의 포르노 영상으로 수위가 높아졌으며, 오늘날에는 인터넷 기반의 포르노

스트리밍이 폭발적으로 성장했다.

이것은 우리가 음식에서 익히 관찰했던 패턴과 똑같다. 수천 년 전에도 우리는 이미 자극에 변화를 주고 있었다. 음식의 경우에는 더 달콤한 과일, 더 기름진 가축을 육종하는 형태로 이루어졌다. 하지만 현대 기술이 등장하면서 그 과정이 말 그대로 터보 엔진을 켠 듯이 가속화됐다.

현대의 인터넷 기반 포르노는 시청자가 화면에서 눈을 떼지 못하게 하려고 갖가지 기법을 총동원한다. 먼저, 출연자부터 외모와 성적 매력을 기준으로 선별된다. 이들은 일반적인 사람이 아니라 성적 특성이 과장되어 있는 경우가 많다. 여성은 큰 가슴과 엉덩이를, 남성은 큰 성기를 가지고 있다. 또한 여성 포르노 배우들은 허리-엉덩이 비율waist-to-hip ratio이 낮은데, 이것은 생식능력과 상관관계가 있는 지표다. 연구에 따르면 남성들은 평균적으로 0.711의 허리-엉덩이 비율(허리가 엉덩이에 비해 눈에 띄게 가느다란 상태로 모래시계형 몸매로 보임-옮긴이)을 선호하는데,[11] 이는 포르노 배우에게서 흔히 보이지만, 일반 인구보다는 낮은 수치다.

게다가 출연자의 외모는 화장과 성형수술을 통해 세심하게 '보정enhanced'된다(이 부분은 뒤에서 더 살펴보겠다). 그리고 전체적인 연출은 영화와 TV 프로그램 제작에 쓰이는 모든 기법이 총동원된다(이 역시 뒤에서 더 자세히 살펴보겠다). 그냥 간단히 살펴보면, 조명은 철저히 통제되고, 신체적 흠결이 드러나는 부분은 편집 기술로 지우고 가장 매력적인 장면만을 이어 붙인다. 여기에 더해서 카메라 각도와 장면을 바꾸면서 변화를 주는데, 이것이 성적 만족감에서도 중요한 요소로 작용한다. 사실 이 다양성이야말로 시청자의 시선을 잡아두는 데 결정적인 부분이기 때문에 훨씬 더 강력한 수법까지 동원된다.

쿨리지 효과와 성적 포만감

어느 날 미국 전 대통령 캘빈 쿨리지Calvin Coolidge가 아내와 함께 한 실험 농장을 방문했다.

부부는 따로따로 안내를 받았는데, 쿨리지 여사가 암탉 우리 앞에서 발걸음을 멈췄다. 그녀는 수탉이 여기저기 돌아다니면서 이 암탉, 저 암탉과 연이서 짝짓기를 하는 모습을 보고, 호기심에 농부에게 물었다. "저 수탉이 얼마나 자주 저러나요?"

농부는 대답했다. "하루에도 수십 번 합니다, 쿨리지 여사님."

이 말에 이 퍼스트레이디는 "우리 대통령님한테도 그 말 좀 전해주세요"라고 말했다.

나중에 농부가 쿨리지 대통령에게 이 말을 전하자 대통령은 그냥 미소를 지으며 물었다. "매번 같은 암탉하고 합디까?"

이 말에 농부는 바로 "아, 아닙니다, 대통령님. 매번 다른 암탉하고 하지요"라고 답했다.

그러자 대통령이 웃으며 말했다. "쿨리지 여사에게도 그 말을 꼭 전해주세요."

이 이야기는 실제 있었던 일이라기보다는 그럴듯하게 꾸며낸 이야기일 가능성이 높지만, 포유류에서 실제로 관찰되는 심리적 현상과 맞닿아 있다. 한 고전적인 실험에서 과학자들이 발정기 암컷 쥐들이 가득한 우리에 수컷 쥐 한 마리를 넣었다. 수컷 쥐는 단번에 암컷들과 교미를 시작했고, 종종 여러 번에 걸쳐 교미하기도 했다. 하지만 결국 수컷 쥐는 지쳐서 우리 구석으로 쉬러 갔다. 그리고 그 후로는 암컷이 유혹하듯 다가와도 더 이상 짝짓기를 하려 들지 않았다.

그러다 과학자들이 우리에 새로운 암컷을 넣어주자 상황이 변했다. 갑자기 수컷이 다시 기운을 차리고 신입 암컷에게 달려가 짝짓기를 했다. 그리고 다시 지쳐서 쉬려는 모습을 보였지만, 과학자들이 새로운 암컷을 들여보낼 때마다 수컷은 다시 기운을 차리고 움직였다. 사실 과학자들이 이렇게 새로운 암컷을 계속 공급해주기만 하면 가엾은(?) 수컷 쥐가 쓰러지기 직전까지 교미를 이어가게 만들 수 있다. 필요한 것은 새로운 암컷의 지속적인 공급뿐이다.[12,13]

새로운 파트너의 등장으로 성적인 관심에 다시 불이 지펴지는 이런 현상을 쿨리지 대통령에 대한 이야기를 따서 '쿨리지 효과 Coolidge Effect'라고 부른다. 본질적으로 이것은 앞에서 보았던 뷔페 효과의 섹스 버전이다. 기억나는가? 뷔페에 가면 음식의 종류가 다양하기 때문에 포만감을 느끼는 데 시간이 더 오래 걸린다. 이와 비슷하게 성적 다양성도 실험 속 수컷 쥐의 성적 포만감을 지연시키는 역할을 한다.

가까운 역사만 봐도 알 수 있듯이, 쿨리지 효과가 미국 대통령들에게는 특히나 잘 들어맞는 것 같다. 하지만 이 효과는 백악관 집무실이나 쥐에게서만 관찰되는 현상이 아니다. 양, 햄스터, 붉은털원숭이에 이르기까지 모든 포유류에서 나타난다. 앞에서 살펴본 쥐 실험을 정확하게 인간을 대상으로 재현해본 사람은 없다. 적어도 과학적 목적을 염두에 두고 이루어진 경우는 없었다. 하지만 몇몇 연구 집단은 실험실 환경에서 이 개념을 시뮬레이션해보려 했다. 예를 들어 연구자들은 남성 참가자에게 포르노 필름을 보여주고 인터뷰나 신체검사를 통해 남성들이 다양한 장면에서 성적으로 얼마나 흥분했는지 기록했다. 그 결과 남성들 역시 수컷 쥐, 숫양,[14] 수컷 붉은털원숭이와 마찬가지로 포르노 영상에 새로운 여성이 등장할 때 성적 흥분이 더 커지는 모습을 보였다.

쿨리지 효과가 암컷 동물이나 여성들 사이에서도 존재하는지 연구하려는 시도가 있었지만, 이 연구는 훨씬 까다롭다. 솔직히 말하면, 인간과 달리 다른 많은 포유류 사이에서는 성관계와 강간 사이의 경계가 분명하지 않다. 예를 들어 수컷 쥐의 경우 암컷의 동의를 기다리지 않고 곧장 교미를 시도한다. 이런 점 때문에 과학자들이 이 성 활동에서 암컷의 선호도가 얼마나 크게 작용하고 있는지 평가하기 어렵다.

일부 연구자들은 이 문제를 해결하기 위해 특수하게 설계된 우리를 사용했다. 이 우리는 암컷 쥐는 통과할 수 있지만, 수컷은 큰 몸집 때문에 들어갈 수 없는 터널로 연결되어 있어 암컷이 어느 수컷과 만날지 선택하거나, 원치 않는 수컷의 추적이나 괴롭힘을 피할 수 있다. 이 방법을 적용해 연구한 결과, 적어도 가끔씩 우리

우리는 일부일처제 아니었나? 

쿨리지 효과가 존재한다고 해서 인간이 파트너를 여러 명 두도록 진화했다는 의미는 아니다. 이는 단지 진화적 적응이 체계적이거나, 미리 앞서서 계획되지 않았다는 점을 보여주는 좋은 사례일 뿐이다. 우리에게는 깊은 사랑에 빠지고, 연애하면서 질투를 경험하는 등 그와는 반대되는 적응도 존재한다.

그래서 인류학자들이 전 세계 전통 사회에서 찾아낸 관계 구조를 보면 그 안에서 큰 다양성을 찾을 수 있으며, 그중에는 일부 서구인에게는 낯선 것도 존재한다. 예를 들어 중국 모수오족Mosuo은 남녀 모두 평생 모계 친족과 함께 머무는 유동적인 형태의 비일부일처제 혼인을 한다. 성적 관계는 남성이 여성의 집을 방문했다가 아침에 떠나는 방식으로 이루어진다. 이 관계에는 어떤 의무도 동반되지 않으며, 동시에 여러 파트너와 관계를 맺을 수도 있다.

또 다른 비전형적인 사례로는 히말라야 일부 지역의 문화에서 한 가족의 모든 형제들이 아내 한 명을 공유하는 혼인 형태가 있다. 이런 관습은 토지 소유권을 여러 명의 남성 상속자에게 쪼개어 나누어줄 필요가 없게 하려고 발전했을 가능성이 높다.

하지만 대다수의 문화권에서는 영국처럼 일부일처제가 관습으로 자리 잡았다. 그 다음으로 흔한 관계 구조는 남성 한 명이 아내를 여러 명 두는 일부다처제다. 하지만 이런 사회에서도 일부다처제는 엘리트 계층에 국한되는 경우가 많으며, 대부분의 사람은 여전히 일부일처제로 짝을 맺는다.[15]

를 바꾸는 것으로 보아 암컷 쥐 역시 파트너의 다양성에 관심을 나타냈다.[16] 하지만 그 효과는 수컷처럼 뚜렷하지 않았다.

현대의 포르노가 남성에게 더 매력적으로 다가가는 이유를 이것으로 설명할 수 있다. 아니면 적어도 포르노가 지금과 같은 방식으로 제작되는 이유는 설명할 수 있다. 알다시피 포르노 사이트는 광고를 노출해 수익을 올린다. 이는 단순히 매력적인 출연자를 내세워 시청자를 끌어들이는 것만으로는 부족하다는 이야기다. 시청자가 가능한 한 오래 머물도록 붙잡아야 더 많은 광고를 보여줄 수 있고, 결국 더 많은 수익을 올릴 수 있다. 이것 때문에 포르노 사이트의 입장에서는 쿨리지 효과가 매우 가치 있는 전략이 된다. 남성들에게 전략적으로 다양한 여성을 보여줌으로써 성적 포만감을 늦추어 시청 시간을 극대화하는 것이다.

포르노 시청 증가와 성생활 감소

지난 수십 년간 '포르노 중독pornography addiction'에 걸렸다며 의사나 심리학자에게 도움을 구하는 환자 수가 점점 늘어났다. 이런 환자들 대다수는 남성이지만 여성도 있다. 유명인 중에는 코미디언 크리스 록Chris Rock,[17] 배우 테리 크루스Terry Crews,[18] 가수 빌리 아일리시Billie Eilish(그녀는 포르노가 자신의 뇌를 망가뜨렸다고 말했다)[19] 등이 있다.

2018년 세계보건기구WHO에서는 '강박적 성행동 장애compulsive

sexual behaviour disorder'를 일종의 공식 질병 목록인 국제질병분류International Classification of Diseases에 추가하기에 충분한 증거가 쌓였다고 판단했다.[20] 이 장애는 섹스나 포르노에 대한 과도한 집중과 욕구를 말하는 성욕과다hypersexuality의 다양한 형태를 포괄한다. 일상적 표현으로는 섹스 중독, 포르노 중독 등으로 부를 수 있다. 전문가들 사이에서는 이것을 중독으로 볼 것인지, 아니면 강박행동으로 볼 것인지에 대해 여전히 논란이 있다.[21] 하지만 일반인에게는 이런 구분이 별로 중요하지 않다.

여기서 핵심은 포르노 시청을 끊거나, 시청 시간을 줄이고 싶지만 그러지 못하는 사람들이 있다는 것이다. 이런 사람들은 보통 억누를 수 없는 욕구와 둔감화를 경험하며, 시간이 지나면서 점점 더 극단적인 콘텐츠를 찾게 된다. 앞서 살펴보았던 식품 초자극의 경우와 정확히 일치하는 패턴이다. 식품 초자극의 경우 단순한 바닐라 아이스크림을 먹다가 지루해지면 결국 캐러멜 소스, 초콜릿 칩, 마시멜로, 쿠키 반죽 등이 들어간 벤앤제리스 아이스크림을 찾는다.

물론 포르노를 보는 사람이 모두 중독에 빠지지 않는다. 모든 사람이 식품 초자극에 강력하게 반응하지는 않는 것과 마찬가지다. 어떤 사람은 통제력을 완전히 상실하고 결국 온갖 건강 문제에 시달리는 반면, 어떤 사람은 별 어려움 없이 날씬한 몸 상태를 유지한다. 하지만 대부분의 사람은 그 중간 어디쯤에 있으며, 이는 성적 초자극에 대해서도 마찬가지일 가능성이 높다.

젊은이들의 포르노 시청 습관을 조사한 덴마크의 설문조사가 이런 점을 보여주고 있다. 이 설문조사에서 59퍼센트는 때때로 포르노를 보고 싶은 거부할 수 없는 충돌을 느낀다고 답했다. 그리고 절반은 자신이 시청하는 포르노가 시간이 지나면서 더욱 극단적으로 변했다고 말했고, 43퍼센트는 어느 정도 포르노에 의존성을 느낀다고 말했다.[22]

다시 호주로 돌아가서 우리 자신을 보석딱정벌레와 비교하면, 성적 초자극의 유혹 때문에 현실 세계에서의 성관계는 오히려 감소한다는 가설을 세울 수 있다. 어쨌거나 수컷 딱정벌레도 진짜 암컷 대신 사랑하는 맥주병을 선택했으니까 말이다. 이와 똑같은 일이 우리에게도 일어날 수 있을까?

그 해답을 찾기 위해 사람들이 섹스를 얼마나 하고 있는지 파악한 설문조사들을 살펴보자. 영국, 미국, 독일에서의 설문조사는 동일한 결과를 보여준다. 우리는 예전보다 성관계를 덜 하고 있다.[23,24,25] 성관계를 시작하는 나이도 늦어지는 추세다. 미국의 경우 20~24세 여성 중에 성관계 경험이 없는 여성은 1960년대의 같은 연령대 여성에 비해 2.5배 더 많았다.[26] 하지만 성적으로 활동적인 사람들조차 성관계 횟수가 줄어들었으며, 이는 독신과 커플을 막론하고 마찬가지다.[27]

성활동 감소의 이런 패턴이 실제로 포르노와 관련이 있는지 여부는 확실히 말하기 어렵다. 나도 정확한 답을 내놓고 싶지만 안타깝게도 이 분야에서는 아직 확답을 내놓을 만한 훌륭한 연구가 충분히 나오지 않았다. 그나마 몇 안 되는 연구에서는 이성 관계를 맺고 있는 남성 중 포르노를 많이 시청하는 남성은 자신의 파트너를 덜 원한다는 암시가 나왔다.[28] 이것은 역인과관계일 수도 있다. 즉 파트너를 별로 원하지 않는 남성들이 대신 포르노를 본다는 것이다. 하지만 포르노 시청 습관이 보통 성욕의 감소보다 먼저 나타나는 것으로 보인다.[29]

지금으로서는 추측 말고는 달리 할 수 있는 것이 많지 않다. 앞에서 보았듯이 인간은 적응 기계이고, 우리는 평생에 걸친 경험에 영향을 받는다. 요즘에는 많은 사람이 스크린을 통해 대부분의 성적 경험을 한다. 영국의 젊은 이성애자 남성은 인터넷만 살짝 훑어봐도 조상들이 현실 세계에서 평생 본 것을 모두 합친 것보다 많은 나체 여성을 볼 수 있다. 심지어 거대한 하렘harem(이슬람권 국가에서 왕이나 귀족의 가족·후궁·여성들이 거주하던 사적 공간-옮긴이)을 거느렸던 과거의 막강한 황제라 해도 영국의 평범한 도시에 살고 있는 16세 해리의 고속 인터넷 연결에는 상대도 안 된다.

이런 경험이 우리의 성적 기대와 습관에 영향을 미치지 않을 리는 없다. 앞에서도 이야기했지만 포르노 배우는 성적 매력이 높은 사람으로만 선별되고, 그 매력을 더 끌어올리려고 기술적 보정까지 이루어진다. 그래서 자연식품이 과학적으로 최적화된 식품 초자극과 경쟁해야 하는 것처럼, 현실 세계의 평범한 파트너도 이런 초자극적인 상대와 경쟁해야 한다. 음식에서 벌어지는 싸움은 초자극의 승리로 끝날 때가 많은데, 성적 버전의 싸움도 마찬가지일 거라 쉽게 상상할 수 있다. 실제 성생활이 포르노로 완전히 대체되는 일은 없더라도, 포르노가 현대인의 성생활에 영향을 미치리라는 것은 의심할 여지가 없다.

포르노는 욕망을 만든다

성적 자극은 보상 효과가 대단히 강력하기 때문에 선택권이 주어지면 동물은 그 보상을 열심히 추구한다. 특히 초기의 성적 경험은 지워지지 않는 영향을 남기며, 그런 이유로 이런 주제를 다루는 연구는 대부분 이전에 성적 접촉이 없었던 어린 동물을 사용하는 경우가 많다.

예를 들면, 미국 과학자들은 다람쥐와 비슷한 작은 원숭이 마모셋marmoset을 대상으로 한 연구에서 초기 성적 경험의 힘을 보여주었다. 연구자들은 암컷 원숭이에게 레몬 향을 바른 다음, 성 경험이 없는 수컷들과 몇 차례 교미하게 했다. 그리고 나중에는 암컷이 없이 그냥 레몬 향만 제시했는데, 수컷들은 그 향에 성적인 끌림을 느끼고 향기만 맡아도 발기가 이루어졌다.[30]

이와 동일한 현상은 쥐를 대상으로 한 여러 실험 방식에서도 입증되었다. 한 사례에서 과학자들은 암컷 쥐에게 작은 자켓을 입힌 다음 성적으로 순진한 수컷들과 반복적으로 교미를 시켰다. 그러자 나중에 이 수컷 쥐들은 재킷을 입지 않은 암컷보다 재킷을 입은 암컷에게 성적으로 더 끌리는 것으로 나타났다.[31]

이런 유형의 조건화conditioning가 러시아의 과학자 이반 파블로프Ivan Pavlov가 개를 대상으로 진행한 유명한 실험 결과와 비슷하다는 점을 알아차린 사람도 있을 것이다. 파블로프가 개에게 먹이를 줄 때마다 종을 울렸더니 결국 개들은 종소리를 먹이와 연관시키는 것을 학습했다. 그래서 먹이를 주지 않고 종소리만 들려

줘도 침을 흘리기 시작했다. 바꿔 말하면, 개가 먹이를 보면 선천적으로 나오는 침 흘리기 반응이 기존에는 중립적이었던 자극과 후천적으로 연결된 것이다. 요즘 개 조련사들은 간식과 클리커 clicker(누르면 특징적인 소리를 내는 작은 장치) 소리를 연결해서 이런 효과를 낸다. 시간이 지나면서 개는 조건화되어 이 클리커 소리 자체에서 보상을 느낀다. 이렇게 함으로써 조련사는 개의 과식을 예방하면서 이전에는 중립적이었던 자극을 이용해서 개의 기분을 좋게 만들 수 있다.

물론 이런 효과는 사람에게도 존재한다. 예를 들어 광고업계에서 '섹스가 팔린다 sex sells'라는 표현을 즐겨 사용하는 이유도 이 때문이다. 노출이 심한 매력적인 사람들을 등장시켜 성적 단서를 제공하는 것이 본질적으로 우리에게는 보상으로 작용한다. 마케팅 전문가는 이런 성적 단서와 제품을 함께 제시해 우리를 조건화시키려 한다. 원래는 우리에게 중립적으로 느껴졌던 제품을 보상성 단서와 반복적으로 함께 보여줌으로써 우리가 그 제품을 선호하도록 만들려는 것이다. 마찬가지로 포르노에 의해 시청자들의 성적 흥분이 조건화되는 것 역시 피할 수 없다. 하지만 이런 과정이 어떻게 진행되는지는 알려지지 않았다. 스크린 같은 중립적 단서가 성적 흥분과 연결된다고 추측해볼 수 있다. 하지만 어떤 경우든, 이런 효과는 포르노가 단순히 인간의 욕망에 부응하는 데서 그치지 않고, 시간이 지나면서 그 욕망을 빚어내기도 한다는 점을 의미한다.

식품 초자극의 경우도 마찬가지다. 앞에서 국가가 부유해질수록 전 세계 요리가 모두 식품 초자극으로 변한다는 이야기를 했었다. 하지만 문화에 따른 맛 선호도의 차이는 여전히 남아 있다. 이는 어린 시절의 조건화에 의해 생기는 것이라 생각할 수 있다. 중립적인 단서였던 일부 맛이 소금, 설탕, 지방과 짝지어졌다가, 나중에는 그 자체로 보상을 주는 단서가 되는 것이다. 본질적으로 보면 당신은 자신이 속한 문화에서 어린 시절에 접하는 특정한 맛을 좋아하도록 조건화된다고 할 수 있다. 이런 조건화는 완전히 정상적이며, 초자극에서만 일어나지 않는다. 일반적인 음식과 섹스 역시 그렇게 된다. 다만 초자극이 유난히 그 효과가 강력할 뿐이다.

10장
황홀로 가는 지름길

지금까지 우리는 여러 산업계가 동일한 접근방식을 통해 초자극으로 돈을 버는 방법을 살펴보았다. 먼저, 사람들이 선천적으로 이끌리는 것을 찾아낸다. 그리고 자연에서 보이는 것을 훨씬 뛰어 넘는 인위적으로 과장된 버전, 즉 초자극을 만들어낸다. 마지막으로, 벌어들인 돈을 군침을 흘리며 흡족한 듯 바라본다.

좋다. 마지막 부분은 좀 아닌 것 같다. 하지만 초자극이 극도로 효과적인 돈벌이 방식이라는 것은 의심할 여지가 없다. 이것은 음식에서도 효과가 있고(식품 초자극), 성적 자극 효과가 있다(포르노). 하지만 사실 이런 접근 방식은 거기서 한 단계 더 단순화시킬 수 있다.

우연히 발견된 화학적 지름길

보았다시피 지금까지 논의했던 초자극들은 우리가 선천적으로 타고난 감각을 사용해야 한다는 사실이 한계로 작용한다. 예를 들어 사탕을 먹으면, 거기에 첨가된 설탕이 혀의 단맛 수용기와 결합해서 활성화된다. 이것이 신경신호로 전환되어 뇌로 보내지면, 보상 체계를 활성화시켜 기분 좋은 감각을 만들어낸다. 앞에서 이야기했듯이 장의 신경에서도 뇌로 신호를 전송하며, 먹는 동안에는 눈, 코, 심지어 귀도 나름의 역할을 담당한다. 이 모든 경우에서 초자극은 감각되어야 하고, 그 다음에는 신경 신호가 뇌로 전달되어야 한다. 하지만 감각을 통하지 않아도 뇌의 보상 체계를 직접 활성화시킬 수 있다. 그리고 일반적으로 이것은 식물의 작은 도움을 받아 이루어진다.

그 좋은 예가 대마초다. 대마초가 나타내는 생리학적 효과 대부분은 테트라하이드로칸나비놀Delta-9-tetrahydrocannabinol이라는 아주 독자친화적인(?) 이름을 갖고 있는 분자 때문에 생긴다.[1] 흔히 THC라는 약자로 표현한다. THC가 몸에 흡수되면 그중 일부가 뇌에 도달해서 보상 체계를 일부 활성화한다. 그러면 좋은 기분, 더 나아가 희열이 느껴진다.

좀 더 구체적으로 살펴보자. THC는 칸나비노이드 수용체canna-binoid receptor라는 뇌세포 표면의 구조물과 결합한다. 이것은 앞에서 인공감미료에 대해 이야기했던 내용을 떠올리면 된다. THC를 자물쇠(칸나비노이드 수용체)와 짝이 맞는 열쇠라 상상해보자.

이 둘이 결합하면 수용체가 활성화되면서 그 수용체가 자리 잡고 있는 뇌세포에서 다양한 활성이 개시된다.

물론 우리 뇌에 있는 칸나비노이드 수용체는 대마초에 의해 활성화되기 위해 존재하는 것이 아니다. 우연의 일치로 THC가 이 수용체와 모양이 맞아떨어졌다. 사실 이 수용체는 뇌가 자체적으로 생산하는 어떤 분자에 반응하기 위해 존재한다. 이 분자 화합물을 엔도칸나비노이드endocannabinoid라고 하며, 보통 보상과 관련되어 분비된다. 즉 무언가 즐거운 것을 경험할 때 분비된다. 이 분자는 기분, 식욕, 기억에 관여한다. 하지만 THC는 천연의 엔도칸나비노이드보다 훨씬 강력하게 칸나비노이드 수용체를 활성화하고, 또 뇌 속에 더 오랫동안 머문다. 이것이 THC의 효과가 강력한 이유로 마치 스스로를 초자극하는 화학적 지름길 같다.

앞에서 다루었던 니코틴, 코카인의 사례와 마찬가지로 THC도 효과의 강도는 분자가 뇌에 도달하는 속도에 부분적으로 좌우된다. 대마초를 먹으면 THC는 먼저 소화 과정을 거쳐야 하고, 그 다음에는 간에서 대사된다. 그래서 뇌에 많은 양의 THC가 도달하려면 30분에서 몇 시간 정도가 걸린다. 하지만 대마초를 먹지 않고, 흡연하면 THC가 거의 즉시 혈류에 도달하고, 몇 초 안으로 뇌를 강타한다.[2] 흡연이 가장 인기 있는 대마초 사용법인 이유도 자극과 보상 사이의 시간이 더 짧기 때문이다. 이것 외에도 THC 효과의 강도는 그냥 얼마나 많이 섭취했는지에 따라 달라진다. THC 섭취량이 많을수록 효과도 커진다. 이를 토대로 지난 수십 년 동안 대마초가 어떻게 발전했는지 추측할 수 있을 것이다.

둔감화가 만든 THC 용량 경쟁

내 조국 덴마크에서는 경찰이 거리에서 압수한 THC의 함량을 정기적으로 검사한다. 다음은 서로 다른 해에 측정해서 얻은 평균값이다.[3]

- 1970년: 0.6퍼센트
- 1980년: 1~2퍼센트
- 2000년: 8퍼센트
- 2017년: 25퍼센트

추세가 눈에 들어오는가? 아이스크림을 먹는 사람과 포르노 시청자에 대해 앞에서 이야기했던 것과 정확히 같은 패턴, 즉 둔감화가 일어나고 있는 것이 보인다. 시간이 갈수록 우리는 일상적으로 노출되는 자극에 대한 민감성을 잃기 때문에, 같은 보상을 느끼고 싶다면 자극의 강도를 더 끌어올려야 한다. 그리고 아이스크림, 포르노, 다른 모든 초자극과 마찬가지로 수위 상승이 여기서 끝날 리는 없다. 요즘 대마초 재배자들은 이미 THC 함유량이 34퍼센트인 대마초 품종을 개발했다.[4,5] 하지만 이것도 세계 특정 지역 사람들이 사용하기 시작한 THC 제품과 비교하면 초라해 보일 정도다.

무슨 일이 있었는지 이해하기 위해 2014년으로 돌아가 보자. 그해 1월 1일에 미국 콜로라도주에서는 일반 대중의 대마초 사용을 합법화했다. 그리고 이후 여러 주가 이를 따라 하면서 대략 미국 주의 절반 정도에서 대마초가 합법화됐다. 이 움직임은 캐나다로도 퍼졌고, 멕시코, 남아프리카공화국, 태국, 독일 등의 다른 국가도 같은 방향으로 절차를 밟고 있다. 하지만 합법화는 단순히 법만 바꾸는 데서 그치지 않고 이 산업에 종사하는 사람들의 종류도 바꾸어 놓았다.

합법화가 이루어지기 전에는 대마초 판매가 주로 경범죄자의 영역이었다. 하지만 합법화가 이루어지면서 새로운 부류의 사업자가 등장했다. 여기에는 노련한 사업가, 경력을 쌓으려는 야심 찬 젊은 졸업생, 서류 가방을 들고 다니고, 복잡한 스프레드시트를 다루는 다양한 유형의 투자자가 포함되어 있었다. 이런 사람들은 주먹구구식으로 장사하는 길거리 범죄자보다 사업 수완이 훨씬 뛰어나다. 대마초를 팔아야 할 사람이 대마초에 취해 아침에 침대에서 일어나기를 어려워한다면 제품이 덜 팔리니 자연스럽게 제품 소비도 제한될 수밖에 없다. 그와는 대조적으로 이 업계의 새로운 참가자들은 이제 우리에게 너무나 익숙해진 전략들을 지체 없이 적용했다.

그중 하나는 제품에 인간이 감당할 수 있는 선에서 가능한 한 많은 양의 THC를 집어넣으려고 총력을 기울였다는 점이다. 결국 사람들이 돈을 지불하는 이유는 THC 때문이고, 그들을 다시 돌아오게 만드는 것도 THC다. 따라서 경쟁자를 물리치고 고객을 확보하고 싶다면 초자극을 강화하는 것이 좋다. 대마초 회사들은 50퍼센트에서 95퍼센트 사이의 순수한 농축 THC를 함유한 다양한 오일, 왁스, 크리스털을 만들어 초자극을 강화하고 있다. 이런 제품은 종종 세련되고 화려한 모양의 전자담배를 이용해 섭취된다.

그 결과 요즘 대마초 사용자들은 예전보다 더 많은 양의 THC를 섭취하게 됐다.[6] 하지만 안타깝게도 이것은 대마초의 기분 좋은 경험뿐 아니라, 부작용도 강화한다. 대마초의 부작용도 대부분 THC에서 비롯되기 때문이다. 이 사실을 보여주는 사례를 살펴보자. 대마초는 정자의 질을 떨어뜨린다고 알려져 있다. THC를 많이 섭취할수록 정자의 질이 저하된다.[7,8] 기억력 감퇴 같은 정신적 부작용과 정신병 발병 위험도 마찬가지다.[9,10,11,12,13] 정신병은 유전적으로 취약한 사람에게서 일어나며, THC 섭취가 망상, 환각, 편집증을 유발할 수 있다. 운이 좋으면 그냥 지나가는 증상으로 그치지만, 그렇지 않으면 본격적인 조현병으로 발전해서 현실과 현실이 아닌 것을 구별하는 데 어려움을 겪을 수 있다.[14]

마지막으로 대량의 THC를 사용하면 역설적으로 불안과 우울증 발병 위험이 증가한다.[15] 이런 위험을 피하겠다고 대마초를 사용하는 사람들도 많은데 말이다. 하지만 이 역시 몸을 속이기 어렵다는 점을 보여주는 사례다. 몸을 한 방향으로 밀어붙이면, 몸도 그와 똑같은 힘으로 맞서는 경향이 있다. 단기적으로는 대마초가 보상 체계를 활성화해서 우울증과 불안을 줄여준다. 하지만 장기적으로는 뇌가 거기에 적응한다.

당신에게 불안증이 있다고 상상해보자. 1부터 10점 사이로 매기는 척도에서 평소에 불안 점수가 7점 정도 나온다고 해보자. 꽤 큰 불안을 느끼는 상태다. 그래서 당신은 마음을 차분하게 가라앉히고 싶어 대마초를 피우기 시작한다. 그러면 불안 점수가 3점으로 떨어진다. 하지만 대마초 흡연을 이어가다 보면 거기에 뇌가 적응하고, 특히 대마초에 의해 활성화되는 뇌 부위의 활동이 줄어든다. 그러면 대마초를 피워도 불안 점수는 6점 밑으로 떨어지지 않는다. 그리고 대마초를 피우지 않으면 8점이나 9점 정도로 예전보다 더 불안해진다. 그러면 THC 용량을 늘려야 하고, 결국 대마초를 끊고 나면 처음보다 훨씬 더 큰 불안을 느낄 수밖에 없다.

문제는 강도가 아니라 접근성이다

제품의 THC 함량을 꾸준히 늘리는 것 말고도 대마초 회사들은 더 매력적인 제품을 만들기 위해 다른 방면에서도 노력을 기울이고 있다. 식품 제조업체와 마찬가지로 이들도 인공 향료와 방향제 같은 첨가물을 이용해서 대마초 경험을 질적으로 향상시킨다. 그리고 THC 흡수 속도를 높이기 위해 새로운 용매와 기술을 연구하고 있다. 배송, 고객서비스, 가격, 접근성 등 모든 일반적인 사업 요소에서도 경쟁을 벌이고 있다.

　이런 경쟁이 동네 옷가게나 전자제품 가게에서 당신에게 최고의 경험을 제공하기 위해 벌이는 경쟁이었다면 당신에게 이득으로 돌아갔을 것이다. 하지만 초자극의 경우 공급자들이 잘 기름칠 된 기계처럼 효율적으로 돌아가는 것은 결코 좋은 일이 아니다. 우리는 다양한 유해제품의 섭취가 그것을 얼마나 쉽게 구할 수 있는지에 영향을 받는다는 사실을 잘 알고 있다.

대마초와 비교하기 가장 좋은 대상은 1920년부터 1933년까지 이루어졌던 미국의 금주법 시대Prohibition era다. 이 시기 동안 종교 단체, 그리고 음주로 인해 발생하는 가정 폭력을 줄이고자 했던 여성들의 캠페인에 의해 음주가 불법이 됐다. 금주법에 대해 들어본 사람들은 아마도 실패한 정책의 사례로 알고 있을 것이다. 이 정책 때문에 사람들은 집에서 몰래 밀주를 만들어 먹었는데, 그러다 밀주 때문에 실명하는 사람도 있었다. 그리고 그 영향으로 술 암시장이 만들어졌고, 알 카포네AI Capone 같은 갱단은 이를 이용해 엄청난 돈을 벌었다. 결국 처음부터 민주적으로 시행되었던 금주법은 다시 민주적으로 철회되기에 이르렀다.

하지만 금주법에 대해 이야기할 때 거의 언급되지 않는 부분이 있다. 금주법이 실제로 효과가 있었다는 점이다. 음주가 불법이었던 기간에 사람들이 얼마나 많은 술을 마셨는지 정확히 파악할 수는 없다. 하지만 음주량이 줄었다는 사실은 의심의 여지가 없다. 알코올 관련 질환의 비율이 급격히 떨어진 것을 통해 그 사실을 간접적으로 확인할 수 있다. 예를 들면 간경화에 걸리는 사람이 줄어들었고, 알코올 관련 정신병으로 진단받는 사람도 줄어들었고, 심지어 술에 취해서 질서를 어겨 체포되는 사람도 줄어들었다. 음주가 다시 합법화되었을 때, 미국인들은 금주법 이전에 비해 절반 정도의 술만 마신 것으로 추정된다. 그리고 알코올 소

비가 예전 수준으로 돌아간 것은 그로부터 수십 년 후인 1960년대와 1970년대였다.[16,17,18]

그 반대 패턴은 스포츠 도박에서 볼 수 있다. 2018년 대법원이 연방 차원에서 금지령을 무효화하기 전만 해도 미국에서는 스포츠 도박이 불법이었다. 하지만 그 이후로 38개 주에서 이를 합법화했고, 연구에 따르면 합법화하지 않은 주에 비해 합법화한 주에서 도박하는 사람의 수와 도박 금액 모두 증가했다.[19] 그리고 그와 함께 개인 파산 건수와 가정 폭력의 비율도 올라갔다.[20]

물론 이 두 사례가 꼭 무언가를 금지하는 것이 옳다는 의미는 아니다. 그저 접근성과 소비량 사이에 서로 상충관계가 존재한다는 사실을 보여줄 뿐이다. 사람과 '해로운 것' 사이를 가로막는 장벽과 번거로움이 줄어들수록 소비량은 커진다. 개인적인 수준에서도 이 점을 기억해두면 도움이 된다. 예를 들어, 살을 빼고 싶을 때 최선의 방법은 식품 초자극에 대한 접근성을 줄이는 것이다. 그런 식품을 집에서 모두 없애고, 당신과 식품 초자극 사이에 장벽을 세워, 접근하기 어렵게 만들자.

사회 전체로 보면 이런 상충관계는 자유와 건강 사이에서 어떻게 균형을 맞출 것이냐는 철학적 문제가 된다. 대마초 문제로 다시 돌아가 보자. 대마초 합법화를 지지하는 사람들은 여기에 상충관계가 존재하지 않는다고 주장해왔다. 합법이든, 불법이든 상관없이 사람들은 결국 마약을 구할 방법을 찾아낸다는 것이다. 그렇기 때문에 대마초 사용을 막으려는 노력은 자원 낭비에 불과하며, 범죄자의 손에 놀아날 뿐이라는 주장이다.

그렇다면 기호용 대마초를 허용한 캐나다와 미국의 주에서 실제로 무슨 일이 일어났는지 살펴보자.[21] 대마초 합법화 노력이 시작된 이후로 미국 전체적으로 대마초 사용이 극적으로 증가해서, 현재는 사상 최고치를 기록하고 있다.[22] 하지만 대마초가 합법화된 주에서 증가폭이 더 컸다.[23] 그 영향력을 가늠하기 위해 대마초를 처음으로 합법화한 콜로라도주와 미네소타주를 비교해보자. 두 주는 인구, 지리적 크기, 경제력이 대략 비슷하다. 2014년에는 두 주의 대마초 사용량도 거의 비슷했다. 하지만 합법화 이후로 콜로라도가 미네소타를 앞질렀고, 현재 이곳 주민의 대마초 소비량은 24퍼센트 더 많다.[24] 콜로라도를 캔자스 같은 다른 유사한 주와 비교해도 마찬가지다. 이런 비교를 비판하는 사람들은 이 결과가 설문조사를 통해서 나왔다는 점을 지적한다. 익명으로 물어보았다고 해도 자기가 불법적인 일을 했다고 터놓고 인정하기는 쉽지 않다. 그럼에도 다른 모든 증거 역시 같은 방향을 가리키고 있다. 예를 들어 대마초가 합법화된 주에서는 대마초 사용 장애cannabis use disorder 사례가 더 많고, 아동과 반려동물의 대마초 중독 사례도 더 많고, 대마초에 취해 운전하다가 체포되는 경우도 더 많다(그와 관련된 교통사고 건수도 마찬가지다).[25,26,27,28,29,30,31] 그리고 마지막으로 응급실에 온 사람들을 대상으로 소변검사를 해보면 THC 양성 반응을 보이는 사람이 그 전보다 많아졌다.[32]

따라서 합법화가 소비를 증가시킨다는 사실을 부정할 수는 없다. 이것은 직관적으로도 말이 된다. 술을 덜 마시고 싶다면 서구 지역보다는 금주의 나라, 사우디아라비아에서 사는 편이 더 낫

대형 담배 회사의 각본

여러 면에서 현재 대마초 회사들은 대형 담배 회사들이 예전에 만들어놓은 각본을 그대로 따르고 있다. 담배 회사들이 사용자를 중독시키기 위해 니코틴 함량이 더 높은 식물을 재배했던 것처럼, 대마초 회사들도 같은 방법으로 THC 함량을 늘렸다. 연기의 맛을 좋게 하려고 첨가물을 사용하는 기법도 대형 담배 회사에서 나왔으며, 기도를 확장해서 뇌가 중독성 물질을 더 빠르게 흡수하도록 돕는 화학물질을 첨가하는 아이디어도 마찬가지로 담배 회사에서 나왔다.

하지만 담배 산업과 대마초 산업 사이의 연결고리는 거기서 끝나지 않는다. 내부 문서에 따르면 담배 회사들은 1970년대부터 대마초 부분에서 사업의 기회를 엿보고 있었다고 한다. 현재 여러 담배 회사에서 이런 형태의 흡연을 통해서 이익을 얻기를 바라며 대마초 회사를 인수하거나 투자해왔다.[33] 이것은 새로운 전략이 아니라, 정부와 소비자가 담배 회사에 대한 감시를 시작한 이후 대형 담배 회사에서 반복적으로 사용해온 접근법이다. 정부 단속이 강화된 1980년대에는 다양한 담배 회사들이 식품 제조업체들을 사들이기 시작했다. 크래프트 푸드Kraft Foods는 제일 큰 담배 회사인 필립 모리스Philip Morris에 인수됐다. 그리고 오레오를 만드는 나비스코Nabisco도 필립 모리스에 매각되었다가 나중에 두 번째로 큰 담배 제조업체인 RJ 레이놀즈RJ Reynolds에 매각됐다. 이로서 한 영역에서 중독성 제품을 만들면서 얻은 전문지식을 다른 분야로도 이전할 수 있음이 밝혀졌다.

다. 그리고 정크푸드를 덜 먹고 싶다면 미국보다는 에티오피아에
서 사는 편이 더 성공적일 것이다.

11장
기쁨을 주는 식물에 중독되다

5000년 전 지금의 이라크 지역에 스스로를 '검은 머리 사람들'이라는 의미의 '사그-기가sag·giga'라 부르던 사람들이 살고 있었다. 하지만 이웃 지역에서는 그들을 수메르인이라 불렀고, 오늘날 우리도 그 이름을 사용한다. 수메르는 지구 최초의 진정한 문명이었다. 그들은 수천 명의 주민이 사는 여러 도시를 건설했고, 이 도시들에는 제사장 겸 왕이 통치하는 거대한 피라미드 모양의 신전들이 있었다. 이 도시들은 이전의 세계가 한 번도 경험한 적 없는 큰 규모였기에 이를 원활하게 운영하기 위해 수메르인들은 인류에게 세계 최초의 관료제라는 선물을 주었다.

관료제라고? 이것 때문에 그들을 너무 비난할 필요는 없다. 수메르인들은 이 실수를 만회하기 위해 세계 최초의 문자언어인 설형문자cuneiform도 선물했으니 말이다. 설형문자는 젖은 점토판에

새겨져 햇볕에 말려 굳혀 사용되었다. 그 뛰어난 내구성 덕분에 이 점토판들은 지금까지도 영구 보존 문서로 남아 있다. 예를 들어 《해파리의 시간은 거꾸로 간다》에는 《길가메시 서사시》에 대한 설명이 나온다. 한 왕이 백성들을 떠나 불멸을 찾아 나선 모험 이야기로, 문자로 남은 가장 오래된 문학 작품이다. 혹은 악명 높은 수메르 상인 에아-나시르Ea-nasir의 이야기를 들어봤을지도 모르겠다. 그는 부정직한 관행으로 사업을 벌이다가 세계 최초로 문서화된 고객 불만의 대상이 되었다.

이런 수천 개의 점토판 덕분에 언어학자들은 수메르어를 해독할 수 있었고, 덕분에 우리는 세계 최초의 문명에 대해 독특한 통찰을 얻을 수 있었다. 여기서 우리는 개인 간의 편지, 신에게 올리는 기도, 사업 계약서, 법률, 그리고 음식과 의학 처방전을 읽을 수 있다. 특히나 당신과 내가 관심을 가질 만한 것은 의학 점토판이다. 여기서 수메르인들이 훌 길hul gil이라 부르던 식물을 찾을 수 있기 때문이다. 훌 길을 말 그대로 번역하면 '기쁨을 주는 식물'이다. 영어에서는 이름을 지을 때 이렇게 직설적으로 짓지 않기 때문에 이 식물을 그냥 '아편 양귀비opium poppy'라고 부른다.

아편 양귀비는 키가 30~80센티미터 정도 되고, 크고 아름다운 꽃이 피는 식물이다. 하지만 사람이 아편 양귀비를 기르는 이유는 꽃이 예뻐서가 아니다. 양귀비 씨앗을 빵이나 페이스트리에 사용하기도 하지만, 식용을 목적으로 기르지도 않는다. 아편 양귀비를 기르는 주된 이유는 이름 그 자체에 들어 있다. 이 식물은 아편을 함유하고 있다. 아편은 씨방 속에 들어 있는 액체에서 나오는, 황홀감을 유발하는 물질이다. 이 액체를 뽑아서 강렬한 쾌감과 편안한 기분을 주고, 통증을 없애주는 끈적이는 검은 덩어리로 가공할 수 있다.[1,2]

아편이 이런 식으로 작용하는 이유는 대마초와 비슷한 메커니즘 때문이다. 이 식물에는 보상 체계의 뇌세포에 들어 있는 수용체를 활성화시키는 화합물이 포함되어 있다. 이 경우는 칸나비노이드 수용체 대신 오피오이드 수용체opioid receptor를 활성화시킨다. 다시 말하지만, 뇌가 아편(오피오이드)에 반응하도록 만들어졌기 때문에 이런 이름이 붙은 것이 아니다. 이 수용체가 존재하는 이유는 보상과 관련해서 뇌가 자연적으로 분비하는 특정 분자에 의해 활성화되기 때문이다. 이런 분자 중에는 엔케팔린enkephalin과 엔도르핀이 있다.

뇌가 자체적으로 분비하는 오피오이드 화학물질과 오피오이드 수용체가 자연적으로 결합하면 우리의 고통과 기분을 조절하는 데 도움을 준다. 따라서 아편을 이용해서 이런 화학물질을 인위적으로 활성화시키는 것이 우리 자신을 초자극하는 또 다른 방법이 된다.

강도를 낮추면 안전하다는 착각

아편 양귀비가 아편을 만드는 정확한 이유는 모른다. 이 성분은 식물에 반드시 필요하지도 않고, 식물에서 이 물질이 만들어지는 기간 역시 짧다. 어떤 사람은 아편이 양귀비를 곤충과 포식자로부터 보호해준다고 믿는다.[3] 하지만 이건 이상한 이야기다. 야생 양귀비는 아편을 만들지 않기 때문이다. 수상하게도 아편은 재배종에서만 만들어진다.

그렇다면 아편 양귀비는 영리한 기생생물일 수도 있다. 즉 자신의 이익을 위해 우리를 이용하는 생명체라는 것이다. 이 식물은 황홀감을 유발하는 물질을 생산함으로써 인간이 자신을 돌보고 번식을 거들게 만들 수 있다. 역사적으로 보면 아편 농부들은 거의 모두 자신의 작물에 중독되어 있었다. 이 식물이 주 수입원이라 경제적으로 중독됐다는 의미만은 아니다. 아편 농부들은 수확을 하다가 아편을 들이마시거나 피부를 통해 흡수함으로써 신체적으로도 중독되었다. 그들 중에는 아편 완제품 사용자도 있었을 것이다. 아편중독은 알코올중독 다음으로 흔한 중독이었기 때문이다.

고대 그리스와 로마에도 아편중독에 관한 이야기가 남아 있지만, 유럽은 아편중독이 알코올중독보다 더 만연했던 중동과 아시아만큼 심각하지는 않았다. 아편 사용자 중에는 요즘처럼 짜릿한 스릴을 추구하다 중독에 빠지는 사람도 있었다. 하지만 대부분의 역사에서 아편은 가장 잘 알려진 진통제이기 때문에 통증 조절을 위해 사용하다 중독에 빠지는 경우도 있었다. 그래서 과거에는 만성 통증 때문에 생겨난 비극적인 딜레마가 존재했다. 지옥 같은 고통에서 벗어나는 대신 중독이라는 지옥에 빠질 위험을 감수해야 했다. 의사, 연금술사 등은 수천 년 동안 진통 효과만 있고, 중독성은 없는 형태의 아편을 찾아 이 문제를 해결하려고 노력했다. 그리고 이 책에서 자주 보았듯이 이번에도 최초의 돌파구는 19세기 독일의 한 화학자로부터 나왔다. 프리드리히 제르튀르너Friedrich Sertürner는 아편에서 가장 중요한 활성 화합물을 분리하는 데 성공했다. 그는 이 새로운 화합물을 그리스 꿈의 신 모르페우스Morpheus의 이름을 따서 모르피움morphium이라 불렀다. 그리고 요즘에는 이것을 모르핀morphine이라 부른다.

제르튀르너는 모르핀은 농축되어 있어 아편보다 5~10배 강하기 때문에 중독성이 덜할 것이라는 가설을 세웠다. 이는 적은 양의 물질로도 비슷한 효과를 낼 수 있다는 뜻이었고, 제르튀르너는 이 덕분에 중독성이 약해지기를 바랐다.

자신의 이론을 검증하기 위해 제르튀르너는 모르피움을 직접 복용하기 시작했다. 그리고 짐작대로 이 실험의 결말은 그리 좋지 못했다. 이제는 강도가 증가하면 중독 위험도 증가한다는 것이 밝혀졌으며, 제르튀르너는 이것을 뼈아픈 경험을 통해 깨달았다. 그래서 그는 자신의 새로운 발견을 축하하던 입장을 바꾸어 이렇게 세상에 경고했다. "내가 모르피움이라고 명명한 이 새로운 물질의 끔찍한 효과에 내해 주의를 환기시켜 재앙을 막는 것이 나의 의무라고 생각한다."[4]

안타깝게도 세상은 그의 말에 귀를 기울이지 않았다. 그 후로 수십 년 동안 수많은 아편 사용자들이 더욱 수위가 높은 모르핀으로 갈아타면서 중독과 절망의 늪으로 더 깊이 빠져들었다. 하지만 머지않아 도움의 손길이 보이기 시작했다. 이번에는 알렉산 더 우드Alexander Wood라는 스코틀랜드인이었다. 우드는 요즘에 주사할 때 사용하는 피하주사 바늘의 발명을 도왔다. 약물을 혈류에 직접 투여할 수 있는 이 바늘 덕분에 의학에 혁명이 일어났다. 하지만 늘 그렇듯이 발명이 무조건 다 좋기만 하거나, 나쁘기만 하지는 않다. 우드는 자신의 바늘을 모르핀 중독 예방에 사용할 수 있으리라 믿었다. 그는 약물을 경구로 복용했을 때만 중독되며, 주사로 투여하면 중독은 생길 수 없다고 주장했다.[5]

그리하여 다시 한번 우드의 이론은 이론물리학자 닐스 보어Niels Bohr의 유명한 농담이 사실임을 보여주는 좋은 사례로 남게 됐다. "예측하기는 어렵다. 특히 미래에 대한 예측이라면 더더욱 그렇다." 사실 이 이론은 근본부터 매우 잘못되었기 때문에 엉터리 이론만 모아놓은 목록이 존재한다면 거기서 분명 1등을 차지했을 것이다. 약물을 혈류에 직접 주사하면 삼키거나 흡연했을 때보다 훨씬 빨리 뇌에 도달한다. 따라서 새로운 주사법은 문제를 치료하기는커녕 모르핀의 중독성을 높여 문제만 더 키웠다.

하지만 이런 실패에도 불구하고 희망은 사그라들지 않았다. 19세기말 독일의 제약회사 바이엘Bayer에서 모르핀과 초산vinegar acid으로 실험을 하던 중에 둘을 조합하면 새로운 관련 물질이 만들어진다는 것을 발견했다. 간단한 연구 후에 그들은 이 새로운 물질이 모르핀과는 화학구조가 달라서 중독성이 있을 리 없다고 결론내렸다. 사실 그들은 이 새로운 약물이 모르핀 중독의 치료제가 될 것이며, 기침부터 통증에 이르기까지 모든 치료에 사용할 수 있다고 믿었다.

새로운 약물에 대한 기대가 너무 커져서 제약 회사에서는 거기에 영광스러운 이름을 붙여주기로 결정했다. 그리고 결국 두 가지 선택지로 좁혀졌다. 독일어로 기적을 의미하는 'Wunder'에서 영감을 받은 이름과 독일어로 영웅적이라는 의미의 'heroisch'에서 영감을 받은 이름이었다. 결국 회사 측은 후자를 선택했고, 새로운 약물은 다음과 같이 명명됐다.[6]

바로 '헤로인heroin'이었다.

짐작했겠지만 이번에도 역시 일이 계획대로 풀리지 않았다. 헤로인은 모르핀보다 훨씬 신속하게 뇌에 도달하며, 두 배나 강력하다. 어떤 면에서 보면 헤로인으로 모르핀 중독을 치료할 수 있다는 바이엘의 주장이 틀린 말은 아니었다. 헤로인을 한번 접해본 모르핀 중독자는 당장 더 강력한 헤로인으로 갈아타고 시시한 모르핀 따위는 두 번 다시 거들떠보지도 않았으니까 말이다. 그래서 오래지 않아 중독 문제가 걷잡을 수 없는 수준으로 치달았고, 바이엘은 자발적으로 약물을 회수했다. 나중에 헤로인은 불법화되었고, 이 엄청난 실패 때문에 연구의 열기는 꺾이고 말았다.

한동안은 말이다.

알고도 벌어진 비극

일부 과학자들은 연구를 이어갔지만, 이즈음에는 헤로인, 모르핀, 아편 같은 약물이 중독성이 있어서 주의가 필요하다는 것이 집단의식 속에 확고히 자리 잡고 있었다. 그러다 1990년대에 미국 제약회사 퍼듀파마Purdue Pharma가 옥시콘틴OxyContin이라는 새로운 진통제를 출시했다. 옥시콘틴의 유효성분은 옥시코돈oxycodone이라고 하며, 모르핀이나 헤로인과 마찬가지로 아편 기반의 물질이다. 옥시코돈 자체는 새로운 것이 아니었다. 사실 1916년에 이미 발견되었다.

하지만 새로운 것이기도 했다. 퍼듀파마에서 이 물질에 중독되는 것을 불가능하게 만들 방법을 발견했기 때문이다. 회사에서 상표 등록한 콘틴-시스템Contin-system은 약물이 느리게 점진적으로 흡수될 수 있게 해주었다. 이 정도면 충분히 중독을 막을 수 있지 않을까? 틀렸다. 얼마 지나지 않아 환자들은 한 번에 전체 용량을 모두 뽑아내려고 알약을 씹어 먹기 시작했다. 어떤 환자는 알약을 물에 녹여 혈관에 주사했다.[7] 하지만 지시대로 복용했음에도 중독된 환자도 있었다.

퍼듀파마 입장에서는 옥시콘틴이 노다지 금광이나 마찬가지였고, 머지않아 다른 제약 회사도 여기에 편승했다. 그들도 자체적으로 아편 기반 진통제를 만들었고, 결과는 기존과 다르지 않았다. 아편 기반 약물이 예전처럼 유행병으로 번지기 시작했다. 이 유행병을 아편 사태Opium Crisis라 부른다. 특히나 미국이 큰 타격을 받아 50만 명 이상이 목숨을 잃었다.[8]

오타가 아니다. 50만 명이 맞다.

하지만 기존의 사례와 달리 이 사례의 결과는 무지 때문에, 혹은 근거 없는 희망적 사고 때문이 아니었다. 퍼듀파마는 처음부터 자사 제품이 남용될 수 있고, 또 남용되고 있음을 알고 있었다. 우리가 이 사실을 알 수 있었던 이유는 그들이 하도 소송을 많이 당하는 바람에 회사의 내부 이메일과 문서가 공개되었기 때문이다. 그 안에는 회사 소속 과학자들이 옥시콘틴이 중독성이 있을 수 있으며, 실험실에서 그 중독성이 실제로 입증되었다고 경고하는 서신도 포함되어 있었다.

하지만 회사는 마케팅에서 그 부분을 빼기로 했다.

초자극 산업에 끌린 사람들

퍼듀파마의 이야기는 초자극 산업에 어떤 유형의 사람들이 꼬이는지 보여주는 훌륭한 사례다.

이 회사는 미국의 새클러Sackler 가문이 소유했는데, 이들은 가족 구성원 중 한 명이 의사들 사이에 퍼져 있는 흔한 오해를 우연히 알게 된 후에 통증 관리 분야에 진출했다. 의학을 공부한 리처드 새클러Richard Sackler는 많은 의사가 옥시코돈이 모르핀보다 약하다고 잘못 생각하고 있는 것을 알게 됐다. 사실은 반대로 옥시코돈이 더 강하다. 그리고 새클러는 이런 오해가 퍼져 있는 이유도 알게 됐다. 미국의 많은 의사들은 모르핀을 생명이 위험한 수술이나 죽어가는 환자와 연관지어 생각했기 때문에 모르핀 처방에는 신중했지만, 옥시코돈에 대해서는 잘 몰랐기 때문이다.

내부 이메일에서 퍼듀 직원 한 명이 이렇게 적었다. "의사들의 이런 인식이 바뀌지 않게 주의해야 합니다."[9] 이런 오해가 계속된다면, 의사들을 설득해서 모르핀을 처방하라면 절대 하지 않았을 온갖 질병에 퍼듀파마의 약을 처방하게 만들 수 있기 때문이다.

모든 의약품과 마찬가지로 옥시콘틴도 당국의 승인을 받아야만 시장에 출시할 수 있는데, 보통 이 과정은 대단히 꼼꼼하게 길게 이어진다. 이 승인 과정을 감독한 의사 커티스 라이트Curtis Wright는 공교롭게도 승인이 이루어지고 불과 1년 만에 퍼듀파마에서 고액 연봉 자리를 얻었다(이후에 라이트는 이 과정에서 어떤 부정한 일도 없었다고 부인했다).[10]

승인이 떨어지자 퍼듀파마는 이 약물을 시장에 내놓을 준비를 마쳤다. 그들은 판매담당자를 대거 고용해서 판매 실적이 높으면 자동차와 해외여행 등으로 포상을 했다. 판매를 돕기 위해 회사에서는 의사를 대상으로 통증 관리 세미나를 수백 차례 주최했는데, 당연히 모든 비용은 회사 측에서 부담했다. 경영진이 내부 이메일에서 언급했듯이 이런 접근방식은 세미나를 주말에 개최했을 경우에 특히 효과가 컸다. 회사 내부 데이터에 따르면 세미나 이후에는 의사들이 이전보다 옥시콘틴을 두 배나 많이 처방하기 시작했다.[11] 심지어 퍼듀파마는 환자들에게 약물 샘플을 무료로 나누어주기 시작했다.[12] 이 방법은 고객을 중독에 빠뜨려 자기 물건을 더 많이 찾게 만드는 저급한 마약상들이 즐겨 사용하는 사업 모델이었다. 이렇게 공짜로 물건을 돌려도, 본전은 금세 뽑을 수 있었다.

물론 옥시콘틴 출시에 대해 비판이 없지는 않았다. 미국에서 피해가 제일 심했던 지역의 의사들이 옥시콘틴이 지역 공동체에 미친 해악을 깨닫기까지는 오랜 시간이 걸리지 않았다. 예전에는 본 적 없었던 규모로 중독과 범죄에 대한 보고가 물밀듯이 들어왔다. 그리고 머지않아 중독된 사람 중에서 사망자가 나오기 시작했다. 옥시코돈, 모르핀, 헤로인 같은 오피오이드 계열의 약물이 위험한 이유는 중독의 공포 때문만이 아니다. 오피오이드는 우리 몸에서 호흡 조절을 비롯한 다양한 기능을 담당하고 있어서 위험하다. 그래서 오피오이드를 과다복용할 경우 호흡이 멈출 수도 있다.

안타깝게도 옥시콘틴에 대해 우려를 제기한 의사들의 말에 대중은 그다지 귀를 기울이지 않았다. 퍼듀파마는 비판을 예상했고, 이 책의 다른 사례들처럼 담배 업계에서 힌트를 얻었다. 회사 측에서는 유력한 과학자들을 후원해 의사들이 제기한 우려에 대해 의심의 씨앗을 퍼뜨렸다. 그중에서도 가장 저명한 인물인 러셀 포트노이Russell Portenoy는 옥시콘틴에 대한 비판을 히스테리적이라 말하며 이것을 '오피오이드 공포증opiophobia'이라 불렀다. 또 다른 저명한 과학자 데이비드 해독스David Haddox는 더욱 창의적으로 나왔다. 그는 옥시콘틴 때문에 환자들이 중독 증상을 보인다는 사실은 인정했다. 하지만 사실은 정말로 중독이 아니라고 주장했다! 오히려 해독스는 이것을 가짜 중독pseudo-addiction이라 불렀다. 그는 이것이 중독으로 착각하기 쉬운 증후군이라 설명했다. 그가 핵심적인 차이를 설명한 바에 따르면, 가짜 중독은 오피오이드를 너무 소량으로 복용해서 생긴다. 즉, 이런 환자들은 옥시콘신을 끊을 필요가 없었다. 그냥 더 고용량으로 복용하기만 하면 한결 증상이 나아지면서 해결될 문제였다.

하지만 오피오이드 사태opioid crisis가 더 확산되면서 결국 오피오이드 옹호자들은 이런 주장들을 계속 이어갈 수 없게 됐다. 많은 사람이 자신이 했던 말을 철회했다. 예를 들어 포트노이는 나중에 자신이 했던 발언 중 일부는 데이터에 기반하지 않은 틀린 말이었음을 인정했다. 그는 나중에 회사에 불리한 증언을 하기도 했지만, 이미 벌어진 많은 피해를 되돌리기에는 너무 늦어버린 시간이었다.

펜타닐의 등장

옥시콘틴 및 다른 형태의 진통제와 함께 시작된 오피오이드 사태는 그 후로 더욱 악화되기만 했다. 멕시코 마약 카르텔들은 다른 이들이 자신의 영역에 들어와 이렇게 막대한 돈을 벌어들이고 있는 모습을 그냥 지켜만 볼 수는 없었다. 그래서 그들은 자신의 패에서 비장의 카드를 꺼내들었다. 바로 펜타닐fentanyl이라는 약물이었다. 펜타닐은 모르핀, 헤로인, 옥시코돈 같은 오피오이드이며, 의사들이 심한 통증을 관리하거나 마취할 때 사용한다. 펜타닐은 헤로인보다 25~50배나 강하기 때문에 수위 상승 사다리의 다음 단계로 볼 수 있다.

마약 카르텔들은 이미 옥시콘틴이나 다른 오피오이드에 중독되어 있는 사람들을 더욱 강력한 한 방으로 유혹하면 이득을 챙길 수 있다는 사실을 깨달았다. 하지만 그 약물을 투여하는 사람에게는 극도로 위험한 유혹이었다. 펜타닐은 너무 강력해서 2밀리그램만으로도 사람 한 명을 죽일 수 있다. 즉 펜타닐 1킬로그램이면 50만 명의 목숨을 앗아갈 수 있다는 의미다. 하지만 이렇게 강력한 약물조차도 수위 상승 사다리의 끝이 아니었다. 중독자 중 일부는 카르펜타닐carfentanil이라는 또 다른 합성 오피오이드synthetic opioid로 갈아탔다. 펜타닐보다도 100배 더 강한 약물로 원래 코끼리를 진정시키기 위해 개발되었다.

물질 사용 장애substance use disorder가 있는 사람들이 이것이 나락으로 직행하는 길임을 왜 보지 못하는지 이해하기 어려울 수도 있다. 하지만 오피오이드 중독은 떨쳐내기가 거의 불가능에 가깝다. 먼저 극단적인 금단증상이 발생한다. 약물을 끊으려고 하면 심하게 땀이 나기 시작하고, 근육통과 복부 경련을 겪으며 통제 불가능한 구토와 격렬한 설사를 경험한다. 실제로 금단증상이 치명적으로 작용할 수도 있다. 사람들이 다시 약물에 손을 대는 이유가 중독 때문만은 아니다. 무슨 짓을 해서라도 금단증상을 피해야 하기 때문이다.

안타깝게도 오피오이드에 대한 내성은 믿기 어려울 정도로 빨리 생긴다. 그래서 사람들은 금단증상을 피하기 위해 더 고용량, 혹은 더 강력한 약물을 투여해야 한다. 그 결과 과다복용의 위험에 처하게 되고, 앞서 언급했듯이 이 때문에 지금까지 이미 50만 명이 넘는 미국인이 생명을 잃었다.

책임을 피하기 위한 치밀한 각본

퍼듀파마의 이야기는 해피엔딩으로 끝나지 않았다. 회사 측은 수십억 달러의 벌금을 내는 합의에 도달했지만 새클러 가문은 여전히 억만장자로 남아 있고, 벌금을 납부하면서 그 합의의 일부로 향후 제기되는 민사소송에 대한 법적 면책권까지 확보했다.

그래도 이 이야기를 알아두면 도움이 된다. 중독성 제품을 파는 다른 산업계에 대해 지금까지 알아낸 것과 함께 생각하면, 강박과 중독을 통해 수익을 창출하는 회사들이 어떤 식으로 비판을 억누르는지 이해할 수 있기 때문이다.

그들의 각본은 항상 똑같다. 책임지지 않기 위해서 먼저 자사 제품이 어떤 식으로든 중독성이 있음을 단호히 부정하는 일부터 시작한다. 심지어 이미 수십만 명이 옥시콘틴에 중독되었을 때조차 퍼듀파마는 중독은 드문 현상이라 주장했다. 담배 업계가 흡연이 중독성이 없다고 주장하던 것과 판박이다. 그들은 담배는 알코올이나 약물처럼 취하지 않기 때문에 중독성이 있을 수 없다고 주장했다. 사람들은 담배를 피우고 나서도 하루의 일과를 계속 이어갈 수 있다고 말이다. 게다가 흡연자는 금연을 해도 알코올중독자나 헤로인중독자처럼 생명을 위협하는 금단증상을 겪지 않는다. 따라서 흡연이 중독성이 있을 리가 없다는 것이다.

이 책에서 언급한 여러 제품에 관해서 아직 우리는 이 '부정 단계denial phase'에 머물고 있다. 앞에서도 다루었듯이 우리는 지금 하루에 몇 시간씩 포르노를 시청하는 것을 중독으로 볼지, 강박행동으로 볼지를 두고 여전히 논쟁하고 있다. 그리고 식품 초자극에 관해서도 여전히 음식처럼 기본적인 것이 과연 중독성이 있을 수 있는지에 대해 논쟁을 벌이고 있다.

이런 단계에서는 논쟁이 문제의 실체를 파고들기보다는 '중독이 정확히 무엇을 의미하는가?' 같이 의미론을 둘러싼 말장난으로 끝나는 경우가 많다. 이런 말장난 때문에 한동안 논쟁이 엉뚱한 길로 샐 수 있지만, 오래 지속되는 경우는 드물다. 그 밑바탕이 되는 생물학에 대해 더 많은 것이 밝혀짐에 따라 문제를 부정하기가 점점 더 불가능해진다. 예를 들어 과학자들이 니코틴이 뇌에 미치는 영향에 대해 더 많은 것을 밝혀냄에 따라 담배 업계는 결국 항복을 선언하고 자사 제품이 중독성이 있음을 인정할 수밖에 없었다.

이 즈음이면 두 번째 단계인 '인정 단계admission phase'에 접어든다. 이제 회사는 일부 사람들에게서 물질 사용 장애가 생길 수 있음을 고백한다. 하지만 회사나 제품이 아니라, 장애가 생기는 사람들이 문제라 주장한다. 중독자들에게 스스로를 망친 책임이 있다고 말이다. 퍼듀파마의 리처드 새클러는 중독자들은 중독자가 되기를 원한다고 말하곤 했다. 사내 소통에서 퍼듀파마는 자사의 오피오이드를 홍보하기 위해 '효과적인 핵심 메시지' 목록을 작성했는데 거기에는 '중독이 아니라 남용이다', '개인이 책임질 문제다'라는 메시지도 포함되어 있었다.[13,14]

새클러 가문의 연장자 중 한 명인 아서 새클러Arthur Sackler는 1950년대에 발륨Valium이라는 진정제로 사람들을 중독시킨 혐의로 기소되었을 때도 비슷한 변호 논리를 펼쳤다(피는 못 속인다).
아서 새클러는 약물이나 그의 의심스러운 마케팅은 잘못이 아니
라고 주장했다. 물질 사용 장애를 겪는 사람들이 그 약을 알코올
이나 코카인과 섞어서 복용하는 실수를 저질렀다는 것이다. 코카
콜라 같은 식품 회사에서도 동일한 전략을 볼 수 있다. 코카콜라
는 글로벌 에너지 밸런스 네트워크Global Energy Balance Network라는 조
직을 후원했었다. 이 조직의 공식적인 목표는 비만 연구였지만,
이들의 연구는 항상 비만의 원인이 운동 부족이라는 결론으로 이
어졌다.[15] 사람들이 체중이 느는 이유는 코카콜라의 잘못이 아니
라는 것이다. 그냥 게을러서 몸을 움직이지 않아 체중이 증가한
다는 주장이었다. 오늘날 우리는 그와 정반대라는 것을 알고 있
다. 체중 문제에 관한 한 그 원인은 운동이 아니라 식단에 있다.

하지만 회사들이 소비자에게 수치심을 주는 전략으로 전환하
면 문제에 부딪힌다. 이 소비자들이 회사의 수익에서 가장 큰 부
분을 차지하기 때문이다. 술을 제일 많이 마시는 10퍼센트의 인
구가 전체 주류 소비량을 절반 넘게 차지한다.[16] 따라서 과음을 하
던 사람들이 모두 갑자기 술을 끊는다면 알코올 업계는 즉시 망
한다.

그와 같은 맥락에서 카지노에서 도박을 하는 사람 중 10퍼센트
가 카지노 수입의 80퍼센트를 차지한다.[17] 모바일 게임 앱의 경우
에도 10퍼센트의 고객이 회사 수익의 3분의 2를 창출한다.

퍼듀파마 자체도 바로 이런 문제를 경험했다. 대중의 압력이
너무 커지자, 퍼듀파마는 옥시코돈을 남용하기 더 어려운 새로

운 버전으로 만드는 데 동의했다. 별로 효과적인 방법은 아니었지만, 이 사소한 장애물 때문에 물질 사용 장애자들이 다른 대안을 찾자 결국 회사의 매출이 25퍼센트 넘게 급락했다. 이 중독자들이 사업에서 차지하는 비중이 워낙 크다 보니 이들을 쫓아내는 순간 수익에 상당한 타격을 받은 것이다.

12장
도파민의 진실

1950년대에 캐나다 뇌과학자 피터 밀너Peter Milner와 제임스 올즈
James Olds는 뇌의 보상 체계를 찾고 있었다. 두 사람은 그런 구조가
뇌 속 어딘가에 반드시 존재해야 한다는 것은 알고 있었다. 다만
어디에 있느냐가 문제였다.

해답을 찾기 위해 이 과학자들은 한 가지 실험을 설계했고, 이
실험은 그 후로 수천 편의 디스토피아 SF 소설에 영감을 불어넣
었다. 이들의 아이디어는 전기를 사용해서 실험용 쥐의 서로 다
른 뇌 부위를 활성화시켜 보상 체계의 위치를 찾아내는 것이었
다. 뇌 활동이란 곧 뇌 속의 전기신호이기 때문이다. 우리는 뇌세
포들 사이의 전기적 신호가 어떻게 무언가가 즐겁다는 느낌으로
전환되는지 모른다. 하지만 밀너와 올즈는 적절한 뇌세포를 전기
적으로 활성화할 수 있다면 동물을 기분 좋게 만들어서 그 부위

가 바로 그들이 찾던 지점임을 밝힐 수 있을 거라 추론했다.

이 실험 설정은 황홀감을 유발하는 약물을 복용하는 것보다도 훨씬 단순화된 방식으로 초자극을 만들어내는 방법이라 생각할 수 있다. 예를 들어 헤로인을 복용하면, 헤로인이 혈류에 주입된 후에 뇌까지 이동해야 한다. 그리고 이어서 뇌의 보상 체계에 있는 뇌세포의 수용체와 결합하면 그제야 전기신호가 시작된다. 하지만 전극을 뇌에 직접 삽입하면, 보상 체계의 뇌세포를 거의 즉시 활성화시킬 수 있기 때문에 그 작은 시간 지연조차 우회할 수 있다.

캐나다 연구자들은 다음과 같이 실험을 설계했다. 우선 쥐들의 여러 뇌 부위에 다양한 깊이로 전극을 이식했다. 그러고 나서 쥐들을 우리에 집어넣었다. 우리는 그 안에 있는 작은 페달을 누르면 쥐가 스스로 전극을 활성화시킬 수 있게 설계되어 있었다. 쥐들은 호기심을 타고 난 동물이기 때문에 새로운 우리 안에 집어넣으면 코를 킁킁거리고, 더듬으면서 즉시 환경을 탐색하기 시작한다. 그래서 올즈와 밀너가 설계한 실험에서는 결국 쥐들이 필연적으로 페달을 눌러 전극을 활성화시켰다. 대부분의 경우에는 페달을 눌러도 별 일이 일어나지 않았다. 몇몇 쥐들은 심지어 페달을 피하기 시작했는데, 이는 전극이 삽입된 뇌 부위를 활성화시키면 불쾌한 경험이 유발된다는 의미였다.

하지만 쥐 네 마리는 아주 다른 이야기를 펼쳤다. 이 쥐들은 전기자극을 경험한 이후로 사실상 다른 모든 활동을 전폐하고 미친 듯이 작은 페달을 누르고, 또 누르며 기분이 좋아지는 것을 느꼈

다. 과학자들이 드디어 보상 체계를 찾아낸 것이었다.[1]

1950년대 이후로 비슷한 실험이 셀 수 없이 반복되었고, 실험용 쥐가 자가 전기자극에 너무 빠져서 페달을 1초에 한 번 이상 누르는 경우도 드물지 않았다. 여기에 너무 중독되다 보니 쥐는 전기 자극에 접근하기 위해 고통까지도 기꺼이 감수했다. 예를 들어 발에 전기충격을 가하는 전기 격자 위에도 과감히 뛰어들었다. 또한 이 쥐들은 주변 모든 것에 흥미를 잃었다. 전형적인 현상이다. 배고픈 상황에서도 쥐들은 코앞에 놓인 음식을 무시하고 계속 자가 전기자극을 선택했다. 그래서 과학자들이 개입하지 않으면 먹이를 얼마든지 구할 수 있는 상황에서도 쥐들은 굶어 죽는다.[2]

자가 전기자극의 중독성이 그토록 강한 이유는 사실상 지연이 일어나지 않기 때문이다. 우리는 약물이 뇌에 빨리 도달할수록 중독성이 강하다는 사실을 알고 있다. 사람들이 소화관을 통과하는 시간 지연을 피하려고 혈관에 직접 약을 주입하는 이유도 이 때문이다. 하지만 주사바늘도 전기자극과는 경쟁할 수 없다. 여기서 일어나는 시간 지연이라고는 버튼을 누른 후에 전류가 전선을 통해 뇌의 보상 체계까지 전달되는 찰나의 순간밖에 없다.

신경과학자들은 페달을 누르는 것과 전기신호 사이에 인위적으로 시간 지연을 도입하는 방식으로 쥐의 자가 전기자극 실험을 변형해서 이 원리를 입증했다. 이렇게 하면 실험용 쥐들은 자가 전기자극에 덜 중독된다. 정확히 예상했던 결과다.[3]

쾌락처럼 보였던 중독의 실체

캐나다 실험이 있고 오래지 않아 뉴올리언스의 미국 과학자들이 사람을 대상으로 비슷한 실험을 시작했다.[4] 로버트 히스Robert Heath 가 이끄는 이 과학자들은 정신병원 환자를 대상으로 연구를 진행하고 있었다. 1950년대에는 과학 연구에 대해 요즘 같은 규칙이나 감시가 없었기 때문에 과학자들이 거의 자기 마음대로 연구를 진행할 수 있었다.

처음에는 뉴올리언스의 과학자들도 뇌에 이식한 전극을 환자들의 뇌 활동을 측정하는 데만 사용했다. 하지만 시간이 지나면서 그들은 쥐 실험과 비슷하게 환자의 뇌 여러 부위를 전기적으로 자극하기 시작했다. 전기자극을 이용해서 적응에 불리한 뇌 활동과 관련이 있다고 여겨졌던 우울증이나 조현병 같은 질병을 치료할 수 있을지도 모른다는 희망 때문이었다.

히스와 그의 동료들은 전기자극을 하면 어느 뇌 부위를 자극하느냐에 따라 환자가 공포에서 즐거움에 이르기까지 모든 것을 느끼게 만들 수 있다고 주장했다. 그들은 특히 한 환자를 대상으로는 극단적인 실험을 진행했다. 이 남성 환자의 이름을 알 수 없고 그냥 '환자 B-19'로 불렸다. 그는 스물네 살의 백인이었고, 폭력적인 아버지 밑에서 굴곡 있는 어린 시절을 보냈다. B-19는 자라면서 가까운 친구가 없었고, 전학을 아홉 번이나 했으며, 결국 고등학교를 중퇴했다. 그 후로 그는 암페타민amphetamine을 비롯한 약물에 중독되었고, 어느 날에는 대마초 소지로 체포되기도 했다. 이후 그는 정신과 치료 시설에서 살면서, 임상적 우울증과 간질 진단을 받기도 했다.

공교롭게도 B-19는 동성애자이기도 했다. 그리고 어떤 이유에서인지 의사들은 그의 동성애를 치료하기로 결정했다. B-19의 동의 아래 과학자들은 그의 뇌 여러 부위에 전극을 이식했다. 그가 이성애 성행위 영화를 보는 동안 전극을 활성화시켜 그 경험을 쾌감과 연관 짓도록 훈련시키자는 생각이었다. 의사들은 또한 B-19가 감시 하에 버튼 몇 개를 이용해 스스로 전극을 활성화할 수 있는 장치를 만들었다. 이 전극 중 하나는 뇌의 보상 체계 안에 있었고, 머지않아 B-19는 미친 듯이 해당 버튼을 누르기 시작했다. 히스는 환자가 세 시간의 세션 동안 이 버튼을 1000번 넘게 눌렀고, 과학자들이 이 장치를 가져가자 격렬하게 항의했는데 그게 먹히지 않으면 간절하게 애원하며 매달기도 했다고 묘사했다.

B-19의 운명이 어떻게 되었는지는 알 수 없지만, 그가 자가 전기자극을 사용한 마지막 인물은 아니었다. 특히 만성통증 환자들에게 자주 시도되었다. 자가 전기자극으로 통증 감각을 차단할 수 있다는 이론 때문이었다. 전기신호가 곧 뇌 활성이라면, 적절한 곳을 자극하면 환자에게 통증 완화 효과가 있을 것이라 생각했다. 뉴욕의 몇몇 의사들이 만성 요통을 앓고 있는 48세 여성의 치료에 자가 전기자극을 시도했다. 의사들은 진통제부터 수술까지 모든 것을 시도했지만 아무 소용이 없었다. 그래서 최후의 수단으로 여성의 뇌에 전극을 이식했고, B-19의 경우와 마찬가지로 허리가 아플 때마다 전극을 활성화할 수 있는 장치를 주었다.

그런데 수술 후에 그 여성은 전극 중 하나를 누를 때마다 성적으로 흥분된다고 말했다. B-19처럼 이 전극도 뇌의 보상 체계 안에 위치하고 있었다. 하지만 B-19와 달리 여성은 감시 하에서만 전극에 접근한 것은 아니었다. 연구진은 통증을 느낄 때마다 전극을 활성화할 수 있어야 한다는 생각으로, 여성이 장치를 집에 가져갈 수 있도록 허용했다. 결국 여성은 머지않아 치명적인 자가 전기자극 중독에 빠졌다. 그녀는 인생의 다른 모든 것을 포기하고 하루 종일 버튼만 눌렀다. 버튼을 누르는 일 말고는 아무런 활동도 하지 않았고, 가족과 개인의 위생마저 방치했다. 시간이 지나면서 버튼을 너무 많이 누르다보니 손가락이 짓물렀지만, 그녀를 막을 수는 없었다. 그녀는 심지어 장치를 분해해서 자극의 강도를 높이려고도 했다.[5]

　여기까지의 묘사를 들으면 이 여성이 천국 같은 쾌락의 열반 상태에 있었을 거라 생각하기 쉽다. 하지만 여성이 스스로 묘사한 내용을 보면 전혀 그렇지 않았다. 여성은 그 자극이 마음 깊은 곳에 묘한 불안감을 만들어냈다고 설명했다. 그리고 잦은 불안 발작을 경험하기 시작했고, 이인증depersonalisation(자신의 몸이나 정신으로부터 분리된 듯 느끼는 상태-옮긴이) 증상도 보이기 시작했다. 실험실에서 의사들은 여성이 자가 전기자극을 시작하자마자 혈중 스트레스 호르몬 수치가 급상승하는 것을 볼 수 있었다. 그리고 그녀는 가족에게 그 장치를 자기가 볼 수 없는 곳에 숨겨달라고 애원했다. 하지만 막상 가족들이 장치를 숨기면, 그녀는 장치를 다시 찾으려는 거부할 수 없는 충동에 사로잡혔다.

이 반응을 이해하려면 미국 심리학자 켄트 베리지Kent Berridge의 연구가 도움이 된다. 베리지는 욕망desire과 쾌락pleasure의 느낌이 사실 우리의 생각과 달리 서로 같지 않다고 설명했다. 사실 신경학적 관점에서 보면 이 둘은 서로 다르다. 베리지는 '원함wanting'과 '좋아함liking'은 같은 것이 아니라고 말한다.[6] 물론 이 두 가지는 서로 밀접하게 연관되어 있는 경우가 많다. 당신은 아이스크림을 원하고, 아이스크림을 먹으면 기분이 좋아진다. 하지만 사실은 이 둘이 서로 완전히 별개일 수도 있음이 밝혀졌다.

예를 들어 헤로인 남용 장애가 있는 사람은 처음 몇 번 약물을 투여할 때는 큰 쾌락을 경험한다. 하지만 모두 알다시피 뇌는 적응하기 마련이고, 사람이 약물을 계속 사용하면 거기서 오는 보상은 줄어든다. 그리고 결국에는 헤로인이 좋은 느낌을 전혀 주지 않을 수도 있다. 하지만 그렇다고 욕망이 사라지지도 않는다. 반대로 중독이 심해지면서 욕망은 더 커진다. 따라서 남용 장애가 있는 사람은 약물에 대해 절박한 욕망을 경험하면서도 쾌락이나 '좋아함'은 전혀 경험하지 못하는 상황에 놓인다.

앞서 언급한 전극 실험에 참가했던 인간과 동물도 모두 같은 상황에 놓인다. 그들의 뇌에서 자극을 받는 회로가 '좋아함'이 아닌 '원함'과 연관되어 있기 때문이다. 외부에서 보기에는 이 환자들과 실험용 쥐들이 자극을 즐기는 것처럼 보인다. 즐기니까 그렇게 계속 버튼을 누르고 있는 것이 아니겠는가? 하지만 그들이 경험하는 것은 쾌락과 거리가 멀다. 버튼을 누르고 싶은 압도적인 욕망을 느끼고 있을 뿐이다. 자가 전기자극을 하던 여성이 전극 버튼을 눌렀을 때 천국 같은 기분을 느끼는 것이 아니라 스트레스와 불안을 느꼈던 이유도 그 때문이다. 그녀는 성관계를 하고 싶은 충동을 느꼈지만, 그 자극이 결코 쾌락이나 오르가슴으로 이어지지는 않았다.

우리는 욕망을 쾌락으로 착각해왔다

'원함'과 '좋아함'의 차이를 이해하면 우리가 지금까지 이야기했던 초자극에 대해 몇 가지를 명확히 하는 데 도움이 될 것이다. 식품 초자극을 예로 들어보자. 우리는 패스트푸드, 슈퍼마켓 과자 등이 거부하기 어렵도록 설계되었다는 사실을 확인했다. 그렇다면 맥도날드 햄버거가 최고의 미각적 즐거움을 안겨준다는 의미인가라는 생각이 들 수도 있다. 분명 그건 아니다. 당신의 인생에서 가장 좋았던 음식은 아마도 가족이 운영하는 이탈리아 레스토랑에서 맛보았던 멋진 식사, 아니면 할머니가 만들어주시던 집밥이었을 것이다. 그렇다. 패스트푸드 같은 식품 초자극들은 '좋아함'에 최적화되지 않았다. '원함'에 맞춰져 있을 뿐이다. 즉 당신 안에서 만족이 아닌 욕망을 만들어내기 위해 만들어졌다. 성적 초자극과 약물 초자극도 마찬가지다. 포르노가 실제 성관계보다 더 즐겁거나, 소파에 혼자 앉아서 대마초를 피우는 것이 세상에 나가서 진짜 삶을 사는 것보다 더 좋은 일은 아니라는 의미다.

우리 대부분은 욕망과 쾌락이 같은 것이라 생각하는 데 익숙하다. 분명 이런 무지한 댓글들을 본 적이 있을 것이다. "남자한테 그렇게 학대를 받으면서도 계속 그 남자에게 돌아가는 것을 보면, 그 여자는 분명 매 맞는 게 좋은 거야." 혹은 "술 때문에 가족이 망가지고 있는데도 계속 술을 마시는 걸 보면, 분명 저 남자한테는 아이들의 행복보다 술이 더 중요한 거야."

욕망과 쾌락이 항상 일치한다면 맞는 말이었을 것이다. 하지만 그렇지 않다. 이런 불일치가 철학이나 경제학 같은 여러 과학 분야에서 말썽을 일으킨다. 이런 분야의 영향력 있는 이론들이 욕망과 쾌락을 동일하다고 가정하기 때문이다.

현시선호revealed preference 경제학 이론을 예로 들어보자. 이 이론은 우리의 행동과 말이 항상 일치하지 않는 이유를 설명하려 한다. 누군가가 동물 복지에 관심이 많다고 주장하면서도 여전히 공장식 닭장에 갇혀 사는 닭의 계란을 구입한다. 이 이론에 따르면 이 사람은 자신의 말이 공허한 것이었음을 '현시顯示', 즉 드러내 보였다. 그것이 빈말이 아니었다면 돈을 조금 더 지출하더라도 말과 행동을 일치시켰을 테니까 말이다.

이 이론은 일부 사례에서는 유효하지만, 우리가 이 책에서 다루고 있는 여러 영역에서는 무너져 내린다. 예를 들어보자. 과체중인 사람들은 자신이 선택하는 음식으로 건강보다 건강에 나쁜 음식을 더 가치 있게 여긴다는 사실을 드러내 보일까?

이것은 모든 성인 중 절반이 매년 체중 감량을 위해 노력한다는 사실과 상충한다. 또한 사람들이 체중 감량 프로그램과 다이어트 제품에 기꺼이 지불하는 액수만 생각해봐도 말이 되지 않는다.

사실 과체중인 사람은 둔감화(그리고 먹고 싶은 것을 먹는 데 따르는 수치심) 때문에 음식에서 얻는 쾌락이 다른 사람들보다 오히려 더 적을 가능성이 있다.

도파민은 쾌락이 아니라 욕망이다

'원함'은 당신이 아마도 들어봤을 뇌 분자와 연관되어 있다. 바로 도파민이다. 뇌세포 중 도파민을 분비하는 것은 일부에 불과하다. 총 860억 개의 뇌세포 중 몇백 개만이 여기에 해당한다. 그럼에도 불구하고 이 분자는 당신의 행동에 엄청나게 중요한 영향을 미친다.

　도파민을 생산하는 뇌세포들은 입 바로 뒤에 자리 잡은, 뇌 중앙의 몇몇 작은 영역에 존재한다. 우리 입장에서 가장 중요한 영역은 이름도 사랑스러운 배쪽뒤판영역ventral tegmental area(복측피개영역)이다. 여기서부터 도파민을 생산하는 뇌세포들이 다른 뇌 부위로 작은 돌기를 내보낸다. 그 핵심 표적 중 하나가 기댐핵nucleus accumbens(측좌핵)으로, 보상과 동기를 처리하는 중심 허브다. 다른 표적으로는 계획 수립, 문제 해결, 자제력 등을 담당하는 이마엽frontal lobe(전두엽), 그리고 특히 기억에서 중요한 역할을 담당하는 해마hippocampus 등이 있다. 이런 회로를 통틀어 뇌의 보상 체계reward system라 부른다.

　"소셜미디어는 싸구려 도파민이다"라거나 "초콜릿을 먹으면 도파민이 터진다"라는 등 도파민을 보상물질reward substance이라고 표현하는 소리를 아마도 들어보았을 것이다. 하지만 사실 도파민이 우리에게 쾌락의 느낌을 주는 주인공이 아니다. 그 느낌에 대해 고마워할 물질은 따로 있다. 바로 앞서 이미 살펴보았던 엔도칸나비노이드와 오피오이드다. 엔도칸나비노이드와 오피오이드를 분비하고, 거기에 반응하는 뇌세포는 도파민을 생산하는 뇌세포와 같은 영역에 자리 잡고 있고, 서로 관련도 깊다. 그래서 우리가 뇌의 보상 체계에 대해 계속 이야기할 수 있는 것이다. 다만 여기서 핵심은 도파민이 보상 그 자체가 아니라는 점이다.

연구자들이 동물의 뇌에서 도파민 양을 줄였던 실험에서 이 부분을 확인할 수 있다. 과학자들은 화학적 방법을 동원해서 도파민을 생산하는 뇌세포를 제거할 수 있는데 그 결과 도파민의 양이 자연적인 수준의 1퍼센트까지 감소한다. 이로 인해 생쥐는 식욕을 상실한다. 생쥐는 사실상 먹이를 구하려고 움직이지도 않는다. 여기서 개입하지 않으면 생쥐는 먹이를 쉽게 구할 수 있는 상황에서도 굶어죽을 것이다.[7] 하지만 여기서 중요한 점은 이런 현상이 생쥐가 먹이를 통해 쾌락을 느끼는 능력을 상실해서가 아니라는 것이다. 과학자가 설탕물을 생쥐의 입에 직접 주입하면 생쥐의 얼굴이 환해지면서 코를 핥기 시작한다. 이것은 설탕을 좋아한다는 신호다.[8] 다만 생쥐는 쾌락을 찾아낼 욕망과 능력을 잃어버렸을 뿐이다.

도파민이 고갈된 동물에게서는 전형적으로 이런 수동성이 관찰된다. 이들은 자발적으로 움직이려 하지 않고, 호기심, 그리고 환경을 탐험하고 싶은 욕망을 잃는다. 이런 생쥐를 새로운 우리에 집어넣어도, 생쥐들은 그대로 자리에 눌러앉아 당신만 바라볼 것이다

도파민 생산 세포가 자리 잡고 있는 뇌 부위가 지속적으로 손상된 사람에게서도 이런 현상을 관찰할 수 있다. 예를 들면 혈전이 혈관을 막아 이 영역의 뇌세포들이 죽은 경우다. 이런 환자는 무의지증abulia이라는 병이 생긴다. 말 그대로 '의지가 결여된 상태'를 의미한다. 이런 사람들은 활동을 거의 하지 않고, 하루 종일 누워 있으면서 질문에도 '네', '아니오' 등 단답형으로만 대답한다. 그리고 예전에 관심이 있었던 대상에 대해서도 흥미를 잃는다. 하지만 도파민 수치를 끌어올리는 약을 투여하면 활기를 띠면서 예전의 성격을 일부 회복한다.

파킨슨병도 또 하나의 사례다. 이 경우 뇌에 있는 도파민 생산 세포 중 일부가 죽는다. 이 세포들은 보상 체계의 일부가 아니지만, 그 근처에 있는 흑색질substantia nigra이라는 뇌 구조에 자리 잡고 있다. 흑색질은 말 그대로 '검은 물질'이라는 의미다. 이 뇌 영역에 신경멜라닌neuromelanin이라는 색소가 고농도로 들어 있어서 나머지 뇌 영역보다 어둡게 보인다고 해서 생긴 이름이다. 그리고 이 신경멜라닌은 도파민 생산의 부산물이다.

흑색질이 있어야만 우리는 운동을 활성화하고 제어할 수 있다. 그래서 이 뇌세포들이 죽기 시작하면, 환자는 손이 떨리고, 움직임이 느려지고, 근육이 뻣뻣해지고, 균형을 잡는 데도 문제가 생긴다. 이런 증상을 줄이려고 파킨슨병 환자들은 보통 뇌의 도파

민 수치를 높이는 약물을 처방받는다. 이렇게 하면 남아 있는 도파민 생산 세포들이 죽은 세포들의 몫까지 벌충하는 데 도움이 될 수 있다. 하지만 도파민이 이 흑색질에만 국한해서 증가하지는 않는다. 이 약을 투여하면 뇌 전체에서 도파민 수치가 올라간다. 보상 체계도 예외가 아니다. 그래서 용량이 너무 높거나, 환자가 유전적으로 취약한 경우에는 중독이나 강박 행동을 촉발할 수 있다.

어떤 사람은 걷잡을 수 없는 성욕에 휩싸여 대량으로 포르노를 시청하기 시작하고, 배우자나 성매매업소 종사자와의 성관계를 강박적으로 추구하거나, 성적 욕망의 변화를 경험한다.[9] 어떤 사람은 과식을 시작하거나, 과도한 쇼핑의 욕구가 생기거나, 갑자기 도박에 중독되기도 한다.[10]

행동의 문턱을 조절하는 도파민

우리 몸속 장기들 역시 복잡하지만, 장기들이 담당하는 역할을 이해하기는 상대적으로 쉽다. 얼핏 보아도 심장의 역할은 피를 온몸으로 펌프질하는 것이고, 콩팥의 역할은 피에서 노폐물과 여분의 수분을 걸러내는 것이다. 반면 뇌의 역할은 생물학적 슈퍼컴퓨터가 되는 것이다. 그 일을 어찌나 훌륭하게 잘 해냈는지, 어찌어찌 이제는 의식이라는 것을 얻어 자기 스스로에 대해 연구하기 시작했다.

그렇다 보니 신경과학이 의학에서 가장 복잡한 분야로 자리 잡은 것이 놀랍지 않다. 공학도들은 열역학 시험지 앞에서 눈물을 흘리겠지만, 의학과 생의학을 공부하는 학생들은 뭔 말인지도 모를 라틴어 단어들이 시험지를 절반 넘게 채우고 있는 시험지를 보며 눈물이 글썽인다. 그러니 뇌에 관한 내용은 두 번 정도는 읽어야 겨우 이해된다고 해도 서러워 말라. 당신만 그런 것이 아니다.

자, 지금까지 잠시 숨을 고르는 시간을 가졌다. 이제 도파민 시스템에 대해 조금 더 공부해보자. 제일 먼저 알아야 할 것은 도파민 생산 뉴런이 도파민을 두 가지 방식으로 분비한다는 사실이다.

첫 번째 방식은 지속적인 저수준 분비라고 설명할 수 있다. 이 경우는 도파민 생산 뇌세포들이 근처 뇌세포에게 소량의 도파민을 지속적으로 쏘아준다. 이 도파민 분비는 다양한 행동을 얼마나 쉽게 수행할 수 있는지 말해주는 기준선, 혹은 문턱을 설정한다. 즉 도파민이 많아질수록 행동의 수행을 가로막는 장벽이 낮아진다. 주어진 순간에 당신이 해야 하는 일이 무엇인지에 대해서 뇌의 다양한 부위가 지속적으로 제안하고 있다고 상상해보자. 한 부위에서는 이렇게 말한다. "초콜릿 좀 먹자." 또 한 부위는 이렇게 말한다. "낮잠 좀 자자." 세 번째 부위는 이렇게 말한다. "책 마감이 얼마 남지 않았어. 엉덩이 붙이고 앉아서 글이나 쓰는 게 좋겠어." 분명 이 모든 것을 동시에 할 수는 없으므로 당신 뇌 속에 있는 특별한 영역에서 이 서로 다른 선택지 중에 하나를 책임지고 골라야 한다. 이것을 담당하는 영역이 바닥핵basal ganglia(기저핵)이다. 비유하면, 바닥핵은 제안된 여러 가지 잠재적 행동 중에 어느 것이 근육에 접속해서 실제 현실에서 수행되도록 허용할지 결정하는 일종의 문지기라고 생각할 수 있다.

제안된 행동이 이 문지기에게 모두 똑같은 매력을 발산하지 않으며, 몸 상태에 따라 제안의 강도도 달라진다. 방금 식사를 마친 상황이면 초콜릿의 목소리는 아주 희미한 속삭임처럼 묻혀 버릴 것이다. 하지만 당장 배가 고파 죽을 지경이라면 초콜릿의 목소리는 비명을 지르는 듯한 고함소리로 들릴 것이다. 그럼 문지기가 그쪽의 제안을 근육에 접속시켜 초콜릿을 집어 들게 할 가능성이 높아진다.

하지만 앞에서 언급했듯이, 행동의 수행 여부를 결정할 때는 제안의 강도도 중요하지만, 그 제안을 통과시킬지 결정하는 문턱의 높이도 중요하다. 이 문턱의 높이를 도파민이 정한다. 뇌의 '도파민' 부위에 도파민이 많이 존재할수록 제안을 통과시키는 문턱이 낮아질 것이다.

도파민의 양이 증가했을 때 어떤 일이 일어나는지 보면 이 메커니즘을 쉽게 이해할 수 있다. 앞에서 살펴본 도파민이 부족한 쥐들은 극도로 수동적인 모습이었다. 이는 도파민 수치가 낮아지면서 행동의 문턱이 터무니없이 높아졌기 때문이다. 문지기 비유를 사용하면, 도파민 수치가 낮아지면서 문지기의 콧대가 하늘 높은 줄 모르고 높아진다. 그래서 생쥐의 뇌 중 일부가 "굶어 죽을 생각이 아니면 당장 먹어야 해!" 혹은 "좀 움직이라고, 젠장!"이라고 외쳐도, 문지기는 꿈쩍도 하지 않고, 생쥐는 결국 아무 행동도 하지 않게 된다.

자기 몸에 갇힌 사람들

1982년 캘리포니아에서 여섯 명이 똑같은 미스터리한 증상으로 고통받다가 발견됐다. 이들 모두 움직이지도, 말을 하지도 못했지만 그래도 살아 있었다. 언뜻 보기에 환자들은 서로 아무런 관련이 없어 보였고, 의사들은 새로운 질병이 퍼지고 있는 것은 아닌지 두려워했다. 하지만 나중에 이들이 모두 같은 마약상과 거래했다는 사실이 밝혀졌다.

마약상은 이들에게 헤로인과 유사한 MPPP를 팔았다. 그런데 나중에 그 약물을 생산한 화학자가 끔찍한 실수를 저지른 사실이 밝혀졌다. 그가 MPPP 대신 실수로 MPTP라고 하는 유사 화합물을 만들었던 것이다. 이 화합물은 도파민을 생산하는 뇌세포에 독성이 있다. 이들이 움직이지도, 말을 하지도 못했던 이유는 도파민 생산 뇌세포들이 모두 죽어버렸기 때문이었다. 그래서 이들은 행동 개시 능력을 완전히 잃어버렸다.

이들은 모두 스웨덴의 룬드대학교Lund University로 이송되어 실험적 치료를 받았지만, 불행히도 효과가 없었다. 지금까지도 우리는 그들을 도울 방법을 찾지 못했고, 결국 이 이야기는 아무도 회복하지 못하는 불행한 결말로 끝났다. 이들은 행동을 개시하는 능력을 상실한 채 자기 몸속에 갇혀 여생을 보냈다.[11]

코카인이나 암페타민을 복용한 사람에게서는 반대 현상이 일어난다. 두 약물 모두 일시적으로 뇌의 도파민 수치를 증가시켜서 행동이 일어날 수 있는 문턱을 낮춘다. 즉 문지기가 헤퍼져서 아무 제안이나 막 통과시키는 것이다. 코카인이나 암페타민을 한 사람이 억제력을 잃는 것도 이 때문이다. 그래서 그냥 생각이 떠오르는 대로 지껄이기 때문에 평소보다 말이 훨씬 많아지고, 과잉행동과 충동적인 행동을 보인다. 그리고 어떤 충동을 느끼느냐에 따라서는 폭력적인 행동도 나타난다.

예상보다 좋을 때, 뇌는 배운다

도파민을 생산하는 뇌세포가 도파민을 분비하는 두 번째 방식은 일과성 전달phasic transmission이다. 뇌세포들이 한 번에 많은 양의 도파민을 생산했다가 빠르게 다시 사라진다고 해서 이런 이름이 붙었다. 도파민이 정점을 찍었다가dopamine peak 다시 정상 수준으로 돌아가는 과정이라고 생각하면 된다. 이런 형태의 도파민 분비는 앞에서 말했던, 여러 가지 행동 중에서 하나를 선택하는 사례와는 아무런 관련이 없고, 새로운 행동의 학습과 관련이 있다. 이런 정점이 발생했다는 것은 당신이 방금 했던 행동이 좋았으니까, 나중에 비슷한 상황이 다시 찾아오면 그 행동을 반복해야 한다는 신호다.[12]

도파민 시스템의 이러한 측면은 가장 중요한 역할을 담당하는 어린 시기에 어떻게 작동하는지를 보면 이해할 수 있다. 당신이 지금 아기라고 상상해보자. 당신은 이유식 한 그릇과 아기용 숟가락을 손에 쥔 채 유아용 의자에 앉아 있다. 아직 팔을 제대로 조절할 수 없어서 마구 휘젓는 바람에 이유식이 대부분 사방으로 튀기만 한다. 하지만 어느 순간, 운 좋게 팔이 정확히 움직여서 표적인 당신의 입에 숟가락이 제대로 들어간다. 그리고 당신은 즉각적으로 맛난 이유식을 맛보게 되고, 혀에서 뇌로 신경 신호가 전달되어 보상 체계에서 도파민 정점이 발생한다.

다시 말하지만, 도파민 자체는 보상이 아니다. 보상은 다른 분자에서 나오며, 도파민은 무언가가 좋은지, 나쁜지 알려주지 않는다. 도파민 정점은 그보다는 예상expectation과 관련이 있다. 도파민 정점은 무언가가 예상보다 좋거나 나쁠 때 일어난다. 그리고 '입안에 들어온 이유식'은 '입안에 없는 이유식'보다 더 기분 좋게 느껴진다.

도파민 정점 현상은 보상 직전에 일어났던 뇌 활동이 미래에 반복될 가능성을 높여준다. 즉 음식을 입으로 가져가는 일에 능숙해지면서, 숟가락을 입에 넣는 데 도움을 주었던 뇌 속 연결이 강화된다는 의미다. 결국 나중에는 이런 행동을 아무 생각 없이 할 수 있게 된다. 그리고 그와 함께 도파민 정점은 더 이상 나타나지 않는다. 이유식은 여전히 맛있게 느껴지지만, 더 이상 예상치 못했던 보상이 아니다. 먼저 숟가락으로 이유식을 뜬 다음 입으로 가져가게 만드는 뇌 속 연결을 활성화시키면 보상이 찾아온다는 것을 학습했기 때문이다.

하지만 어느 날 이유식이 코코팝 시리얼로 바뀐다. 한 번도 맛본 적이 없는 음식이었지만, 이 시리얼이 이유식보다 보상이 더 크다. 그래서 코코팝이 혀에 닿는 순간 당신은 예상치 못했던 큰 보상을 느끼며 도파민이 분비된다. 이제 당신은 이미 알고 있는 교훈을 바탕으로 새로운 교훈을 배운다. 이유식보다 코코팝을 입에 넣는 것이 더 좋다는 교훈이다. 그래서 이후로 코코팝을 다시 마주치면 또 다른 보상을 얻기 위해 그것을 입에 넣을 가능성이 높아진다.

나중에 부모님이 당신을 속여 방울양배추를 접시에 담아줄 수도 있다. 이것은 쓴맛이 나는데, 쓴맛은 보통 다양한 독소와 연관이 있기 때문에 우리는 쓴맛을 좋아하지 않는 경향이 있다. 특히 어린 시절에는 더욱 그렇다. 당신은 억지로라도 꾸역꾸역 처음 맛보는 방울양배추를 씹어 삼키지만 예상보다 보상이 적다. 이 경우에는 도파민 정점이 발생하지 않는다. 대신 보상 체계 속 도파민 수치가 평소보다 아래로 떨어진다. 그럼 다음번에 방울양배추를 보았을 때 먹을 가능성이 낮아진다.

요약하면 뇌 속에서 일어나는 이런 도파민 수치 요동은 학습 과정의 일부로 나타난다. 무언가가 예상보다 좋게 느껴지면 같은 느낌을 다시 얻을 수 있도록 도파민은 그 행동을 반복하라고 뇌를 훈련시킨다. 이 시스템이 야생에서는 엄청 영리하게 작동해서 칼로리가 풍부한 음식을 찾고, 유전자를 전달하는 데 도움이 될 최고의 짝을 찾는 데 도움을 준다.

하지만 현대에 들어서는 이런 메커니즘이 원래의 궤도를 벗어나 우리가 정크푸드, 포르노, 담배 같은 공허한 보상을 추구하게 만든다. 이런 것들은 뇌의 보상 체계를 부자연스럽게 높은 수준으로 활성화시키도록 교묘하게 설계되어 있기 때문이다.

욕망은 보상보다 먼저 온다

도파민이 당신에게 특정 행동을 보상과 연관시키는 법을 가르치다보면, 도파민이 학습과 관련이 있음을 뒷받침해주는 무언가 흥미로운 일이 일어난다. 당신이 잠재적 보상을 접했을 때 도파민 정점이 점점 앞당겨서 일어나는 것이다. 코코팝을 예로 들어보자. 코코팝을 처음 접했을 때는 코코팝을 맛보았을 때 도파민 정점이 일어난다. 하지만 나중에는 이런 일이 더 앞당겨서 일어난다. 처음에는 숟가락으로 시리얼을 뜨는 시점으로 앞당겨졌다가, 다음에는 부모님이 코코팝을 그릇에 부어주는 것을 보는 순간, 혹은 코코팝 상자가 들어 있는 찬장을 여는 순간으로 더 앞당겨진다. 이런 현상이 일어나는 이유는 뇌가 학습을 할 때 보상이 일어나는 시점에서 출발해서 그 보상을 가져다주는 이전 단계들을 하나씩 되짚어 올라가며 학습하기 때문이다.

맨 처음에는 코코팝을 입에 넣었을 때 기분이 좋아진다는 것을 학습한다. 하지만 그 부분에 대한 학습이 완료되자마자 뇌는 숟가락을 조작하는 행동보다 앞서서 일어나는 단계가 무엇인지 학습하기 시작한다. 아니면 애초에 코코팝이 나오게 만드는 것이 무엇인지 배우기 시작한다. 그래서 부모님에게 코코팝을 달라고 졸라서 받거나, 찬장에 있는 코코팝 상자를 발견해서 직접 그릇에 따르면서 도파민 정점을 얻는다. 양쪽 경우 모두 코코팝이 혀에 닿기 전에는 아직 보상이 일어나지 않는다. 하지만 보상이 다가오고 있음을 확신하는 순간 도파민 정점이 일어난다. 이런 식으로 뇌는 보상 그 자체로부터 뒤로 되짚어 올라가며 보상을 획득하는 데 필요한 행동 경로를 구축한다. 하지만 이는 동시에 이런 도입 단계가 그 행동 순서를 계속하려는 욕망을 만들어내는 과정의 일부라는 뜻이기도 하다. 그래서 상자를 보자마자, 심지어는 찬장 앞을 지나가다가도 코코팝에 대한 욕망이 일어날 수 있다.

이런 메커니즘이 바로 욕망과 쾌락이 동일하지 않은 이유 중 하나다. 욕망은 보상의 조짐이 처음 보이는 순간에 발생하기 때문이다. 심지어 당신과 그 보상 사이에 무언가 불쾌한 것이 끼어 있음을 아는 경우에도 욕망이 발생할 수 있다. 거친 연기를 폐로 빨아들여야 한다거나, 바늘로 팔을 찔러야 한다거나 하는 등의 불쾌한 일 말이다. 쥐의 경우 전기 막대를 만져서 충격을 받은 이후에 즉시 보상 체계를 전기적으로 자극해주기만 하면, 전기 막대를 만져 충격을 받아도 욕망이 활성화된다. 쥐가 보상에 앞서 전기충격이 선행한다는 것을 학습하고, 불쾌한 자극임에도 불구하고 전기충격을 욕망하기 시작하는 것이다. 그 뒤에 보상이 뒤따를 것을 알기 때문이다.

통제는 의지가 아니라 환경에서 시작된다

도파민이 학습에서 맡는 역할 때문에 물질 사용 장애가 있는 사람들은 단순히 약물 그 자체에만 시달리는 것이 아니라, 중독과 관련해서 무의식적으로 만들어진 다양한 연상association에도 시달리게 된다. 이들은 주사 바늘을 보거나, 특정한 환경에만 들어가도 강렬한 '원함'이 촉발될 수 있다. 이런 단서들이 보상으로 이어지는 연쇄 행동의 도입 단계에 해당한다는 것을 뇌가 이미 학습했기 때문이다.

코카인을 끊고 싶은 사람이 아예 파티에 참석조차 하면 안 되는 이유도 이 때문이다. 일상에서는 어찌어찌 욕망을 통제할 수 있다고 해도, 뇌는 이미 '알코올'과 '시끄러운 음악'이 코카인보다 선행한다는 사실을 학습한 상태다. 그래서 예전처럼 다시 파티에 가면 이것이 코카인에 대한 욕망을 촉발시키고, 이런 욕망을 참기는 거의 불가능하다. 이런 현상을 사교적인 목적으로 가끔 담배를 태우는 사회적 흡연자social smoker에게서도 볼 수 있다. 이런 사람들은 일상에서 담배를 참는 데는 문제가 없다. 하지만 술을 마시기 시작하는 순간, 흡연의 욕망이 되살아나고, 머지않아 당신의 손에는 담배가 들려 있게 된다. 이번에도 역시 뇌가 알코올을 흡연에서 오는 보상과 연관 짓는 법을 배웠기 때문이다. 그래서 술을 마실 때마다 흡연 욕구가 되살아난다.

이런 현상의 극단적인 버전이 전쟁에서 돌아온 군인에게서도 관찰된다. 미 육군에서 베트남전쟁 동안 설문조사를 해보았더니,

전체 병사 중 43퍼센트가 파병 중에 헤로인을 사용한 적이 있었고, 그중 절반은 중독에 빠졌다고 인정했다.

하지만 이들이 귀국했을 때 사람들이 걱정했던 전국적인 헤로인중독 사태는 일어나지 않았다. 한 추적조사에서는 군인 중 오직 1퍼센트만이 중독 상태로 남아 있었다.[13] 제2차 세계대전에서도 이와 동일한 현상이 관찰됐다. 이 경우 연합국과 추축국(일본, 독일, 이탈리아가 맺은 삼국 동맹을 지지하며 미국, 영국, 프랑스 등의 연합국과 대립한 여러 나라-옮긴이) 모두 병사들의 강인함, 공격성, 집중력을 끌어올리기 위해 대량의 암페타민amphetamine을 지급했다. 예를 들어 독일군은 1940년 4월에서 6월 사이에 병사들에게 무려 3500만 정의 메타암페타민methamphetamine 알약을 보급했다. 하지만 이 경우도 전쟁 후에 별다른 중독 사태는 벌어지지 않았다.

믿기 어려울 것이다. 다른 상황에서 많은 사람들이 중독성 물질을 접했을 때 어떤 일이 일어났는지 앞에서 보았으니 말이다. 헤로인보다 약한 옥시콘틴의 경우 수백만 명이 연루된 건강 위기가 생겼다. 그런데 어떻게 군인들만은 중독을 피할 수 있었을까?

한 가지 가능성은 군인들이 전쟁 중 겪는 심리적 고통을 덜 목적으로만 약물을 사용했다는 것이다. 전쟁이 끝나자 이들은 이런 화학물질에 더 이상 기댈 필요가 없어져 약물 없이도 생활을 이어갈 수 있었다. 하지만 실제로는 수많은 병사가 전쟁터에서 돌아온 뒤에도 여전히 정신 건강 문제를 겪는다. 더군다나 물질 사용 장애가 꼭 힘든 상황에서만 생기는 문제도 아니다. 행복하게 잘 사는 사람들에게도 얼마든지 발생할 수 있다.

　더 설득력 있는 설명은 우리가 앞에서 배운 연상에서 찾을 수 있다. 전쟁이 끝난 후에 군인들은 수천 킬로미터 떨어진 고향으로 돌아와 완전히 다른 환경에서 살아가게 됐다. 그 결과 사회적 관계망도, 일상도 한꺼번에 바뀌었다. 그 결과 군인들이 약물과 연관지어 학습했던 단서들, 즉 '방아쇠'가 사라졌다. 두 번 다시는 파티에 가지 않아 담배 생각이 나지 않게 된 사회적 흡연자와 비슷한 이치다.

　물론 프링글스 과자 같은 간식 하나 끊어보겠다고 친구들과 연을 끊고, 직장도 바꾸고, 다른 나라로 떠나야한다는 건 현실성 없는 이야기다. 하지만 그보다 덜 극단적인 방법으로 그럭저럭 효과를 볼 수는 있다. 베트남전쟁과 제2차 세계대전 파병 군인들의 이야기는 나쁜 습관을 통제하기 위한 첫 단계는 촉발 요인을 최대한 많이 없애는 것임을 보여준다. 내가 앞에서 과식하는 문제를 겪는 사람이라면 건강에 좋지 않은 음식을 주변에 두지 않는 것이 중요하다고 강조한 이유도 이 때문이다. 사탕이나 과자 봉지 하나만 보여도 방아쇠가 당겨지기 때문이다. 애초에 이런 요인을 피할 수 있다면 싸움이 훨씬 수월해진다.

　촉발 요인을 피하는 것에 더해서, 뇌를 새로 훈련시켜 중독과 싸우는 방법을 상상해볼 수도 있다. 어떤 단서를 보상의 예고로 받아들이지 않도록 새로 학습시키는 방식이다. 다만 훨씬 더 어렵고, 구체적인 방법도 아직은 잘 알지 못한다. 하지만 알코올 사용 장애를 가진 사람들의 사례를 통해 이 방식이 효과가 있다는 것은 알 수 있다.

알코올은 보상 체계에서 오피오이드가 분비되게 만드는 등 다양한 방식으로 뇌에 영향을 미친다. 그래서 날트렉손naltrexone 같은 약품을 사용해서 오피오이드 수용체를 차단하면 중독의 '탈학습'을 도울 수 있다. 날트렉손이 오피오이드 수용체를 차단하면 알코올은 뇌에서 더 이상 보상을 일으키지 못한다.[14] 사용자가 아침에 날트렉손을 복용했는데, 어쩌다 나중에 유혹을 이기지 못해 술을 마시더라도 지루한 경험으로 끝나고 만다. 기대했던 보상이 일어나지 않기 때문이다. 그리고 이런 경험이 도파민 수치를 낮추어 뇌가 '알코올은 더 이상 굳이 공을 들여가며 추구할 만한 보상이 아니다'라고 학습하게 만든다.

어쩌면 다른 형태의 중독을 관리하는 데도 비슷한 방법을 사용할 수 있을지도 모른다. 당신의 코코팝이 갑자기 방울양배추처럼 느껴지기 시작한다면 머지않아 코코팝에 대한 욕망이 줄어들 것이다. 하지만 뇌를 속이기가 쉽지 않다는 것이 문제다. 간식의 맛을 떨어뜨리는 방법을 찾을 수도 있겠지만, 맛이 없어진 이유를 뇌가 이미 알고 있는 상황이라면 그 방법은 효과가 떨어질 가능성이 높다. 하지만 이 분야에서 활발한 연구가 진행 중이기 때문에 언젠가는 스스로 훈련을 통해 중독에서 벗어날 방법을 찾게 될지도 모른다.

분자의 별명 

우리는 몸속의 여러 호르몬과 분자에 별명을 붙여주는 습관이 있다. 예를 들어 이 책에서 우리는 도파민이 '행복 분자'보다는 '학습 분자'에 더 가깝다는 것을 확인했다. 하지만 생물학이 늘 그렇게 칸칸이 쉽게 분류되지는 않는다.

도파민만 해도 우리가 앞서 이야기한 역할 외로 다양한 기능이 있다. 뇌 밖에서는 콩팥에서 소변 생성을 조절하기도 하고, 면역세포를 활성화시킬 수도 있고, 눈의 발달에도 관여한다.[15,16,17] 마찬가지로 우리에게 쾌락을 주는 물질로 배운 오피오이드가 호흡 조절에도 사용된다. 우리가 아직 만나보지 못한 세 번째 사례는 '사랑의 호르몬' 옥시토신oxytocin이다. 이 호르몬은 다른 사람에게 느끼는 애착의 감정에 관여하지만, 자궁 근육을 수축시키는 역할도 하기 때문에 유도 분만에서 주사제로 사용한다.

만약 우리 몸을 인간이 직접 설계했다면, 기능마다 분자 하나씩 사용하도록 깔끔하게 설계했을 것이다. 하지만 생물학적 장기들은 스파게티 면발처럼 복잡하게 얽혀 있는 기계라 모든 것이 정말 기묘하다 싶을 정도로 다양하게 재활용된다. 복잡한 생물학적 현상에 대한 글을 읽을 때는 이런 점을 염두에 두기 바란다. 단순히 무슨 분자인지보다는 그것이 어디서, 얼마나, 어떤 맥락에서 작용하는지가 중요하다.

3부
스크린 중독을 통제할 수 있다는 착각

13장
가상의 친구, 현실의 친구

생각해보면 사람은 참 이상한 동물이다. 대부분의 동물은 네 발과 털, 꼬리가 있다. 하지만 우리는 두 다리로 걷고, 꼬리가 없고, 전략적으로 중요한 몇몇 부위만 털로 덮여 있다.

또한 우리는 돌출 턱(여기서 말하는 '돌출 턱'은 양쪽 아래턱뼈가 중앙에서 만나 앞으로 튀어나와 있는 부분을 의미한다. 다른 영장류도 아래턱은 있지만, 턱 끝이 뒤로 경사져 있거나 평평하다-옮긴이)이 있는 유일한 동물이고, 몸 전체에서 땀을 흘리는 몇 안 되는 동물 중 하나고, 다른 포유류의 젖을 먹고, 불을 이용해 음식을 익혀 먹는 등 점잖게 말하면 식습관이 참 독특하다.

그럼에도 인간의 가장 놀랍고도 독특한 특성이 뇌, 그리고 거기서 나오는 지능이라는 사실은 부정할 수 없다. 사실 인간의 뇌는 우주 전체에서 가장 복잡한 구조물이라는 주장도 가능하다.

이 책은 우리 뇌의 약점들에 대해 다루고 있지만, 그런 약점에도 불구하고 인간의 창의력에는 놀라지 않을 수 없다. 나는 지금 대서양 한복판 10킬로미터 상공에서 수백만 년 된 플랑크톤을 태워 하늘에 떠 있는 날개 달린 거대한 금속 튜브 안에서 이 장을 쓰고 있다. 그리고 내가 사용하고 있는 도구는 모래와 전기를 이용해 수학 연산을 수행하는 기계다. 반면 침팬지의 가장 큰 성취는 막대기에 침을 발라 곤충을 묻혀 꺼내 먹는 수준이다.

물론 한 개인의 지능이 아무리 뛰어나다 해도, 혼자 비행기나 컴퓨터를 만들 수 있는 사람은 없다. 인류의 위대한 힘은 단순히 지능만이 아니라, 지능을 강력한 사회적 본능과 결합하는 데서 나온다. 이 두 가지의 조합 덕분에 우리는 위대한 아이디어를 탄생시키고 세상에 대해 학습할 수 있을 뿐 아니라, 함께 협력해 새로운 것을 발견하고, 서로의 지식을 바탕으로 더 큰 지식을 발전시켜 나갈 수 있다. 어쨌든 우리의 사회성 역시 인간과 다른 대부분의 동물을 구분하는 또 하나의 특성이다. 많은 동물은 그냥 혼자 살면서 짝짓기를 할 때나 싸울 때만 동종의 구성원과 만난다. 서로의 존재를 용인하는 동물이라 하더라도 보통은 작은 무리를 이루어 살아간다.

당신이나 나도 가족이나 친구 집단 같은 작은 '무리'의 구성원이다. 하지만 우리는 국가, 그리고 더 나아가 점점 확대되고 있는 글로벌 사회 전체 같은 거대한 무리에도 참여하고 있다. 이것이 가능한 이유는 우리가 단순히 서로의 존재를 용인하는 수준을 넘어섰기 때문이다. 우리는 그 수준을 넘어 다른 사람들과 함께 하

며, 공감과 인정을 받고자 하는 본능적 욕구가 있다. 하지만 지금
쯤이면 당신도 짐작하겠지만, 이는 이런 욕구에 대해서도 초자극
을 만들어낼 수 있다는 의미다. 사실 우리의 사회적 본능이야말
로 모든 본능 중에서 가장 악용되고 있는 본능이라 말할 수 있다.

수면 시간까지 노리는 사회적 초자극

우리의 강력한 사회적 본능을 제일 쉽게 목격할 수 있는 장소는
우리가 좋아하는 픽션 속에 있다. 가족이나 친구 집단이 일상을
살아가며 함께 경험을 나누는 이야기로 요약할 수 있는 TV 시리
즈가 얼마나 많은지 생각해보라.

　이런 시리즈물은 세상 끝으로 떠나는 장대한 여행이나, 마법의
세계에 관한 서사시가 아니라 평범하다고 여겨지는 사람들이 일상
을 보내며 즐거움을 찾는 모습을 그린 것들이다. 예를 들자면 〈사
인필드Seinfeld〉, 〈프렌즈Friends〉, 〈내가 그녀를 만났을 때How I Met Your
Mother〉, 〈더 오피스The Office〉, 〈모던 패밀리Modern Family〉, 〈빅뱅이론
The Big Bang Theory〉, 〈뉴 걸New Girl〉, 〈킹 오브 퀸스The King of Queens〉 등 수
많은 작품이 있다.

　물론 이런 시리즈물은 평범한 삶을 다룬다고는 하지만 현실적
이지는 않다. 등장인물들은 일반인을 대표하는 인물이라고 소개
되지만 큰 저택이나 아파트에 살고, 매력적이고 재미있으며, 자
유시간도 거의 무한하고, 현실의 보통 사람보다 훨씬 다양한 일

을 경험한다. 동시에 TV 시리즈물은 교통수단을 타고 이동하는 시간이나 기다리는 시간, 아무런 일도 일어나지 않는 밤 시간, 반복적인 과제나 지루한 업무 같은 일상의 평범한 측면은 모두 잘라 버린다. 본질적으로 TV 시리즈물은 현실의 과장된 버전이라할 수 있다. 딸기 맛 사탕이 진짜 딸기의 맛을 과장한 버전인 것처럼 말이다.

지금까지 우리가 살펴본 다른 초자극들을 통해 이러한 '사회적' 혹은 '경험적' 초자극을 만드는 데 사용된 많은 방법이 이미 익숙하게 느껴질 것이다. 그 핵심을 들여다보면 기업이 사용자(이 경우에는 시청자)를 대상으로 실험을 해 그들을 가장 효율적으로 사로잡는 방법을 배운다는 사실은 여전하다. 역사적으로 TV 시리즈물은 에피소드를 시청하고 피드백을 제공하는 포커스 그룹 focus group을 이용하는 수동적인 방법에 의존해야 했다. 이런 방법은 오늘날에도 여전히 이루어지고 있지만 디지털 세상이 찾아왔기 때문에 지금은 훨씬 효율적인 방법도 이용할 수 있다.

넷플릭스는 A/B 테스트A/B testing라는 방법을 광범위하게 활용하는 것으로 유명하다.[1] 이것은 디지털 제품을 최적화하는 방법으로, 사용자들을 집단별로 나누어 기능, 디자인, 콘텐츠를 서로 다르게 변형해 보여주면서 어떤 것이 제일 잘 작동하는지 알아보는 방법이다. 예를 들어 웹사이트에서 일부 사용자에게는 초록색 버튼을, 또 일부에게는 빨간 버튼을 보여주고 전환율conversion(마케팅이나 웹사이트에서 구매로 이어지는 비율-옮긴이)을 추적해 어떤 색깔의 '구매' 버튼이 가장 많은 판매로 이어지는지 테스트할 수 있다.

물론 넷플릭스 같은 회사의 A/B 테스트가 버튼의 색깔이나 두 가지 서로 다른 선택지 같은 단순한 질문에만 한정해 사용되지는 않는다. 이것은 대규모로 사용되며, 사용자의 참여를 최적화하기 위해 플랫폼의 거의 모든 측면에 적용될 수 있다. 이것이 '자동재생' 기능, '오프닝 건너뛰기' 기능, 그리고 사이트 내 모든 디자인 선택의 기반이 되는 방법이다. 더욱이 A/B 테스트는 개별 사용자의 지속적인 시청을 유도하기 위해 사이트를 개인 맞춤형으로 디자인하는 데도 사용된다. 넷플릭스는 동일한 프로그램에 대해서도 각각의 시청자에 맞추어 여러 버전의 썸네일을 테스트할 수도 있다. 액션 영화를 많이 시청하는 사람에게는 폭발 장면의 이미지를 보여주고, 시청 기록상 드라마에 관심이 있어 보이는 사람에게는 주인공들 간의 따뜻한 순간을 보여주는 식이다.

사실 넷플릭스만 이런 유형의 최적화를 진행하지는 않는다. 온라인에서는 당연하게 이루어지는 관행이다. 사실상 당신이 이용하는 모든 주요 웹사이트에서는 재이용률을 높이기 위해 당신을 대상으로 실시간 실험을 진행하고 있다(포르노 사이트도).

일부 콘텐츠 제작사는 콘텐츠 제작 과정 자체에도 실험을 활용한다. 좋은 예로는 〈코코멜론CoComelon〉 같은 어린이 대상 유튜브 프랜차이즈(유튜브에서 시작해 다양한 시리즈와 상품으로 확장된 브랜드형 콘텐츠-옮긴이)로 엄청난 인기를 끌고 있는 영국 기업 문벅 엔터테인먼트Moonbug Entertainment가 있다. 《뉴욕타임스》 보도에 따르면 〈코코멜론〉은 다음과 같은 단계를 이용해서 최대한의 참여를 이끌어낼 수 있게 최적화된다. 어린 아이들을 화면 앞에 앉혀 놓고 시연용 만화의 초기 버전을 보여준다. 그리고 이 화면 뒤에는 회사 측에서 디스트랙타트론Distractatron이라 부르는 훨씬 큰 화면이 자리 잡고 있다. 이 화면에서는 커피숍이나 미용실 장면 같은 다양한 일상 활동들이 연속 재생된다. 그리고 만화를 시청하는 아동들을 모니터링하면서 아이가 만화에서 시선을 돌릴 때마다 기록한다. 여러 아이를 대상으로 이런 종류의 실험을 진행한 후에 회사에서는 만화에서 아이들의 참여율이 가장 떨어지는 부분이 어딘지 확인한 다음, 아이들이 만화 상영 시간 전체에 걸쳐 집중력을 유지할 수 있을 때까지 계속 수정한다.[2] 이런 만화를 시청하는 아이를 본 적이 있다면 그 실험이 얼마나 효과적인지 느낄 수 있을 것이다. 아이들은 거의 좀비처럼 영상에 집중한다.

몇 시간이고 연이어 넷플릭스를 시청하는 성인에 대해서도 똑같은 말을 할 수 있다. 넷플릭스는 어찌나 성공적이었는지 현재 전 세계 인터넷 트래픽의 15퍼센트를 차지한다.[3] 넷플릭스는 자신들이 대중을 사로잡았다는 사실을 알고 있다. 지금은 유명해진 발언으로, 넷플릭스 창업자 리드 헤이스팅스Reed Hastings는 투자자 회의에서 다른 스트리밍 서비스들과의 경쟁에 대해 우려하느냐는 질문을 받고 이렇게 대답했다. "넷플릭스의 프로그램에 중독되면 밤늦은 시간까지 잠을 아껴가며 시청합니다. 결국 우리의 진짜 경쟁 상태는 다른 스트리밍 서비스가 아니라 사람들의 수면 시간입니다. 사람들의 수면 시간까지 차지할 수 있으면 엄청난 시장이 열리죠."[4]

준사회적 관계가 현실을 밀어낼 때

물론 우리 뇌 중 논리를 담당하는 부분에서는 우리가 시청하는
프로그램이 진짜 세상이 아니라는 것을 알고 있다. 하지만 무의
식까지도 꼭 그렇지는 않다. 예를 들어 길게 방영되었던 TV 시리
즈물을 다 보고 살짝 슬픈 감정을 경험한 적이 있을 것이다. 마치
사랑하는 대상을 잃어버린 듯한 느낌 말이다.

우리가 이렇게 느끼는 이유는 화면에서 시청하는 등장인물과
준사회적 관계parasocial relationship라는 것이 발달하기 때문이다. 이
현상은 가정에 TV가 보급되기 시작한 1950년대 미국 사회학자
들에 의해 처음 기술되었다.[5] 사회학자들은 일부 시청자가 어떻
게 허구의 등장인물과 마치 진짜 사람과 관계 맺는 것처럼 인간
관계를 형성하게 되는지 설명했다. 심지어 어떤 시청자들은 사랑
에 빠졌다고 묘사하기도 했다. 이는 우리가 무엇이 진짜고, 무엇
이 가짜인지 완벽하게 구별하지 못해서 일어난다. 우리 뇌의 일
부에게는 화면 속 사람들이 우리의 진짜 친구고, 그 경험들 역시
진짜 경험이다. 그래서 시리즈물이 끝나면 우정을 잃어버린 듯한
느낌이 들 수 있다.[6] 요즘 사람들이 소셜미디어와 유튜브에서 인
플루언서와 연예인의 삶에 몰입할 때도 비슷한 일이 대규모로 일
어나고 있다. 이런 관계는 거의 일방적임에도 불구하고, 무의식
에서는 이를 진짜 관계처럼 해석해서 준사회적 관계가 형성될 수
있다.

여기서 문제는 우리의 준사회적 관계가 결국 실제 인간관계와

경쟁을 벌인다는 것이다. 사람들이 방문을 닫고 들어앉아 준사회적 관계를 맺은 친구나 가족의 삶을 따라다니다 보니, 정작 가까이 있는 진짜 친구와 가족을 방치하는 것은 완전히 정상적인 일이 되어버렸다. 이런 특징을 잘 모르는 사람이 보았다면 이런 상황은 대단히 당황스러울 것이다. 당신과 내가 머나먼 은하계의 외계인인데 방금 지구를 발견했다고 상상해보자. 우리 문명은 이 새로운 행성에 호기심이 생겼고, 이 행성의 거주민을 연구하기 위해 당신과 나를 파견했다. 우리는 지구를 장악하고 있는 인간을 연구해서 그들의 행동방식을 알아오라는 특별한 지시를 받았다. 그럼 일요일 내내 꼼짝도 않고 스크린만 쳐다보고 있는 사람들을 관찰하고 대체 뭐라고 보고했을까?

인간 과학자가 그와 비슷한 일을 하고 있는 생쥐를 관찰했다면 이 행동을 자가 전기자극을 하는 설치류와 같은 범주로 분류했을 것이다. 스크린과 시청자의 뇌에서는 무언가 일이 벌어지고 있지만, 밖에서 보면 외부의 자극을 받으면서 몇 시간이고 완전히 수동적인 상태로 꼼짝 않고 있는 동물의 모습밖에 보이지 않는다.

우리는 3부에서 이런 원리를 거듭해서 계속 만날 것이다. 우리의 사회적 본능을 조작해서 돈을 버는 회사의 입장에서는 우리의 관심을 붙잡아 가능한 많은 시간을 그들이 제공하는 제품과 함께 보내게 하는 것이 가장 중요하다. 그리고 그 결과 일부 사람들은 현실 세계를 소홀히 하기 시작한다.

언어와 DNA가 증언하는 폭력의 확산

유럽의 탐험가와 상인은 처음 인도를 여행하다가 이상한 점을 발견했다. 인도의 일부 언어와 당시 유럽에서 가르치던 고대 그리스어와 라틴어 사이에 놀라운 유사점이 있었던 것이다. 심지어 인도 언어들과 탐험가의 모국어 사이에도 유사점이 존재했다. 예를 들어 16세기 이탈리아 상인 필리포 사세티Filippo Sassetti는 뱀, 신, 그리고 다양한 숫자 같은 단어들이 산스크리트어와 이탈리아어에서 놀라울 정도로 비슷하다고 했다.

이런 언어간 공통점에 대한 소식이 유럽에 전해지자, 호기심 많은 언어학자들이 이를 연구하기 시작했다. 그리고 이것을 논리적으로 설명할 방법은 하나밖에 없다는 결론에 도달했다. 인도어와 유럽어는 분명 공통 조상이 있다는 것이다. 즉 이 모든 언어의 기원이 되는 원시 언어가 존재했다는 결론이다.

요즘에는 이 언어들을 모두 '인도유럽어족'으로 묶는데, 초기 언어학자들의 주장이 옳았다고 밝혀졌기 때문이다. 영어와 라틴어에서 힌디어, 우르두어, 뱅골어, 산스크리트어에 이르는 언어들 모두 같은 고대 언어의 후손이다. 이 언어는 당시 알려져 있던 세상의 넓은 지역을 잔혹하게 정복해 자신의 언어를 퍼뜨린 소수 부족 집단이 사용했다.[7] 이 부족은 문자 기록을 남기지 않았기 때문에 스스로를 무엇이라 불렀는지는 알 수 없다. 하지만 오늘날 우리는 그들을 인도유럽인Indo-European 혹은 얌나야족Yamnaya이라 부른다. 원래 그들은 약 5000년 전 남부 우크라이나와 러시아의 광활한 초원지대에서 유목생활을 했다. 얌나야족은 최초로 말을 길들인 민족이었고, 말을 타고 소, 염소, 양을 치며 생계를 꾸렸다. 이런 유목 생활 덕분에 당시 정착 농업으로 먹고살던 유럽의 나머지 지역보다 훨씬 자유로웠다. 하지만 얌나야족의 생활 방식은 또한 믿기 어려울 정도로 폭력적이었다. 이 초원의 부족들은 어느 민족보다도 잔인했다.

이런 점은 그들의 가장 중요한 전통 중 하나인 코리오스 kóryos(전사 집단, 청년 전사 무리라는 의미-옮긴이)를 봐도 알 수 있다. 이것은 아이에서 어른이 되었음을 상징하는 성년 의식이었다. 오늘날의 견진성사 Confirmation(가톨릭교회의 7성사 중 하나로 세례를 받은 신자가 성령의 은총을 통해 신앙을 더 깊고 굳건히 하고, 성숙한 그리스도인으로서 책임을 지겠다는 뜻을 확립하는 의식-옮긴이)나 바르 미츠바 Bar Mitzvah(유대교에서 남자아이가 만13세가 되어 율법을 지킬 책임 있는 성인으로 인정받는 의례-옮긴이)와 비슷하다. 다만 코리오스에는 신들에게 바치는 피의 제사와 고통스러운 의식들이 포함되어 있다. 이 의식의 목적은 젊은 남성이 늑대를 바탕으로 하는 새로운 정체성을 일시적으로 받아들이게 하는 데 있었다. 그들은 폭력적이고, 충동적이고, 교활하고, 잔혹해져야 했다. 이들은 마음껏 도둑질하고, 약탈하고, 죽일 수 있었다. 자기 부족의 구성원만 건드리지 않는다면 말이다.

의식이 끝나면 젊은 남성들은 부족의 영토에서 쫓겨나 한동안 스스로의 힘으로 살아남아야 했다. 이들은 생존을 위해 야생동물을 사냥해야 했고, 새로 얻은 늑대의 정체성에 따라 다른 부족을 공격하고 약탈해야 했다. 그래서 가축을 훔치고, 현지 남성들을 죽이고, 아이들을 노예로 잡아가고, 여성들을 강제로 결혼시키거나 그보다 더 나쁜 일도 저질렀다.

코리오스 남성들이 이런 원정에서 성공을 거두면, 몇 달, 혹은 몇 년 후에 부족으로 돌아와 존경받는 시민으로 다시 결합할 수 있었다. 하지만 원정에서 성공했다는 것은 가축, 아내, 형제 집단을 새로 얻었다는 의미이기도 해서, 스스로의 선택에 따라 새로운 부족을 형성할 수도 있었다. 어느 쪽이든 머지않아 모두 새로운 세대의 젊은 전사들이 태어날 것이고, 이 이야기는 반복될 수밖에 없었다.

코리오스 집단 중에는 다른 부족을 공격하다가 멸망한 집단도 있었을 것이다. 하지만 많은 전사들이 성공했음을 우리는 알고 있다. 고고학적 기록을 통해 확인할 수 있기 때문이다.[8] 얌나야족의 관련 유물이 초원의 본거지에서 퍼져나가 몇 세기 만에 서쪽으로는 유럽의 가장 먼 모퉁이까지, 동쪽으로는 인도 아대륙까지 도달한 것을 확인할 수 있다. 그리고 얌나야족이 그 이후에 등장한 사회에 남긴 문화적 유산을 통해서도 정복의 흔적을 볼 수 있다. 그들의 신은 그리스, 로마, 북유럽의 신이 되었다. 이런 신화에 공통점이 많은 이유도 그 때문이다. 그리고 그들의 방식은 바이킹의 전통 등을 통해 이어졌다. 바이킹의 원정을 보면 코리오스 전통이 연상된다. 바이킹은 광전사berserkers라는 기습부대를 이용했는데, 이 전사들은 늑대나 곰의 가죽을 입고 피에 굶주려 통제되지 않는 무아지경 상태에서 적에게 난동을 부렸다. 유럽 전역의 이야기와 전설에서 옛 방식이 남긴 흔적을 볼 수 있다. 늑대 인간의 신화를 생각해보라. 늑대인간은 보름달의 달빛을 받으면 늑대 같은 생명체로 변해 주변 모든 것을 공포에 떨게 하는 생명체다.

　마지막으로 우리의 DNA를 통해서도 얌나야족의 성공을 확인할 수 있다. 당신이 유럽계, 중앙아시아계, 이란계, 아프간계, 파키스탄계, 인도계 사람이라면 당신의 조상 중에 이 전사들이 있을 것이다. 유럽 대륙과 인도 아대륙 모두에서 얌나야족 전사들은 그리 평화롭지만은 않았던 농부들의 사회와 마주쳤다. 하지만 말 등에 올라탄 이 무자비한 전사들 앞에서 농부들은 아무런 힘이 없었다. 일부 지역에서는 농부들이 완전히 전멸당한 반면, 다른 지역에서는 그들의 유전자가 오늘까지도 남아 있는데, 이는 아마도 노예가 된 사람들이나 강제로 결혼당한 여성에게서 내려온 것으로 보인다.

젊은 남성과 폭력의 오래된 공식

폭력적인 과거가 유럽과 인도 아대륙만의 전유물은 아니다. 세계의 다른 지역에서도 비슷한 방식으로 다른 집단들이 서로를 정복했던 것을 볼 수 있다. 얌나야족이 우크라이나와 러시아 초원에서 퍼져나가고 있던 바로 그 시기에 아프리카에서도 다른 집단이 똑같은 일을 하고 있었다. 우리는 이 부족들을 반투족Bantus이라 부르는데, 이들은 현재의 카메룬 지역에서 기원했지만 얌나야족과 비슷한 방법으로 대륙의 넓은 지역 곳곳으로 퍼질 수 있었다.[9]

다행히 요즘에는 상황이 달라져서 늑대 가죽을 뒤집어쓰고 말에 올라탄 남자들에게 기습 공격을 당할 걱정을 하지 않고 안전하게 슈퍼마켓에 다녀올 수 있다. 하지만 여전히 조건만 맞아떨어지면 코리오스 같은 집단이 전 세계에서 자연스럽게 등장하는 것을 목격한다. 선사시대 사람들이 완전히 새로운 형태의 행동을 발명한 것은 아니었기 때문이다. 젊은 남성들이 사회에서 가장 공격적이고 충동적인 집단을 이루는 것은 인간 본성의 일부다. 사실 일부 심리학자들은 젊은 남성들이 폭력이나 위험 감수와 관련된 통계에서 압도적인 비율을 차지하는 현상을 설명하기 위해 '젊은 남성 증후군young male syndrome'이라는 용어를 사용하기도 한다.[10]

전 세계적으로 폭력 범죄로 유죄 선고를 받을 위험이 가장 높은 사회 집단은 10대 후반에서 20대 초반 사이의 남성들이다. 이 집단은 또한 갱단원, 자살폭탄 테러범(자살폭탄 테러범의 평균 나이는 스무 살이며 주로 남성이다),[11,12] 자동차 사고,[13] 벽을 주먹으로 쳐서 병원에 찾아오는 사람의 수에서도[14] 압도적인 비율을 차지한다.

오해는 하지 않기 바란다. 그렇다고 모든 젊은 남성이 폭력에 미쳤다는 의미는 아니다. 우리 대부분은 갱단원이 되는 것을 피했고, 죄 없는 벽에게 화풀이를 한 적도 없다. 하지만 내가 말하려는 요점은 젊은 남성들 사이에서는 어떤 생물학적 충동이 작용하기 때문에(아마도 테스토스테론 때문에) 이런 유형의 행동이 나타날 위험이 커진다는 것이다. 과거 코리오스 같은 전통에서는 이런 충동을 장려했지만, 요즘에는 이것을 더 생산적이고 평화로운 방향으로 돌리기 위해 최선을 다하고 있다. 역사적으로 이런 방향 전환에 가장 성공적인 방법은 스포츠였다. 조지 오웰은 스포츠를 '총성 없는 전쟁'이라 표현했다. 스포츠에서는 뛰어다니고, 공을 두고 싸울 수도 있지만, 모두가 살아서 안전하게 집으로 돌아갈 수 있다.

하지만 기술 발전과 함께 폭력적 충동을 다른 방향으로 바꾸는 새로운 방법이 등장했다. 그중 가장 흥미로운 것은 컴퓨터 게임이다.

스크린으로 옮겨간 전쟁

하늘과 땅 사이에 있는 것이면 무엇이든 다루는 다양한 컴퓨터 게임이 나와 있다. 하지만 가장 인기 있는 게임들을 보면 코리오스 전통이 어렵지 않게 연상된다. 팀을 이루어 게임에 참가하고, 목표는 상대방을 죽이거나, 일종의 경쟁에서 이기는 것이다. 이런 이유 때문에 컴퓨터 게임이 폭력적 행동에 기여한다는 비난을 종종 듣는다. 화면 속에서 약탈을 하고 죽이는 것에 익숙해진 사람이라면 현실에서도 같은 일을 할 가능성이 높아질 거라 상상하기가 어렵지는 않다.

지난 수십 년 동안 사회학자들은 이런 연관관계가 사실인지 연구해왔다. 하지만 철저한 조사에도 불구하고 폭력적인 컴퓨터 게임이 현실에서 사람들을 더 폭력적으로 만든다는 증거는 없었다.[15,16] 사회를 봐도 같은 결론에 도달할 수 있다. 앞에서 언급했듯이 폭력적인 게임은 믿기 어려울 정도로 인기가 많고, 점점 더 인기가 오르고 있다. 그것 때문에 젊은이들이 전보다 더 폭력적으로 변한다면, 범죄 통계에서 분명하게 드러났을 것이다. 하지만 범죄는 감소하고 있다. 요즘에는 10년, 20년 전과 비교해 폭력 범죄로 유죄 판결을 받는 젊은 사람이 더 적다.[17]

역설적으로 이런 범죄 감소가 범죄 행동을 부추긴다고 비난받았던 바로 그 게임 덕분일 수도 있다. 네덜란드의 한 흥미로운 연구에서 이에 대한 단서를 볼 수 있다. 과학자들은 새로운 버전의 그랜드 테프트 오토Grand Theft Auto 게임이 특정 국가에 출시되었을 때 그 국가의 범죄율에 어떤 영향을 미치는지 연구했다. 그랜드 테프트 오토에 대해 처음 듣는 사람을 위해 설명하자면, 사람들을 때리고, 강도질하고, 살인을 저지르는 등 다양한 임무를 수행하는 범죄자를 플레이하는 게임이다. 따라서 폭력적인 비디오 게임 때문에 범죄가 증가한다면, 한 나라 전체가 갑자기 그랜드 테프트 오토 게임을 즐기기 시작할 때 범죄도 함께 증가해야 옳다. 하지만 네덜란드 연구에서는 오히려 그랜드 테프트 오토 게임이 새로 출시되었을 때 범죄가 줄어드는 것으로 나타났다.[18]

미국 과학자들은 폭력적인 영화가 개봉되었을 때도 같은 현상을 관찰했다. 이들은 영화 폭력성 지수와 범죄 통계를 사용해 폭력적인 영화가 폭력 범죄를 부추기는지 연구했다. 하지만 여기서

도 답은 '아니오'였다. 폭력적인 영화가 오히려 범죄율을 떨어뜨렸다.[19]

이유를 짐작하겠는가?

이유는 정말 간단하다. 사람이 동시에 두 장소에 존재할 수는 없기 때문이다.

당신이 컴퓨터 게임에서 어느 불쌍한 친구를 두들겨 패면서 동시에 현실 세계에서 누군가를 함께 팰 수는 없다. 따라서 스크린 앞에서 보내는 시간이 길어지면 폭력적 범죄를 저지를 시간은 줄어든다. 사실 현실에서 이루어지는 모든 활동 시간이 줄어든다. 내 조국 덴마크의 설문조사를 보면 이 점이 놀랍도록 명확하게 드러난다.

4년마다 덴마크 정부는 덴마크 젊은이의 건강과 삶의 질에 대한 폭넓은 연구를 의뢰한다. 여기에는 설문조사도 포함되어 있는데, 질문 중 하나는 응답자에게 지난주에 학교, 스포츠, 직장 업무 외로 친구들을 만나 함께 보낸 시간이 있는지 묻는다. 2009년에는 15~19세 덴마크 남성의 63퍼센트가 '그렇다'라고 대답했다. 요즘의 수치는 38퍼센트가 나온다.[20] 이런 감소는 연령대와 남녀를 불문하고 모든 계층에서 뚜렷하게 나타난다. 감소 추세를 보이는 현실 세계에서의 활동이 친구들과 보내는 시간만 있는 것도 아니다. 파티 참석이나, 스포츠 경기나 콘서트에 가는 경우도 마찬가지로 감소 중이다. 그렇다고 젊은 사람들이 아예 사교활동을 하지 않는다거나, 아무런 체험도 하지 않는다는 뜻은 아니다. 다만 그런 사교활동이 점점 온라인에서 이루어지고 있고, 체험 또

한 영화나 컴퓨터 게임 등으로 점점 디지털화되고 있다.

당신의 진짜 친구들이 유튜브, 틱톡, 넷플릭스에 넘쳐나는 재미있는 준사회적 친구들과 경쟁할 수 있을까? 현실에서 접할 수 있는 활동이 과잉 최적화된 TV 시리즈물이나 컴퓨터 게임만큼 매력적일 수 있을까? 당신이 누구인지에 따라 답이 달라지겠지만, 모든 수치는 이 싸움에서 디지털 세계의 승리가 점점 잦아지고 있으며, 디지털 세계에서 살아가는 사람도 점점 많아지고 있음을 가리키고 있다. 전반적으로 사람들은 집에서 혼자 보내는 시간이 그 어느 때보다 늘어나고 있다. 미국의 데이터에 따르면 사람들은 불과 10년 전과 비교해봐도 다른 이들과 보내는 시간이 40퍼센트나 줄어들었다고 응답한다.[21]

우리가 앞에서 논의했던 다른 사회적 문제도 이런 변화로 설명할 수 있다. 예를 들어 독신인 사람이 그 어느 때보다 많은 상황이고, 연인 관계에서도 요즘 사람들이 예전보다 성관계를 덜 한다는 것을 기억하자. 앞에서는 데이팅 앱이나 포르노가 선택 과부하와 기대치 상승을 일으켜 이런 문제를 키우고 있을 가능성에 대해 이야기했다. 하지만 또 한 가지 가능한 설명이 있다. 우리가 현실 세계에서 보내는 시간이 줄어들고, 상호작용하는 사람도 그만큼 줄어들었다는 것이다. 이는 긍정적인 측면에서 보면 폭력의 감소로 이어진다. 하지만 우정, 연인 관계, 섹스 등의 형태로 이루어지는 긍정적인 상호작용 역시 줄어든다.

14장
무한 스크롤에 빠진 사람들

영국의 한 대규모 연구에서 과학자들은 일상생활에서 무엇이 우리를 행복하게 만드는지 파악하려 했다. 그들은 수천 명의 연구참가자에게 하루 종일 지금 무엇을 하고 있는지 묻고, 그 시점에서 얼마나 행복한지 묻는 스마트폰 앱을 개발했다. 그리고 당연히 사람들은 성관계를 한 후, 사람들과 어울린 후, 스포츠 게임이나 콘서트 같은 이벤트에 참여한 후에 특히 행복하다고 보고했다.[1]

반면 스펙트럼의 반대쪽에는 줄서서 기다리기, 아파서 침대에 누워 있기, 집안일 하기, 그리고…… 소셜미디어 스크롤하기 등의 활동이 있었다. 응? 그렇다. 소셜미디어가 그런 활동들과 같은 범주에 들어 있었다. 이 연구를 바탕으로 생각하면 사람들이 설거지를 싫어하듯 소셜미디어도 기를 쓰고 피할 것이라 생각이 들겠지만, 현실은 정반대다.

애플이 첫 번째 아이폰을 출시해서 인류에게 거의 지속적으로 온라인에 접속할 수 있는 선택권을 부여한지도 이제 곧 20년이 된다. 오늘날 전 세계 인구의 거의 80퍼센트가 스마트폰을 소유하고 있다. 이것은 제대로 작동하는 화장실에 접근할 수 있는 사람 수보다도 많은 숫자다.[2,3] 우리의 도시들을 둘러보면 이 스마트폰이 비활성상태가 아니라는 것은 분명하게 보인다.

애플 같은 스마트폰 제조업체들은 우리가 스크린에 달라붙어서 보내는 시간이 얼마나 되는지 정확하게 알고 있지만, 이것은 비공개 정보다. 그래서 외부 원천에서 나온 정보를 바탕으로 추정을 해보는 수밖에 없다. 이에 따르면 개인의 하루 평균 스크린 시청 시간이 다섯 시간 정도로 나온다.[4,5] 나라마다 이 수치는 다양하게 나타나지만, 당신의 상상처럼 그 차이가 크지는 않다.

놀랍게도 평균 스크린 시청 시간이 제일 긴 나라는 영어권 같은 고소득 국가들이 아닌듯하다. 그보다는 필리핀, 브라질, 남아프리카공화국 같은 중저소득 국가들이 거기에 해당한다. 이런 국가들의 평균 나이가 더 젊은 쪽에 치우쳐 있다는 것도 그 이유 중 하나다. 중저소득 국가가 출생률이 일반적으로 더 높기 때문에 어린이와 젊은이들이 인구에서 차지하는 비율이 더 높다. 그리고 젊은 사람들은 스마트폰을 보며 보내는 시간도 더 많다.[6] 연령대별 수치는 대략 다음과 같다.

- 16~24세: 7.5시간
- 25~34세: 7시간

- 34~44세: 6.5시간
- 45~54세: 6시간
- 55~64세: 5.5시간[7]

이 스크린 시청 시간 중에는 근무하면서 컴퓨터 앞에서 보내는 시간도 포함되어 있으므로, 모두 소셜미디어 같은 데서 보낸 시간은 아니다. 하지만 전체 스크린 시청 시간 중 절반 정도가 스마트폰에서 발생하며, 그중에서도 소셜미디어가 가장 큰 자리를 차지한다.

예측 불가능한 보상이 만드는 강박

1950년대에 미국 심리학자 B. F. 스키너Burrhus Frederic Skinner는 동물의 행동에 관한 몇 가지 혁신적인 실험을 진행했다.[8] 스키너의 목표는 뇌의 보상 체계가 어떻게 작용하는지 알아보는 것이었다. 실험에서 그는 작은 우리를 몇 개 만들었다. 우리는 이것을 '스키너 상자Skinner box'라고 부른다. 쥐로 했던 자가 전기자극 실험과 비슷한 디자인이다.

스키너 상자에는 작은 버튼이나 손잡이가 있다. 동물이 이것을 누르면 간식이 나온다. 다시 말하지만 생쥐와 쥐 모두 호기심을 타고 난 동물이다. 한 마리를 미지의 환경에 넣으면 냄새를 맡고 더듬으며 주변을 탐색할 것이다. 그리고 머지않아 동물은 작은 버튼을 우연히 눌렀다가 깜짝 간식을 받는다. 이런 일이 몇 번만 일어나도 동물은 그 상관관계를 학습한다. 그럼 간식을 얻기 위해 스스로 버튼을 누르기 시작할 것이다.

하지만 스키너는 실험동물에게 버튼과 간식 사이의 관계를 가르치는 일에만 관심이 있지는 않았다. 그는 서로 다른 보상 패턴에 동물이 어떻게 반응하는지도 알고 싶었다. 그래서 그는 실험을 살짝 변형해서 동물이 버튼을 누를 때마다 항상 간식이 방출되지는 않게 만들었다.

버튼을 누르면 무언가 좋은 게 나온다고 확신하는 설치류가 제일 열심히 버튼을 누를 거라고 순진하게 추측하기 쉽다. 하지만 놀랍게도 그렇지 않았다. 사실은 예측 불가능하게 변화하는 패턴을 사용할 때 더 열심히 버튼을 누르는 것으로 나타났다. 버튼을 누르면 어떤 때는 간식이 나오고, 어떤 때는 나오지 않는다. 이런 예측 불가능한 패턴에 동물들은 완전히 낚였다. 이들은 강박적인 행동을 하기 시작했고, 사회적 교류 같은 다른 활동은 완전히 포기하고 간식을 받으리란 희망에 버튼만 계속 눌러댔다.

도파민에 대해 다루었던 장을 생각해보면 어째서 이런 일이 일어나는지 이해할 수 있다. 도파민이 예상치 못했던 보상 직후에 분비되어 바로 앞에서 일어났던 행동 패턴을 강화한다고 했던 것을 기억하자. 이런 메커니즘은 어떤 보상이든 우리가 그것을 손에 넣는 방법을 학습하게 만든다. 하지만 완전히 무작위적인 보상 체계에서는 그 보상이 언제 찾아올지 예측하기가 불가능하다. 그래서 도파민의 분비가 멈추지 않는다. 대신 나올지도 모를 보상 직전에 일어나는 행동, 즉 버튼 누르기가 계속해서 강화된다.

어쩌면 이 설정 전체가 익숙하게 느껴질지도 모르겠다. 카지노가 바로 이 현상을 이용하기 때문이다. 사실 슬롯머신은 그저 인간을 위해 만든 스키너 상자에 불과하다. 돈이라는 형태의 추상적 보상이 나온다는 차이가 있을 뿐이다. 하지만 슬롯머신 앞에서 강박적으로 레버를 당기는 도박꾼의 행동과 스키너의 설치류에서 관찰되는 행동은 정확히 일치한다. 양쪽 모두 결과는 동일하다. 몇 시간이고 같은 동작만 반복하는 좀비 같은 상태가 되고 만다.

다른 상황에서 사람들에게 몇 시간 동안 한 자리에 앉아서 레버를 당기거나, 버튼만 누르고 있으라고 하면 아마 지겨워서 죽을 것이다. 예를 들어 당신과 내가 카지노에 가서 몇몇 도박꾼에게 도박 대신 공장 일자리를 제안한다고 상상해보자. 이 공장에서는 슬롯머신 앞에서 하던 것과 동일한 동작, 즉 반복적으로 레버를 당기거나 버튼을 누르고 있기만 하면 된다. 하지만 그 대가로 우리는 임금을 제공한다. 이 활동에 대한 경제적 수익이 플러스라는 의미다. 슬롯머신의 경우에는 확률이 도박꾼에게 불리하게 짜여 있기 때문에(그래서 카지노는 사용자들을 최대한 오랫동안 게임에 붙잡아두려 한다) 예상되는 경제적 수익이 마이너스다. 충분히 오랜 시간 도박을 이어가면 사용자는 분명 돈을 잃는다. 하지만 공장 노동으로 도박보다 돈을 더 벌 수 있다고 해도 대부분의 도박꾼들은 우리가 제안한 일을 당장 그만둘 것이다. 레버를 당기는 물리적 행위는 완전히 동일하지만, 거기서 얻는 보상 패턴의 차이 때문에 결국 부정적인 결과가 나온다고 해도 도박꾼은 도박에 빠져들 수밖에 없다. 예측 불가능한 보상 패턴의 힘이 이렇게나 막강하다. 도박 산업은 우리의 이런 심리적 약점을 이용해서 막대한 돈을 벌어들인다. 하지만 그들도 스키너의 발견으로 진짜 수익을 올리는 산업과 비교하면 아주 하찮은 플레이어에 불과하다.

'좋아요'로 설계된 디지털 스키너 상자

소셜미디어 플랫폼 창시자들이 스키너 같은 심리학자들에게 영감을 받았다는 사실은 더 이상 비밀이 아니다. 그중에는 대놓고 인정하는 사람도 있다. 예를 들어 페이스북의 초대 사장이었던 숀 파커Sean Parker는 필라델피아에서 열린 온라인 언론 액시오스Axios가 주최한 행사에서 마이크 앨런Mike Allen과 인터뷰하며 이렇게 솔직하게 말했다.

페이스북을 선두로 해서 이런 애플리케이션을 만들 때 우리는 집중적으로 생각한 것이 있습니다. '어떻게 하면 사람들의 시간과 관심을 최대한 오래 붙잡아둘 수 있을까?' 결국 그러기 위해서는 누군가가 사진이나 게시물에 '좋아요'를 누르거나 댓글을 달게 해서 살짝살짝 도파민을 자극해야 했죠. 그렇게 하면 사람들은 더 많은 콘텐츠를 제작해서 올릴 것이고, 그럼 더 많은 '좋아요'와 댓글이 달릴 테니까요. 이것은 사회적 인정social-validation의 피드백 고리입니다. 나 같은 해커가 생각해 낼만한 전형적인 방식이었죠. 인간 심리의 취약한 측면을 파고드는 것이니까요. 나나 마크 저크버그나 인스타그램의 케빈 시스트롬Kevin Systrom 같은 발명가, 창립자들은 모두 이 점을 분명히 알고 있었습니다. 그리고 그것을 실행에 옮겼죠.[9]

소셜미디어 회사 초창기에 영향력을 발휘했던 많은 인물은 대학교육 과정에서 스키너의 연구에 대해 배웠다. 실리콘밸리 심장부에 있는 스탠퍼드대학교에서는 '설득의 기술Persuasive Technology'이라는 강의가 있는데, 여기서는 생쥐와 쥐를 대상으로 이루어진 스키너의 실험이 핵심 교과과정의 일부를 차지하고 있다.[10]

그 시절 이후로 스키너의 연구 지식은 기업 문화에 깊이 뿌리내렸고, 그 기업을 역사상 가장 부유하고 강력한 기업으로 만드는 데 도움을 주었다. 그리고 거기서 벌어들인 막대한 자금 덕분에 빅테크 기업들은 바커가 말한 것과 같은 목표, 즉 사람들이 소셜미디어 안에서 가능한 한 많은 시간을 보내게 만드는 것을 추구하는 세계 최고 수준의 엔지니어들을 고용할 수 있게 됐다.

소셜미디어가 이것을 최우선 목표로 삼게 된 것은 그들의 수입이 광고에서 나오기 때문이다. 그래서 계산이 정말 쉬워진다. 사람들이 페이스북, 인스타그램, 틱톡, 링크드인 등에 머무는 시간이 많을수록 광고를 더 많이 보여줄 수 있고, 돈도 더 많이 벌 수 있다. 당신이 온라인에 머무는 동안에는 돈이 계속 들어오지만, 당신이 앱을 닫는 순간, 현금의 흐름이 막혀버린다. 그래서 이것이 10억 달러짜리 질문으로 이어진다. 어떻게 하면 사람들을 최대한 오랫동안 스크린 앞에 잡아둘 수 있을까? 한번 살펴보자.

소셜미디어에서 스키너에게 영감을 받아 내놓은 혁신 중 하나가 바로 '좋아요' 기능이었다. 이 경우 사회적 인정social recognition이 사용자에게 게시물마다 다르게, 어느 정도 예측 불가능한 패턴으로 제공된다.

시카고대학교 카르티크 스리니바산Karthik Srinivasan의 연구는 이런 식으로 사회적 인정을 간헐적으로 불규칙하게 제공하는 것이 우리의 행동에 어떤 영향을 미치는지 보여주었다. 스리니바산은 틱톡과 레딧Reddit의 사용자들이 게시물을 올렸다가 평소와 다른 많은 관심을 받았을 때 어떻게 행동하는지 살펴보았다. 즉 사회적 인정으로 대박을 터트린 후에 사용자들이 어떻게 반응하는지 연구했다. 그는 사용자들이 이렇게 온라인에서 대박을 터트린 후에는 나중에 게시물을 올리는 빈도가 크게 늘어나는 것을 알아냈다.[11] 소셜미디어의 알고리즘도 이런 대박의 효과를 노리고 있는 것 같다. 계정을 새로 만들었거나, 한동안 비활성 상태였다가 새로 게시물을 올리면 그 게시물을 더 많이 노출시켜 더 활발한 게시 활동을 부추긴다. 양쪽 경우 모두 게시물이 더 많은 사람에게 노출되니까 '좋아요'를 받을 확률이 높아지고, 결과적으로 사용량이 증가한다.

사실 이런 영리한 설계를 보면 감탄을 금할 수 없다. 이것은 사용자를 성공적으로 낚을 뿐 아니라, 자동으로 소셜미디어 플랫폼을 위해 공짜 노동을 제공하게 만들기 때문이다. 우리는 모든 콘텐츠가 동일한 호응을 이끌어내지 못한다는 것을 빠르게 학습하게 되고, 그래서 사람들의 관심을 끌만한 더 흥미진진한 콘텐츠를 만들기 위해 노력하기 시작한다. 신문이나 잡지 같은 다른 형태의 미디어에서는 글이나 사진 같은 콘텐츠를 올리려면 그것을 제작하는 사람에게 돈을 지불해야 한다. 하지만 소셜미디어는 돈이 아니라 사회적 인정으로 보상하기 때문에 이런 비용을 따로 들일 필요가 없어 엄청난 돈을 아낄 수 있다.

결국에는 크리에이터들의 노력 덕분에 사람들은 사회적 인정을 받을 가능성보다는 콘텐츠 자체에 더 큰 매력을 느끼게 된다. 대부분의 소셜미디어 사용자는 좀처럼 게시물을 올리지 않는다. 그보다는 주로 스크롤하며 콘텐츠를 소비하는 데 시간을 보낸다. 경험상 1～10퍼센트의 사용자가 대부분의 온라인 콘텐츠를 만들어내는 것으로 알려져 있다. 나머지는 대부분 수동적인 콘텐츠 소비자들이다.

소셜미디어 플랫폼에는 회사가 관리해야 하는 두 개의 사회적 '계층'이 있다. 크리에이터 계층과 사용자 계층이다. 사용자 계층의 규모가 훨씬 크기 때문에 광고 수입의 대부분이 여기서 발생한다. 그래서 그들의 지속적인 참여를 이끌어내는 것이 중요하다. 회사에서는 이를 몇 가지 방식으로 최적화했는데, 그중 하나가 앞에서 보았던 뷔페 효과의 디지털 버전이다. 기억하는가? 다양한 음식이 포만감을 지연시켜 뷔페에서 과식하게 되는 매커니즘 말이다. 소셜미디어 콘텐츠에도 비슷한 원리가 적용된다. 제일 먼저 고양이 동영상을 보여준다. 그 다음에는 정치 게시물이다(당신이 속한 진영의 것으로). 그리고 이어서 유머 이야기가 나온다. 그리고 다음에는 뉴스. 한 종류의 콘텐츠만 계속 보여준다면 사람들은 각각의 주제에 대해 쉽게 싫증이 날 수 있다. 하지만 디지털 뷔페를 제공함으로써 소셜미디어 플랫폼은 지루한 느낌을 지연시켜 당신의 참여를 더 오래 끌어낼 수 있다.

소셜미디어를 처음 시작한 시기에는 친구나 당신이 구독한 기관의 콘텐츠만 올라왔다. 그것이 홍보 문구의 일부이기도 했다. "이곳에서 친구들의 삶을 따라가 보세요!" 하지만 당신의 스크린 시청 시간을 늘리는 콘텐츠를 제일 잘 만드는 사람은 당신의 고등학교 동창 한나나 직장 동료 존이 아니었다. 그래서 당신의 관심을 계속 붙잡아놓기 위한 노력의 일환으로 소셜미디어 플랫폼들은 뷔페 모델로 전환했다. 인스타그램에서는 이제 아는 사람들의 사진만 보여주지 않고, 구독하지 않는 인기 계정의 영상과 사진도 보여준다. 링크드인에서는 피드에 당신의 인맥으로 연결된 계정의 게시물뿐 아니라, 연결이 안 된 계정의 인기 게시물도 올라온다. 그리고 틱톡에서는 사실상 알고리즘이 다 알아서 한다. 사용자 선호도를 설정할 필요도 없다.

이런 앱들은 사용자가 직접 선택한 콘텐츠라고 해서 관심을 제일 오래 붙잡지는 않는다는 점을 알게 됐다. 그래서 플랫폼이 당신을 대신해서 선택을 한다. 이것을 위해 그들은 당신이 스크롤을 하는 동안 당신에 대해 엄청난 양의 데이터를 수집한다.

어떤 사람은 이런 데이터 수집에 반대하면서 사생활 보호를 위해 정보 수집을 제한할 것을 요구한다. 하지만 수집하든 말든 무슨 대수냐는 태도를 보이는 사람도 많다. 숨길 게 없다면 회사가 자기에 대해 무엇을 알아가든 상관없다는 식이다.

하지만 소셜미디어 플랫폼이 데이터를 수집하는 이유는 당신이 어디 사는지 알아내서 당신 할머니의 오래된 은수저를 훔쳐가기 위해서가 아니다. 이들은 당신의 관심을 붙잡아둘 비밀을 풀기 위해 당신의 데이터를 수집한다. 앱을 여는 순간부터 분석이 시작된다. 게시물 A를 얼마나 오래 봤지? 게시물 B는? 이 사진을 클릭했나, 안 했나? 앱에는 얼마나 오래 머물렀지? 앱을 닫기 전에 마지막으로 본 것은 뭐야? 이런 식으로 끝도 없이 데이터 수집이 이어진다.

그리고 이 모든 데이터를 기계학습 알고리즘에 입력해서 당신을 스크린 앞에 붙잡아둘 방법을 파악한다. 당신이 한 게시물을 보고 빠르게 지나쳤거나, 앱을 종료했다면 알고리즘은 앞으로는 그런 유형의 게시물은 줄여야겠다고 학습한다. 어떤 게시물에서 멈춰서 '좋아요'를 누르거나 친구와 공유하면, 앞으로는 그와 비슷한 콘텐츠를 늘려야겠다고 학습한다. 결국 소셜미디어 사용을 통해 당신은 소셜미디어에게 당신의 마음을 사로잡을 방법을 직접 가르치고 있는 셈이다.

당신과 성향이 비슷한 다른 사용자들에 대한 정보로 이 정보를 보완할 수도 있다. 알고리즘은 수백만 사용자를 훑어보며 당신과 비슷한 방식으로 행동하는 사람들을 찾아낼 수 있다. 그럼 그들의 행동을 통해 당신이 게시물에 어떻게 반응할지 미리 예측할 수 있다. 예를 들어 우리 둘이 다양한 콘텐츠에 비슷하게 반응한다면, 알고리즘은 나의 행동을 이용해서 당신에게 어떤 게시물을 보여줄지 결정할 수 있다. 만약 내가 재미있는 강아지 영상에 '좋아요'를 눌렀다고 기록되면, 당신이 다음에 앱을 열었을 때 같은 영상을 보여줄 것이다. 마찬가지로 내가 점성술에 관한 게시물에 관심을 주지 않고 그냥 지나쳤다면, 알고리즘은 당신에게도 초승달이 당신의 인생에서 이제 내향적 시기introverted period(점성술에서 타인과의 교류보다 자신만의 특성과 내부 세계에 몰두하게 되는 시기를 말한다-옮긴이)가 시작되었음을 알린다는 식의 게시물을 보여주지 않을 것이다.

무한 스크롤, 관심을 가두는 기술

일단 당신을 낚고 나면 소셜미디어는 당신의 관심을 계속 붙잡아두는 데 온 힘을 쏟는다.

소셜미디어 플랫폼에서 당신의 스크롤 경험이 최대한 마찰 없이 매끄럽게 이어지도록 설계된 이유도 그 때문이다. 무언가 마찰이 생겨 스크롤이 잠시 멈출 때마다 당신이 원래 하려고 했던 다른 일이 떠오를 기회가 열린다. 이런 일을 막으려면 당신을 스크롤의 흐름 속에 계속 붙잡을 수 있도록 그 흐름을 방해할 요소를 최소화해야 한다.

소셜미디어 회사들이 당신에게 이런 매끄러운 경험을 제공하는 방법 중 하나는 소위 무한 스크롤infinite scrolling이다. 예전에는 페이지의 맨 아래에 도달할 수 있었고, 그럼 수동으로 다음 페이지로 넘어가거나 사이트를 새로고침해야 했다. 하지만 무한 스크롤이 도입되면서 업데이트가 지속적으로 이어지기 때문에 당신은 아무것도 할 필요가 없어졌다. 대신에 당신이 볼 게시물의 공급이 중단될 일이 없는 무한 피드가 제공된다. 무한 스크롤이 너무 잘 작동하는 바람에 그것을 발명한 아자 래스킨Aza Raskin은 공개적으로 사과하기도 했다. 특히 그는 이런 말을 남겼다. "이것이 어떻게 사용될지 더 깊이 생각해보지 못한 것을 후회합니다."[12]

그 후로 래스킨은 실리콘밸리에서 인도적 기술 센터Center for Humane Technology라는 단체의 설립을 도왔다. 이 단체는 소셜미디어 회사들이 사람들을 조작하는 관행, 그리고 그것이 우리에게 미치는 영향에 대해 사람들에게 알리기 위해 노력하고 있다. 또 한 명의 설립자는 트리스탄 해리스Tristan Harris다. 2020년에 나온 다큐멘터리 〈소셜 딜레마The Social Dilemma〉를 본 사람은 그를 알지도 모른다. 그 다큐멘터리에서는 실리콘밸리의 엔지니어와 기업가들이 스스로 탄생을 도왔던 그 괴물들과 전쟁을 벌인다.

소셜미디어 초창기 인물 중에 지금은 오히려 소셜미디어와 맞서 싸우는 사람이 많다는 사실이 참 인상적이다. 페이스북의 전직 임원이었던 차마스 팔리하피티야Chamath Palihapitiya는 소셜미디어에서 자신이 한 일 때문에 엄청난 죄책감을 느낀다고 말한다.[13]

페이스북의 광고 기반 비즈니스 모델을 구축하는 데 도움을 주었던 팀 켄달Tim Kendall은 이제 사람들이 소셜미디어 사용 시간을 제한하는 데 도움을 주는 모먼트Moment라는 앱을 운영하고 있다. 페이스북의 초기 투자자였던 로저 맥너미Roger McNamee는 '페이스

북의 재앙에서 깨어나기|Waking Up to the Facebook Catastrophe'라는 부제가 달린 책을 썼다.[14] '좋아요' 버튼을 만드는 데 도움을 준 저스틴 로즌스타인Justin Rosenstein은 이렇게 말한다. "어느새 보니까 나도 중독되었더라구요. 그렇습니다. 경우에 따라서는 자신의 창조물에 중독되기도 합니다."[15]

이런 이야기는 실리콘밸리의 중간급 직원들 사이에서도 벌어지고 있다.《뉴욕타임스》보도에 따르면 실리콘밸리에서 다른 사람들을 스크린에 중독시키기 위해 일하고 있는 부모들이 자기 아이들만큼은 자기가 만든 그 스크린에서 떼어놓을 것을 보모들에게 엄격하게 지시한다.[16,17] 근무시간에는 열심히 제품을 개발하면서도 자기 아이들만큼은 그 제품에 노출되지 않게 하려고 이를 악물고 애쓰는 사람이 있다면, 분명 좋은 조짐은 아니다.

그들을 대신해서 변명하자면, 10년이나 15년 전에 이 분야에서 일했던 사람 중에 그것이 어떤 결과를 가져올지 미리 내다볼 수 있었던 사람은 거의 없었을 것이다. 작은 앱을 하나 개발해서 대학에서 배운 몇 가지 심리적 트릭을 이용해 일을 시작하고 운영하는 것과 갑자기 수십 억 명의 관심을 통제하고 조종할 수 있게 되는 것은 완전히 다른 차원의 일이다. 적어도 내부자 중 일부가 자신이 만드는 데 협조했던 제품들의 부정적인 영향을 막기 위해 싸움을 이끌고 있다는 점에 감사해야 할 것이다. 아이러니하게도 그들이야말로 우리의 스크린 시청 시간을 줄이는 방법에 대해 조언해줄 수 있는 최고의 인재들이기 때문이다. 예를 들어 트리스탄 해리스가 대안으로 제시한 조언은 내가 지금까지 접했던 것

중 가장 강렬한 인상을 남겼다.

하지만 그러기 위해서는 수백만 전으로 멀리 돌아서 가야 한다.

과일을 찾던 눈, 스크린에 사로잡히다

많은 훌륭한 이야기가 그렇듯 이 이야기도 공룡시대부터 시작된다. 이때가 최초의 포유류가 살았던 시대다. 이 포유류는 주로 야간에 활동하는 다람쥐 비슷한 생명체였다. 그들의 이웃에 살던 거대한 육식동물을 생각하면 밤에만 돌아다닌 것을 탓하기 힘들다. 주로 밤에 활동하던 초기 포유류는 색을 볼 필요가 없었기 때문에 기본적으로 색맹이었다. 대신 후각과 청각을 이용해 방향을 파악해서 먹이를 찾고, 포식자를 피했다.

수백만 년이 지난 지금도 많은 포유류에서 이런 특성의 흔적을 볼 수 있다. 포유류는 대부분 이색성 색각dichromatic color vision을 가지고 있다. 그렇다고 세상을 흑백으로 본다는 의미는 아니지만, 이런 동물은 당신이나 나보다 덜 다채로운 세상에 살고 있다. 예를 들어 사슴이나 야생멧돼지는 이색성 색각을 가지고 있어서 초록색과 주황색을 구분할 수 없다. 그래서 그들을 잡아먹는 가장 큰 포식자 중 하나인 호랑이가 주황색을 띠고 있다. 이 거대한 고양잇과 동물이 초록색 풀을 배경으로 있으면 먹잇감들의 눈에는 완벽하게 위장이 된다. 초록색과 주황색이 그들의 눈에는 동일한 색으로 보이기 때문이다.[18]

인간은 이색성 색각이 아니라 삼색성 색각trichromatic color vision을 가지고 있다. 이색di-, 삼색tri-이라는 표현은 눈의 망막에 들어 있는 원뿔세포cone cell의 유형이 두 개인지, 세 개인지를 지칭하는 것이다. 원뿔세포는 색을 포착하는데, 우리는 이것을 세 가지 버전으로 갖고 있다. 첫 번째 버전은 푸른색을, 두 번째 버전은 초록색을, 세 번째는 붉은색을 포착한다. 대부분의 포유류는 붉은색을 포착하는 원뿔세포가 없어서 우리처럼 초록색과 주황색을 구분하지 못한다.

다른 영장류도 우리처럼 뛰어난 색각을 갖고 있다. 아마도 둘 다 단맛을 좋아하는 이유와 동일한 이유 때문일 것이다. 최초의 영장류들은 열대우림에서 과일을 먹는 동물이었는데, 열대우림에서 밝은 색깔은 과일이 잘 익었으니 이제 먹어도 된다는 신호였다.

하지만 이 본능 때문에 생긴 부차적인 효과가 있다. 영장류가 본능적으로 밝은 색깔에 끌린다는 것이다. 다른 본능과 마찬가지로 이 본능 역시 소셜미디어 초자극 기계의 먹잇감이 되는 운명을 벗어나지 못했다. 그냥 당신의 휴대폰 스크린만 봐도 알 수 있다. 그 스크린은 현실 세계보다 더 선명하고 매혹적인 밝고 진한 색들로 번쩍인다(그리고 우리는 이미 자신의 감각을 즐겁게 하기 위해 현실 세계를 온갖 색깔로 칠해서 꾸며놓았다).

스크린을 흑백 모드로 설정해 보면 밝은 색상의 힘이 특히 분명하게 드러난다. 그것만으로도 벌써 폰을 들여다보기가 지루해지기 때문이다. 사실 무채색의 화면을 오래 보고 있다 보면 우울해질 지경이 된다.

화려함으로 승부하는 수컷 공작 

인간은 대부분의 포유류보다 색을 더 잘 보지만, 새와 비교하면 색맹이나 마찬가지다. 대부분의 새는 사색성 색각tetrachromatic vision을 가지고 있다. 원뿔세포를 네 가지 유형으로 갖고 있어 우리보다는 한 가지 더, 대부분의 포유류보다는 두 가지 더 많다. 이제 창밖에서 새들이 지저귀는 소리를 들으면 이런 생각이 들 수도 있다. '혹시 저 녀석들이 내 눈에는 보이지 않는 색의 미묘한 차이가 보이니까, 내 옷차림을 보고 무슨 색 배합을 저 따위로 하느냐며 킥킥대는 게 아닐까?'

어떤 새들은 포식자를 피하기 위해 회색이나 갈색 등의 칙칙한 색으로 위장해야 하지만, 어떤 새들은 강력한 색각 능력 때문에 같은 종의 다른 개체들을 감동시키기 위해 엄청나게 화려하게 치장하기도 한다. 수컷 공작 꼬리를 생각해보라.

공작의 꼬리는 아무런 물리적 기능도 없고, 오직 화려한 색으로 암컷 공작을 감동시킬 목적으로 만들어졌다. 이 꼬리가 전하는 메시지는 이런 식이다. "내가 얼마나 건강하고 튼튼한지 봐. 나는 너무 뛰어나서 겁쟁이처럼 포식자로부터 숨지 않고 이렇게 아름다운 색깔을 뽐내며 너를 기쁘게 해줄 수 있어."[19]

이게 계획대로 잘 통하기만 하면 수컷은 암컷을 감동시켜 짝짓기를 할 수 있다. 하지만 때로는 이 꼬리가 호랑이의 관심을 끄는 바람에, 공작은 그저 호랑이의 보기도 좋고, 맛도 좋은 한 끼 저녁 식사 거리로 생을 마감할 수도 있다.

틱톡, 선택을 제거한 초자극 설계

아이스크림의 시작은 바닐라 아이스크림이었어도 나중에는 거의 항상 땅콩버터, 초콜릿 칩, 마시멜로, 캐러멜 소스가 들어간 바닐라 아이스크림이 된다. 소셜미디어도 마찬가지다. 지금까지 우리는 '좋아요' 기능, 무한 스크롤 기능, 친구들이 생성한 콘텐츠에서 디지털 뷔페로의 전환 등 수위 상승의 첫 단계에 대해 살펴보았다.

이 진화는 아직도 계속되고 있고, 최근에는 중국 소유의 앱인 틱톡에 의해 또 한 번의 수위 상승이 이루어졌다. 2010년대 말부터 틱톡은 다른 모든 소셜미디어를 압도해왔다. 기본적으로 그들이 경쟁사들보다 훨씬 효과적으로 관심을 사로잡는 방법을 발견했기 때문에 가능했던 일이다. 틱톡이 너무 성공적이다 보니 다른 소셜미디어 플랫폼들도 이제 틱톡을 따라잡기 위해 인스타그램 릴스, 페이스북 릴스, 유튜브 쇼츠, 스냅챗 스포트라이트Snapchat Spotlight 등의 형태로 그들의 디자인을 흉내 내고 있다.

틱톡 성공의 비밀은 여러 방면에서 동시에 초자극 기계의 수위를 한 단계 더 끌어올린 것이다. 틱톡 콘텐츠는 짧은 비디오 클립으로 극도로 압축되어 있고, 종종 음악이나 다양한 추가 효과도 들어간다. 음악도 곡 전체가 아니라 귀에 잘 안 들어오는 부분은 잘라내고 제일 귀에 잘 들어오는 부분만 사용한다.

동영상을 당신이 직접 선택하는 대신, 당신이 앱을 여는 순간 앱이 자동적으로 하나를 재생해 준다. 그럼 무엇을 볼지 결정하는 과정에서 발생할 수 있는 사소한 마찰마저 제거된다. 앞에서 선택지가 많아지면 선택하기 어려워진다고 말했다. 이런 문제가 넷플릭스나 유튜브 같은 다른 동영상 앱에도 영향을 미치고 있다. 이런 선택 과부하 때문에 결국 아무것도 보지 않고 앱을 닫아버리기도 한다. 하지만 틱톡에서는 자동으로 동영상을 하나 재생해 사용자가 앱을 즉시 종료하지 못하게 막는다. 그 첫 동영상이 관심을 끌지 못할 수도 있지만, 사용자는 어려움 없이 다음 동영상을 스크롤할 수 있다. 틱톡은 어느 순간에도 콘텐츠를 재생하기 위해 당신에게 무언가를 묻는 법이 없다. 모든 것은 알고리즘에 의해 결정되어 무한 피드에 제공된다.

이 전략이 성공적이었던 또 하나의 이유는 동영상 기반의 디자인 때문에 한 번에 하나의 콘텐츠만 보게 된다는 것이다. 전통적인 소셜미디어 플랫폼에서는 보통 스크린 위에 동시에 여러 개의 게시물이 올라와 있기 때문에 그중 어느 게시물이 당신의 관심을 끌고 있는지 파악하기가 더 어렵다. 페이지 상단의 정치 게시물을 보고 있을까, 그 아래 나와 있는 동료의 휴가 사진을 보고 있을까? 아니면 새로 나온 치실 광고 배너를 보고 있나? 틱톡은 이런 불확실성을 깔끔하게 피해나갈 수 있기 때문에 기계학습 알고리즘이 당신의 선호도를 훨씬 정확하게 파악할 수 있다.

틱톡의 성공에서 우리가 배울 수 있는 교훈은 기계학습 알고리즘이 당신을 연구하기 쉬워질수록, 당신의 관심을 끄는 데도 능해진다는 것이다. 기계학습이 계속 발전하고 있어서 이 문제가 더욱 심각해진다. 그리고 소셜미디어 앱들이 우리의 관심을 끄는 것과 실제로 우리에게 유익하거나 건강한 것을 구별하지 않는다는 점도 문제다. 사실 소셜미디어에서 배울 수 있는 교훈 중 하나는 적극적으로 참여하는 사용자라고 해서 행복한 사용자라는 의미는 아니라는 것이다. 불안을 느끼거나 화가 난 사용자가 오히려 플랫폼 입장에서는 노다지 금광이 될 수 있다. 사람들은 게시물을 보고 화가 나면 그 게시물과 상호작용할 가능성이 상당히 높다.[20] 댓글을 달아 게시물 작성자와 싸울 수도 있고, 사람들이 얼마나 멍청한지 보여주려고 친구들과 공유할 수도 있기 때문이다. 하지만 소셜미디어에는 당신이 그 콘텐츠에 관심을 보였다는 사실만 기록된다. 그래서 그 후로는 그와 비슷한 게시물이 더 많이 올라온다.

15장
큰 연못 속 작은 물고기

2012년 여름, 수영 선수 마이클 펠프스Michael Phelps는 미국 대표팀의 일원으로 800미터 자유형 계영에서 금메달을 따내며 역사상 가장 많은 메달을 딴 올림픽 참가선수가 됐다. 이 우승으로 펠프스는 1956년부터 1964년까지 총 18개의 메달을 딴 소련의 체조 선수 라리사 라티니나Larisa Latynina를 넘어섰다. 런던 올림픽이 끝날 때까지 펠프스는 총 22개의 올림픽 메달을 땄고, 4년 후 리우데자네이루 올림픽에서 자신의 기록을 더 높여 총 28개의 올림픽 메달을 목에 걸고 은퇴했다. 그 가운데 23개는 금메달이었다.[1] 이는 2위 보유자보다 10개, 2위 수영 선수보다는 12개나 더 많은 것이다.

펠프스의 수영 실력을 덴마크식의 절제된 표현으로 묘사하면, 꽤 쓸 만한 실력이라 할 수 있다. 좀 더 과장해서 표현하면, 펠프스는 정말 수영을 위해 태어난 사람이 아닌가 싶다. 아무리 노력해도 인간을 이보다 더 수영에 적합한 몸으로 설계하기는 어렵기 때문이다.

먼저, 빠르게 수영하고 싶다면 큰 키가 도움이 된다.[2] 레인의 길이가 정해져 있기 때문에 엄밀하게 따지면 키가 큰 수영 선수는 키 작은 수영 선수보다 주파해야 할 거리가 살짝 짧아진다. 하지만 그 외에도 연구에 따르면 키가 큰 수영 선수는 고속에서 물의 저항이 적어지기 때문에 더 빠르게 수영할 수 있다. 펠프스의 키는 193센티미터다. 미국 남성 중 상위 5퍼센트 안에 들어가고, 전 세계적으로 보면 훨씬 더 상위권에 해당한다.

다음으로는 긴 팔도 수영 선수에게 유리하다.[3] 이것도 역시 주파 거리를 살짝 줄여주는 효과가 있지만, 팔이 길면 스트로크마다 물을 더 길게 밀어내는 데 효과가 있다. 따라서 몸에 비해 팔이 길수록 추진력이 좋아진다. 팔 길이는 보통 소위 팔 벌린 길이로 측정하는데, 팔을 양옆으로 쭉 뻗었을 때 손끝에서 손끝까지의 길이를 말한다. 보통 사람의 팔 벌린 길이는 키와 비슷하다. 다시 말해 키가 170센티미터인 사람은 팔 벌린 길이도 170센티미터 정도다. 하지만 이런 규칙이 펠프스에게는 해당되지 않는다. 그는 키가 193센티미터지만, 팔 길이가 워낙 길어서 팔 벌린 길이가 203센티미터나 된다.[4] 본인 키보다 10센티미터나 길다.

수영에서 팔은 길수록 유리하지만 다리는 길수록 불리하다. 다리가 길면 추진력보다 물의 저항이 더 커지기 때문이다. 이번에도 역시 펠프스는 최적의 체형을 가지고 있다. 그는 키는 크지만 바지 사이즈는 32를 입는데 보통 그보다 키가 10센티미터 정도 작은 사람이 입는 사이즈다.

마지막으로 수영 선수에게는 손과 발의 크기도 중요하다. 물을 최대한으로 밀어내는 데 도움이 되기 때문이다. 오리발을 신었을 때 속도가 얼마나 빨라지는지 생각해보라. 유럽식 사이즈로 48(한국 사이즈로는 약 310밀리미터-옮긴이)을 신는 펠프스는 아예 발에 오리발을 달고 있다고 말할 수 있고, 게다가 과운동성 관절hypermobile joint을 갖고 있어서 스트로크의 범위가 추가로 길어진다.

사실 펠프스의 체형이 너무 비전형적이어서 어렸을 때 의사들은 그가 마르판 증후군Marfan's syndrome이라는 유전질환이 있는 게 아닌지 걱정했었다. 마르판 증후군은 관절의 과운동성과 길어진 몸을 특징으로 하는 병이다. 하지만 펠프스에게는 아무런 문제도 없었다. 그는 그저 우연히 빠른 수영에 비정상적으로 적합한 몸을 가지고 태어났을 뿐이다.

엘리트는 언제나 비전형이다

물론 글로벌 스포츠에서 신체 조건만으로 최고 수준에 오를 수는 없다. 강한 정신력도 필요하다. 하지만 이 영역에서도 펠프스는 비전형적인 모습을 보여준다. 그는 어린 시절에 지나치게 활동적이었지만, 수영을 시작한 후로는 그 엄청난 에너지를 수영장에 쏟아붓는 방법을 배웠다고 했다. 그 후로 그는 훈련광이 되었고,

2004년 아테네 올림픽을 앞두고는 5년 동안 단 하루도 빠짐없이 훈련했다고 한다. 생일과 크리스마스도 예외는 아니었다.[5]

그러니까 펠프스가 전형적인 인간은 아니라고 결론 내릴 수 있을 것 같다. 하지만 이런 특성들이 모두 놀랍기는 해도, 일반 대중이 아닌 다른 엘리트 수영 선수와 비교하면 특별히 차이가 크지 않다. 큰 키, 긴 팔, 큰 손발, 짧은 다리 등의 '수영 선수 패키지'를 대부분 가지고 있지 않으면 그런 엘리트 선수 축에 들어가기도 힘들기 때문이다.

이는 오늘날 모든 글로벌 스포츠에 해당하는 이야기다. 엘리트 운동선수들은 일반 인구집단과는 차원이 다르다. 이들은 최고 수준의 경기를 펼칠 수 있는 특성을 우연히 갖게 된 비전형적인 인간들로 이루어진 집단이다. 고전적 사례인 농구만 생각해봐도 그렇다. 미국 NBA 리그 선수들의 평균 키는 2미터다. 이는 서구 남성 중 상위 1퍼센트에 해당한다. 그중에서도 최고 수준의 선수들은 이보다도 큰 경우가 많다. 그리고 상대적으로 키가 작은(물론 농구선수 기준으로) 선수라도 팔 길이가 아주 길어서 작은 키를 보완하는 경우가 많다. 손을 머리 위로 올리면 꼭 작다고 할 수 없다는 의미다. 사실 진짜 중요한 것은 이 높이다. 이 높이에서 공이 손을 떠나는데, 대부분의 블록슛이 이 높이에서 이루어지기 때문이다.

그와 정반대되는 사례를 체조에서 찾을 수 있다. 여기서는 작은 키가 유리하다. 공중에서 회전하거나 균형을 잡기가 더 쉽기 때문이다. 여성 올림픽 체조 선수의 평균 키는 155센티미터에 불과하다. 그리고 세계 최고의 체조 선수인 시몬 바일스Simone Biles는 그보다도 훨씬 작다. 바일스의 키는 142센티미터로 서구 인구집단의 99.7퍼센트보다도 작다. 너무 작은 키라서 이 정도면 왜소증dwarfism 범주에 들어간다.

스포츠의 세계는 엘리트 선수들이 얼마나 비전형적인 경향이 있는지를 가장 쉽게 확인할 수 있는 영역이다. 그들에게서 보이는 차이점 중 상당수가 신체적인 차이이기 때문이다. 하지만 이런 현상이 스포츠에서만 나타나지는 않는다. 전 세계를 무대로 펼쳐지는 모든 분야에서 이런 현상을 찾아볼 수 있다. 예를 들어 과학 분야에서 헝가리계 미국인 물리학자 존 폰 노이만John von Neumann은 역사상 가장 영향력 있는 과학자 중 한 명으로 평가받는다. 그는 언뜻 보면 아주 평범한 사람이다. 신체적으로는 말이다. 하지만 그의 두뇌와 인지능력은 분명 평범하지 않았다. 그는 대부분의 아이가 알파벳이나 신발 끈 묶는 법을 배우고 있을 여섯 살에 암산으로 여덟 자리 숫자의 나눗셈을 할 수 있었고, 고대 그리스어, 라틴어, 그리고 대여섯 개의 다른 언어를 독학으로 익혔다.

큰 물고기, 작은 연못의 역설

인생의 가장 큰 질문 중 하나는 큰 연못 속 작은 물고기가 되는 것이 나은가, 작은 연못 속 큰 물고기가 되는 것이 나은가다.

바꿔서 비유하자면, 대형 축구 클럽에 들어가 평범한 선수가 되는 것이 나을까, 아니면 지역 팀에 들어가서 최고의 선수가 되는 것이 나을까? 아니면 영재 학교에서 평범한 학생이 되는 것이 나을까, 아니면 일반 학교에 들어가 최우수 학생이 되는 것이 나을까? 혹은 런던에서 가장 핫한 나이트클럽에 가서 눈에 띄지 않는 존재가 되는 것이 나을까, 아니면 동네 술집에 찾아가 거기서 제일 예쁜 사람으로 대접받는 것이 나을까?

이 질문에 대한 해답은 어떤 연못에 대해 이야기하는지, 그리고 달성하려는 목표가 무엇인가에 따라 달라진다. 하지만 심리학적 관점에서 보면 답은 놀라울 정도로 간단하다. 작은 연못 속 큰 물고기가 되라. 그게 최고로 행복해지는 방법이다.

이런 현상은 전 세계 대학의 과학 학부에서 볼 수 있다. 대부분의 국가는 가능한 한 많은 젊은이들이 STEM 분야(과학, 기술, 공학, 수학)에 지망하게 만들려고 한다. 그래서 사회학자들은 어떻게 하면 젊은이들을 그 방향으로 유도할 수 있는지, 그리고 실제로 졸업까지 마칠 사람이 누구인지 예측할 방법을 알고 싶어 한다. 당연하게도 연구에 따르면 자연과학 분야에서 대학 교육을 마치려면 수학 실력이 도움이 된다. 미국 뉴욕주에 있는 하트윅대학교Hartwick university를 예로 들어보자.[6] 이 대학에서 과학 분야 졸업생 대다수는 수학 능력이 제일 출중한 학생들이 채우고 있다. 입학생들을 수학 능력별로 세 집단으로 나누면 다음과 같다.

- 수학 능력 상위 3분의 1 : 과학 분야 졸업생 중 50퍼센트
- 수학 능력 중간 3분의 1 : 과학 분야 졸업생 중 27퍼센트

- 수학 능력 하위 3분의 1 : 과학 분야 졸업생 중 18퍼센트

이 수치들을 파악하기가 좀 어려울 수 있는데, 한마디로 요약하면 과학 분야에서 졸업까지 무사히 마치는 학생 중 상당수는 수학을 제일 잘하는 학생 집단에서 나온다는 의미다. 이런 패턴은 미국 전역의 대학교에서 나타난다. 심지어 세계 일류 대학이라 할 수 있는 하버드에서도 마찬가지다.

하지만 여기에 함정이 있다. 하버드대학교 학생들은 그들만의 리그에 있다. 하버드대학교의 꼴찌 학생이라도 하트윅대학교의 1등 학생보다 수학을 더 잘할 가능성이 높다. 하지만 그렇다고 그 하버드대학교 꼴찌 학생이 그 과학 분야에서 졸업할 가능성이 높다는 의미는 아니다. 이 경우 수학 실력이 약한 하트윅대학교 1등 학생이 수학적으로 더 뛰어난 하버드대학교 꼴찌 학생보다 졸업 가능성이 더 높다.

어떻게 이런 일이 가능할까? 하버드의 꼴찌 학생은 재능이 비상하다. 하지만 본인의 눈에는 꼭 그래 보이지는 않는다. 이런 왜곡이 생기는 이유는 '큰 물고기, 작은 연못big-fish-little-pond' 효과라는 심리현상 때문이다.[7,8]

이것은 학업 능력이 뛰어난 또래들과 함께 있는 학생들이 자신의 능력을 실제보다 낮게 판단하는 현상을 설명해준다. 한 사례를 통해 이 현상을 이해해보자. 똑같은 지능을 가진 학생으로 두 집단을 꾸렸다고 상상해보자. 한 집단은 영재학교로 보낸다. 그리고 다른 한 집단은 평균 수준이 현저히 낮은 일반학교로 보낸

다. 이렇게 서로 다른 학교에서 몇 달을 보낸 후에 학생들에게 자신의 능력을 평가해보라고 한다.

학생들이 똑같이 똑똑하다는 사실을 알고 있으므로, 학생들이 자신의 능력을 제대로 반영해서 스스로를 평가한다면, 모두 지능이 동일하다고 판단하는 것이 옳다. 하지만 큰 연못 속 작은 물고기들, 즉 영재 학교에 있던 학생들은 일반 학교에 있던 작은 연못 속 큰 물고기들보다 자신의 능력을 낮다고 판단할 것이다.

학업이 뛰어난 또래들과 함께 있는 학생들은 '학업적 자기인식academic self-concept'이 빈약하게 형성된다고 말할 수 있다. 이것이 중요한 이유는 학업적 자기인식이 학업적 성취에 영향을 미치기 때문이다. 자신의 능력을 믿으면 추가적인 노력을 기울이려는 의지가 생기고, 복잡한 문제에 직면했을 때도 포기하지 않는다. 자신감은 야망을 낳고, 야망이 없으면 결코 높은 목표를 향해 나아가지 못한다.

따라서 학업적으로 뛰어난 학생이 최고의 명문 대학을 선택해서, 그 안에서 평균 이하의 학생이 된다면 오히려 불리해질 수 있다. 그 또래 중에는 세계에서 가장 재능 있는 학생들이 포함되어 있기 때문이다. 이를테면 대학계의 마이클 펠프스라 할 수 있을 것이다. 하버드의 꼴찌 학생이라도 여전히 전 세계적으로는 상위 0.1퍼센트에 속하지만, 그들이 살면서 실제로 경험하는 바는 그와 다르게 전개된다.

인간은 심리학자 대니얼 카너먼Daniel Kahneman이 "내 눈에 보이는 것이 전부다"라고 부르는 인지편향에 취약하다. 우리는 바로 눈앞에 있는 정보를 바탕으로 세상의 이미지를 그리는 경향이 있다. 엘리트 대학의 학생들이 자신의 능력을 객관적으로 평가하기 어려운 이유도 이 때문이다. 성적이 낮은 하버드 학생들도 전 세계로 넓혀서 생각하면 자기가 엄청나게 똑똑한 축에 속한다는 것을 논리적으로는 이해할 수 있다. 하지만 그들의 본능적인 느낌은 그렇지 못하다.

　이것이 '큰 물고기, 작은 연못' 효과의 본질이다. 사회학자들은 이 현상을 미국 학생들뿐 아니라 연구 대상이었던 모든 문화권에서 관찰했다.[9] 여러 서구 국가들에서 관찰되었을 뿐 아니라, 인도네시아, 태국, 튀니지 같은 비서구 국가에서도 관찰됐다. 그리고 연령대와 남녀도 가리지 않고 나타난다.

'큰 물고기, 작은 연못' 효과가 학업적 자기인식에 국한되어 나타나지는 않는다. 예를 들어 스포츠 세계에서는 운동선수들이 팀 동료들의 실력과 비교해서 자신을 판단한다.[10,11] 이런 현상이 보편적으로 나타나는 이유는 '큰 물고기, 작은 연못' 효과가 우리의 사회적 본성 중에서 가장 깊은 요소 중 하나인 사회적 지위social status에 대한 욕구에서 비롯되기 때문이다.

지배가 아닌 명성으로 작동하는 사회

사회학자들은 사회적 지위를 두 가지 형태로 구분한다. 지배dominance에서 오는 지위와 명성prestige에서 오는 지위다.[12] 지배는 동물의 세계에서 가장 흔한 형태의 사회적 지위이고, 폭력을 바탕으로 한다. '내가 시키는 대로 해. 그러지 않으면 때려줄 거야.' 한마디로 이런 식이다.

이런 형태의 사회적 지위를 인간들 사이에서도 볼 수 있다. 범죄 집단을 예로 들어보자. 사람들은 마피아가 너무 좋아서, 혹은 마피아의 대부가 돈을 벌게 도와주고 싶어서 그들의 말을 듣는 것이 아니다. "당신한테 안 좋은 일이라도 생기면…… 서로 별로 기분 좋을 거 없잖아. 안 그래?" 이런 협박 때문에 말을 듣는다. 범죄 집단 안에서는 어떤 사람이 다른 사람을 폭력으로 이길 수 있는 능력에 따라 권력이 분배된다. 자기 손으로 직접 하든, 부하나 동맹의 손을 거치든 말이다.

그보다 온건한 상황에서는 물리적 폭력을 꺼내지는 않지만, 상대방에게 해를 끼칠 수 있는 능력을 바탕으로 만들어지는 지배 중심의 위계질서를 볼 수 있다. 예를 들어 당신의 상사가 당신을 지배할 수 있는 이유는 말을 안 들으면 때려눕히기 때문이 아니라, 당신을 해고해서 수입을 박탈함으로써 해를 끼칠 수 있기 때문이다.

하지만 지배에 바탕을 둔 사회적 지위는 인간 사회에서의 주된 형태가 아니다. 그런 점에서 우리는 특별하다. 심지어 우리와 가장 가까운 친척인 침팬지 무리에서도 사회적 위계는 주로 지배를 바탕으로 이루어진다. 하지만 인간의 경우는 선조들이 무기를 발명하면서부터 상황이 바뀌었다.

화난 사람을 창으로 지배하기는 쉽지 않다. 침팬지는 서로 죽이려면 물고, 때리고 시간이 아주 많이 걸리지만, 인간은 또 다른 인간을 무기로 순식간에 죽일 수 있다. 이것 때문에 누군가를 함부로 괴롭히기가 난처해진다. 당신이 부족의 누군가를 심하게 괴롭혔다가는 그 사람이 한밤중에 당신의 풀 침대 옆에 난데없이 나타나 당신을 찌를지도 모를 일이니까 말이다.

무기뿐 아니라 언어의 발명 역시 인간이 순전히 지배를 기반으로 하는 사회적 지위의 위계에서 벗어나는 계기가 됐다. 서로 대화를 나누면 정보도 교환할 수 있지만, 계획도 수립할 수 있다. 즉 괴롭히는 불한당이 있을 때 여러 부족원들이 무리지어 집단 공격으로 죽일 수 있다는 뜻이다. 불한당이 그 무리에 속한 각각의 구성원보다 몸집이 크고, 힘이 세더라도 말이다.

인류학자 리처드 랭엄Richard Wrangham은 아마존 우림 깊숙한 곳에서 살고 있는 수렵채집 부족인 야노마미족Yanomami에서 이와 비슷한 일이 벌어졌던 이야기를 들려준다. 부족의 한 남자가 오랫동안 오만하고, 공격적인 태도로 사람들을 전체적으로 괴롭히면서 다른 부족 사람들의 화를 돋우고 있었다. 어느 날 부족 남자들이 사냥을 나갔다가, 그 불한당더러 나무에 올라가 꿀을 따올 수 있겠느냐고 도발했다. 도발에 넘어간 남자는 무기를 내려놓고 나무로 올라갔다. 그가 나무에 올라 있는 동안 다른 사람들은 조용히 그의 무기를 치웠다. 그리고 남자가 땅으로 내려오자마자 바로 그를 죽이고는 집으로 돌아갔다.[13]

이보다 덜 극단적인 경우도 있다. 수렵채집인이나 다른 소규모 집단은 험담이나 사회적 따돌림을 통해 불한당의 행동을 강제로 바로잡기도 한다. 이런 요소들이 함께 작용해서 대부분의 수렵채집인 사회는 모두가 서로의 신경을 건드리지 않도록 조심하며 다른 부족원들을 잘 대하려 노력하는 평등주의 문화를 갖게 됐다. 그러다가 농업사회, 그리고 나중에는 복합사회로 전환되면서 타인에게 지배력을 행사하기 쉬운 환경이 다시 한번 조성됐다. 예를 들어 왕은 한 명이지만 농부 몇 명이 자신에게 불만이 있다고 해서 걱정할 필요가 없다. 하지만 전반적으로 보면 지배는 여전히 인간의 사회적 지위에서 가장 흔하게 나타나는 형태가 아니다. 그보다는 명성이라는 다른 형태의 사회적 지위가 제일 흔하다. 지배와 달리 명성에 의한 사회적 지위가 관찰되는 종은 많지 않다. 하지만 이런 형태의 지위가 작동하는 방식을 보여주는 작은 새가 있다.

이 새의 이름은 아라비아 노래꼬리치레Arabian babbler이고 많게는 20마리까지 소규모로 집단을 꾸려서 살아간다. 각각의 집단은 하나의 영토를 공유하며, 그 영역은 보통 나무 하나와 덤불 몇 개 정도로 이루어져 있다. 여기서 이들은 공동 둥지를 틀고 집단의 새끼들을 부화시킨다. 그리고 서로 협력해서 포식자들이나 다른 노래꼬리치레 무리로부터 자신의 영역을 지킨다. 이런 생활 방식 때문에 아라비아 노래꼬리치레는 인간과 더 비슷한 모습을 보이는 조류 종 중에서도 특이한 존재다.

보다시피 아라비아 노래꼬리치레와 석기시대 인류는 모두 무리가 있어야 생존할 수 있다. 엄밀히 말하면 수렵채집인은 똑똑하고 육체적으로 강인하기만 하다면 혼자서도 살아남을 수 있다.

하지만 혼자 있는 인간은 손쉬운 사냥감이 될 수 있다. 우리는 대부분의 동물과 비교하면 신체적으로 약하고, 다른 인간들 앞에서도 나약한 존재다. 단독으로 사는 석기시대 인간은 어지간히 운이 좋지 않으면 강도를 당하거나, 노예로 끌려가거나, 죽임을 당했을 것이다. 마찬가지로 아라비아 노래꼬리치레도 단독으로는 무리를 상대해서는 승산이 없다. 이 새가 단독으로 살아가려면 다른 새들은 아무런 관심이 없는 영역을 차지하는 것에 만족해야 한다. 그리고 아마도 그곳은 훤히 노출되어 있어 먹이도 별로 없고, 포식자에게 잡아먹힐 위험도 클 것이다.

그래서 아라비아 노래꼬리치레는 무리의 일부로 속해 있는 편이 더 낫다는 것을 본능적으로 알고 있다. 우리는 이것을 재미있는 행동에서 확인할 수 있다. 아라비아 노래꼬리치레는 그냥 협력하는 수준에서 그치지 않고, 무리에 물리적으로 가능한 한 최대의 도움을 주려고 경쟁한다. 사회적 동물들 중에서도 이런 행동은 드물다. 예를 들어 사자 무리는 수컷이 지배하며, 수컷이 자신의 지위를 이용해서 먼저 먹이를 먹고 이어서 암컷들이 먹는데, 서로 더 많은 몫을 차지하려다 싸움이 일어나기도 한다. 하지만 아라비아 노래꼬리치레 사이에서는 정반대 현상이 일어난다. 이 새들은 서로에게 먹이를 나누어준다. 그래서 서열이 낮은 제일 불쌍한 새가 먼저 배불리 먹는다. 그것도 모자라 대장 새가 억지로 더 먹이려들면 먹지 않으려고 필사적으로 도망가는 경우도 드물지 않다.

무리에게 유익하게 작용하는 다른 행동에서도 이와 같은 패턴이 나타난다. 아라비아 노래꼬리치레는 무리를 위해 서로 자기가 보초를 서겠다고 경쟁한다. 보초를 서면 위험에 더 많이 노출되고, 먹이를 찾는 데 투입할 시간도 제한되는데 말이다. 그리고 이들은 가장 위험한 잠자리, 즉 집단이 공유하는 나뭇가지 중에서 제일 가장자리를 차지하려고 싸운다. 이곳은 포식자에게 잡아먹힐 위험이 가장 높은 곳인데도 말이다.

이런 유형의 행동이 순수하게 선한 마음에서 나오는 것이라 설명할 수 있으면 좋으련만, 안타깝게도 진화는 그런 식으로 작동하지 않는다. 아라비아 노래꼬리치레가 공격적이다 싶을 정도로 서로 도우려 하는 이유는 이타적이어서가 아니라 자신의 생존 가능성을 높이기 위해서다. 이들은 집단에 유용한 존재로 스스로를 자리매김함으로써 무리에서 쫓겨날 위험을 줄인다. 먹이를 많이 모아오거나 집단을 보호하는 데 뛰어난 구성원을 두는 것이 집단으로서는 최선의 이익이기 때문이다.

이런 식이면 무리에 별로 도움이 안 되는 아라비아 노래꼬리치레가 밤에 더 안전하고, 먹이 걱정도 할 필요 없다. 하지만 이런 새는 없어도 그만인 존재가 된다. 이런 개체가 그 사회의 정치적 역학 관계로 인해 집단에서 쫓겨나더라도 그리워할 새는 별로 없을 것이다. 그리고 그렇게 혼자가 되면 그때부터는 정말 먹이와 안전을 혼자서 걱정해야 할 처지가 된다. 그래서 아라비아 노래꼬리치레는 본능적으로 자신의 목숨을 걸어서라도 무리의 이익을 지키려 한다.

이런 새의 행동 중에는 우리에게 익숙한 것도 있다. 예를 들어

배의 위계에서 제일 높은 자리를 차지하고 있는 선장이 침몰하는 배에서 제일 나중에 탈출하는 모습은 우연히 생기는 것이 아니다. 또한 옛날에는 전투에서 왕이나 장군이 최전선에서 군대를 지휘하는 것이 관례였다. 그리고 요즘에는 스포츠 팀이 부진하면 감독이나 스타 선수가 욕받이가 되기 십상이다.

하지만 인간의 경우 명성을 얻기 위한 경쟁에서 무리에 유익한 행동을 실제로 하는 것만 중요하지 않다. 무리에 유익할지 모를 무언가를 할 능력을 보여주는 것도 경쟁력이 될 수 있다. 예를 들어 운동선수는 사회적 지위가 높다. 언뜻 보면 크리스티아누 호날두Cristiano Ronaldo나 르브론 제임스LeBron James 같은 운동선수가 집단에 무슨 도움이 된다고 전 세계적으로 엄청난 존경을 받는지 이상해 보일 수 있다. 하지만 진화론적 관점에서는 말이 된다. 운동 능력은 수렵채집인 집단에게 유용한 특성이다. 강하고 빠른 사람은 뛰어난 전사이자 훌륭한 사냥꾼이 될 수 있기 때문에, 부족의 다른 구성원에게 좋은 동맹이 되어준다. 그래서 뛰어난 운동 능력을 발휘하는 사람이 있으면 우리는 그 사람을 주목하게 된다. 특히 경쟁이라는 요소가 가미되면 더욱 주목도가 높아진다. 그러면 단순히 자신의 인상적인 능력을 보여주는 데서 그치지 않고, 자신의 능력이 다른 사람보다 뛰어나다는 것을 보여줄 수 있기 때문이다.

마찬가지로 자원이 풍부한 사람이 높은 사회적 지위를 갖는 경우도 자주 본다. 그리고 요즘 사회에서는 이런 자원이 대부분 돈이라는 형태를 취한다. 이런 경우 역시 그런 사람은 먹이를 잘 찾아오는 아리비아 노래꼬리치레처럼 좋은 동맹이다.

많은 경우 폭력을 바탕으로 형성되는 위계보다는 명성을 바탕으로 하는 위계가 구성원의 입장에서는 더 반갑다. 하지만 이것도 자체적으로 문제가 없지는 않다. 무엇보다 명성 역시 여전히 위계질서에 해당하고, 모든 사람이 평균 이상으로 운동을 잘하거나, 부자이거나, 머리가 똑똑할 수는 없다.

소셜미디어에서 나타나는 명성 경쟁

여기서 우리의 못난 측면들이 일부 드러나는데, 그중 제일 눈에 띄는 것이 자신을 타인과 비교하는 분위기다. 수백만 년에 걸친 진화를 거치면서 우리는 명성이 유리하게 작용한다는 것을 본능적으로 이해하고 있다. 그래서 우리는 자신이 돋보일 수 있고, 유용한 존재로 사회적 인정을 받을 수 있는 사회 영역을 찾으려 한다. 그런 영역을 찾아내면 기분이 좋아진다. 하지만 다른 사람들이 자기보다 나은 것으로 드러나면 기분이 썩 좋지 않다. 가지에서 제일 안쪽에 자리 잡은 아라비아 노래꼬리치레처럼 사회에 쓸모없는 존재가 되면, 가치 있는 동맹으로 자리매김할 수 없고, 언제 내쳐질지 모를 취약한 존재가 된다.

마을이나 부족 같은 작은 연못에서는 구성원의 숫자가 많지 않아 대부분 이런 문제를 극복할 수 있다. 작은 집단 안에서는 무언가 의미 있는 기여를 통해 돋보일 틈새 기회를 찾기가 어렵지 않다. 하지만 현대사회에 들어서는 명성을 추구하는 우리의 본능이 완전히 궤도를 벗어날 수 있다. 우리는 작은 연못을 벗어나 거대한 연못에 참여하는 경우가 점점 많아지고 있다. 이런 연못에서는 승자독식의 경쟁이 벌어지며, 승자는 1000명 중 한 명, 심지어 100만 명 중 한 명에 불과하다.

스포츠 세계에서는 TV의 등장과 함께 이런 변화가 찾아왔다. 동네 축구팀이나 쫓아다니던 사람들이 갑자기 전 세계 스포츠 팀들의 경기를 자유롭게 시청할 수 있게 되었다. 그래서 지역별로 여러 평범한 운동선수에게 분산되어 있던 사람들의 관심이 절대적 엘리트 계층에 속하는 최상위 몇몇 운동선수에게 집중되는 현상이 일어났다. 연기, 음악, 글쓰기 같은 분야도 마찬가지다. 이런 분야에서도 대부분의 관심이 최고의 실력자에게 쏠리기 때문에 경쟁이 훨씬 치열해졌다.

여기서 소셜미디어가 다시 등장한다. 이것은 기존에는 작았던 연못이 기술의 발전으로 인해 엄청나게 커진 가장 최근의 사례다. 앞에서 이야기했듯이 원래 우리의 소셜미디어 피드에 들어 있는 콘텐츠들은 대부분 가족이나 친구들이 만들었다. 동네 축구팀을 쫓아다니던 사람들처럼 말이다. 하지만 소셜미디어 생태계가 점점 더 사람들의 관심을 가장 많이 끄는 콘텐츠를 제공하는 쪽으로 바뀌면서 역학관계가 변했다. 그냥 다른 사람들보다 콘텐츠를 잘 만드는 사람들이 있다. 인스타그램이나 틱톡 같은 이미지나 동영상 기반 플랫폼에서 콘텐츠가 잘나가는 사람들은 보통 외모가 매력적이거나 재미있는 사람들이다. 그리고 트위터나 링크드인처럼 텍스트 기반의 플랫폼에서는 아주 똑똑하거나, 큰 성공을 거두었거나, 아니면 여기서도 마찬가지로 재미있는 사람들이다.

우리는 많은 시간을 소셜미디어에서 보내기 때문에 알고리즘이 보여주는 매우 특별한 사람들이 '준거집단reference population'으로 자리 잡는다. 그리고 이 준거집단이 우리의 사회적 현실감을 망쳐 놓는다. 미모, 직업적 성공, 유머, 지능 등에서 1000명 중 한 명, 100만 명 중 한 명에 해당하는 사람들을 더 많이 접하다 보니 기준이 정상에서 계속 멀어지는 것이다.

젊은 세대의 정신건강에 드리워진 위기

앞서 언급했듯이 덴마크 보건당국은 4년마다 '국가 건강 프로필National Health Profile'이라는 국민 건강상태 조사를 실시한다. 여기에는 정신건강 분야도 포함되어 있어, 덴마크 사회가 어떻게 지내고 있는지 볼 수 있다.

2013년 보고서에서는 덴마크인 중 11퍼센트가 정신건강이 좋지 않다고 나왔다. 그 후에 나온 2017년 보고서에서는 그 수치가 13퍼센트로 올라갔다.[14] 그리고 가장 최근인 2021년 보고서에서는 17퍼센트로 또 올랐다.[15]

이 우려스러운 추세는 특히 젊은 사람들 사이에서 두드러진다. 16~24세 사이에서는 남자 21퍼센트, 여자 34퍼센트가 정신건강이 좋지 않다. 이 중 상당 부분이 불안과 우울에서 기인하는데, 덴마크에서 아동 및 청소년의 불안과 우울은 2006년 이후 세 배나 증가했다.

나머지 선진국에서도 같은 양상이 나타나고 있다.[16] 스웨덴에서는 정신건강이 좋지 않은 아동과 청소년의 수가 지난 10년간 두 배로 증가했다.[17] 프랑스에서는 우울증을 앓는 청소년의 수가 2014년 이후 네 배로 증가했다.[18] 그리고 미국에서는 고등학생 중 42퍼센트가 지속적인 절망과 슬픔을 느낀다고 말한다.[19]

정말인가 싶을 정도로 우려스러운 수치다. 어쩌면 진단의 기준이 낮아져서 그럴 수도 있다. 어쩌면 요즘 젊은 사람들이 자신의 느낌을 예전보다 더 거리낌 없이 표현하기 때문에 그럴 수도 있다. 아니면 요즘 들어 정신질환에 대한 지식과 인식이 확산된 것이 반영된 결과인지도 모른다.

이런 설명도 어느 정도는 맞을 수 있지만 지금 일어나고 있는 일을 완전히 설명할 수는 없다. 젊은이들이 정신건강상의 어려움에 대해 말만 많아졌으면 다행이지만, 안타깝게도 그 어려움을 행동으로 표현하는 젊은이들도 더 많아졌다. 미국에서는 자해 때문에 병원에 입원한 10~14세 여성 청소년의 수가 2001년 후로 세 배 증가했으며, 많은 유럽 국가에서도 동일한 추세가 나타나고 있다.[20]

미국 심리학자 진 트웬지Jean Twenge와 조너선 하이트Jonathan Haidt는 이런 정신건강 위기에 소셜미디어가 큰 역할을 했다고 주장한다. 소셜미디어의 발달 과정을 되돌아보면 그 이유를 이해할 수 있다. 이런 영향을 받은 모든 국가에서 부정적인 현상들은 2010년대 초, 보통 2012년이나 2013년에 시작됐다. 그 후로 젊은이들의 삶에서 많은 부분이 바뀌었지만, 가장 큰 변화는 의심의 여지없이 스마트폰의 등장이었다. 이를 통해 소셜미디어에 하루 24시간 접근할 수 있게 되었다. 이런 변화가 모든 연령대의 사회생활을 바꾸어놓았지만, 당연하게도 젊은이들이 가장 큰 영향을 받았다. 첫째, 젊은이들은 전통적으로 사교활동이 가장 활발한 연령층이기 때문이다. 둘째, 앞에서도 확인했듯이 젊은이들이 스크린 시청 시간이 제일 길기 때문이다.

스페인의 한 연구에서는 자연실험natural experiment(연구자가 직접 실험을 설계하지 않고 자연스럽게 발생한 사건이나 제도 변화를 이용해 그 효과를 관찰하는 실증적인 연구 방법-옮긴이)을 통해 이 가설을 조사했다. 연구자들은 스페인의 모든 젊은이가 동시에 휴대폰으로 소셜미디어에 접근할 수 있었던 것은 아니라는 점을 이용했다. 적어도 접근의 품질이 모두 같지 않았다. 인스타그램처럼 이미지 기반, 동영상 기반 소셜미디어에서는 인터넷 접속이 좋아야 더 나은 경험을 할 수 있다. 그래서 과학자들은 지역에 고속 인터넷이 보급되었을 때 십대들의 정신건강에 어떤 일이 일어났는지 살펴봤다. 그 결과 젊은 여성들에게서 불안, 우울, 자해로 인한 입원이 증가한다고 나왔다.[21]

미국 과학자들은 페이스북이 미국 대학생들 사이에서 일상으로 자리 잡으면서 동일한 패턴이 나타나는 것을 관찰했다. 처음에는 페이스북 사용이 몇 개 대학에 국한되어 있었지만, 결국에는 점점 더 많은 학생이 접근할 수 있게 됐다. 과학자들은 전국 대학생 건강 평가 설문조사 데이터를 이용해서 이후 몇 년간 학생들의 정신건강이 어떻게 변화하는지 추적했는데, 스페인 과학자들과 마찬가지로 악화되는 추세를 발견했다.[22]

물론 이 두 연구만으로 소셜미디어가 오늘날 젊은이들의 정신건강 문제를 일으키는 원인이라고 단정할 수는 없다. 하지만 분명 생각해볼 만한 내용이다. 그리고 다른 방법론을 통해 진행된 다른 연구들도 이와 비슷한 이야기를 전하고 있다.

일례로 미국의 한 연구에서 과학자들은 페이스북을 완전히 끊었을 때의 효과를 조사했다. 이 실험을 담당한 과학자들은 2000명이 넘는 사람에게 돈을 지불하고 실험에 참여시켜 두 집단으로 나누고, 한 집단의 참가자들은 평소처럼 페이스북을 계속 사용하게 했고, 다른 집단의 참가자들은 한 달 동안 페이스북 앱을 사용하지 못하게 했다. 그 결과 페이스북을 완전히 끊은 사람들이 더 행복하고, 불안이 줄고, 우울증의 증상도 더 적다고 보고했다.[23]

덴마크 연구에서도 동일한 결과가 나왔지만,[24] 모든 연구 결과가 일치하지는 않는다. 일부 연구에서는 사람들이 소셜미디어를 완전히 끊어도 더 행복해지지 않았다.[25] 하지만 지금까지 수행된 연구들을 모두 비교해본 조너선 하이트와 동료들은 흥미로운 패턴을 찾아냈다.[26]

며칠에 걸쳐 진행된 단기 연구에서는 소셜미디어 접근을 제한해도 일반적으로 더 행복해지지 않았다. 사실 오히려 기분이 더 안 좋아지는 경우도 있었다. 하지만 일주일 이상 진행되는 장기 연구에서는 긍정적인 효과가 나타났다. 이것은 중독을 끊었을 때 전형적으로 나타나는 패턴이다. 금단증상 때문에 처음에는 기분이 더 나빠지지만, 장기적으로는 개선된다.

왜 우리는 늘 자기보다 나은 사람에게 눈길이 가는가

우울증과 불안이 있는 사람들은 소위 '사회적 상향 비교upward social comparison'를 한다. 이름이 암시하듯 한 가지 이상의 매개변수에서 자신을 자기보다 더 나은 타인, 즉 더 아름답거나, 부자이거나, 똑똑하거나, 인기가 많은 사람과 비교한다.

앞에서도 확인했듯이 이들은 바로 소셜미디어가 우리 피드에서 홍보해주는 유형의 사람들이다. 그리고 우리의 사회적 지위 본능 때문에 이들은 열등감을 촉진하는 확실한 불쏘시개 역할을 한다. 그리고 우울증과 불안이 있는 사람에게서 바로 이런 느낌이 공통적으로 나타난다. 이러한 흐름을 보면 소셜미디어 사용이 불안증과 우울증이라는 심리 질환으로 이어지는 것이 이상하지도 않다. 앞에서 이미 확인했듯이 소셜미디어는 세상에 대한 우리의 이미지를 왜곡해서 마치 세상이 비전형적인 사람들로 채워진 것 같다는 생각이 들게 만든다. 가장 아름답고, 가장 성공적이고, 가장 인기 있는 사람들로 말이다. 이런 이유 때문에 사회적 상향 비교를 하면서 자신을 부족한 사람이라 느끼는 경우가 그 어느 때보다 많아졌다.

물론 비교해봐야 기분만 나빠지는데 비교 행위를 멈추면 되지 않느냐고 생각할 수 있다. 하지만 우리가 지금 타고난 본능과 싸우고 있다는 점을 인식해야 한다. 사람이 무리에서 지위가 높은 구성원에게 자꾸 관심이 가는 것은 너무나 자연스러운 일이다. 앞에서 보았던 원숭이 포르노 연구를 기억하는가? 이 실험에서 과학자들은 수컷 붉은털원숭이들이 암컷 원숭이의 엉덩이 사진을 보는 대가로 과일 주스를 '지불'하게 만들 수 있었다. 하지만 원숭이들이 기꺼이 돈을 지불하려 했던 대상이 엉덩이 사진만은 아니었다. 암수 모두 무리 최고 서열 구성원의 사진을 볼 수 있다면 기꺼이 과일 주스를 포기하려 했다.

우리가 지위가 높은 사람에게 그렇게 관심이 많은 데는 몇 가지 이유가 있을 것이다. 첫째, 이들이 지위가 높아진 데는 이유가 있다. 아니면 적어도 예전에는 있었을 것이다. 요즘에는 아주 사소한 일로도 부유하고 유명해질 수 있다. 하지만 수렵채집인 사회에서 지위가 높은 사람은 최고 사냥꾼이거나 전사였을 가능성이 높았다. 양쪽 모두 유익한 능력이다. 그래서 이기적인 이유로라도 그런 능력을 가진 사람에게 관심을 가지는 태도가 이롭게 작용했을 것이다. 그들의 행동을 관찰하면 성공의 비밀에 대한 단서를 찾을 수도 있고, 그것을 모방해서 스스로 높은 지위에 오를 수도 있었을 테니까 말이다.

우리가 지위가 높은 사람에게 자연스럽게 관심이 많아지는 또 다른 이유는 그들이 가지고 있는 권력 때문이다. 요즘에는 기존에 비하면 권력자들의 힘이 상당히 제한적이다. 적어도 서구에서는 그렇다. 하지만 당신이 초기 농업사회에 살던 농부였다고 상상해보자. 당신네 사회의 왕은 초록색을 싫어한다. 그런데 어느 날 왕이 당신을 불러들였다면 그 사실을 미리 파악해서 다른 색깔의 옷을 입고 가야 할 것이다. 아니면 두 번 다시는 궁전 바깥의 세상을 보지 못했을지도 모르니까 말이다.

비교를 피할 수 없는 세계

소셜미디어 플랫폼은 사람들의 인생에서 좋았던 순간만을 골라서 보여주는 경향이 있기 때문에 사회적 비교의 문제를 더욱 악화시킨다. 이중턱을 드러내고 소파에 늘어져 앉아 있는 사진을 올리는 사용자는 거의 없다. 일부러 좋은 각도를 골라서 촬영한 사진, 직장에서의 성취를 알리는 소식, 신나는 휴가를 가서 올린 게시물들이 끝도 없이 흘러나온다. 다시 말하지만 우리 뇌는 이것이 편집된 현실이라는 것을 이해하도록 만들어져 있지 않다. 뇌에게는 보이는 것이 전부다.

사람들에게 다른 사람들과 비교해서 자신의 사회적 삶을 평가하라고 요청한 연구에서 이런 오해가 분명하게 드러난다. 이들 연구에 따르면 우리는 실제로는 그렇지 않은데도, 다른 사람들이 훨씬 재미있게 사회생활을 즐기고 있다고 믿는 경향이 있다.[27] 사람을 불행하게 만드는 부정확한 비교로부터 사람들을 보호하도록 소셜미디어를 설계하는 것이 가능하다. 하지만 그렇게 하면 사용자의 참여도에 부정적인 영향을 미친다. 사회적 지위에 대한 불안을 자극하는 것이야말로 사람들의 콘텐츠 제작을 채찍질하는 가장 완벽한 방법이기 때문이다.

일례로 '좋아요', '구독' 등의 수치를 모든 사람이 볼 수 있게 공개한 것은 우연이 아니다. 만약 당신의 팔로워 수나 커넥션의 수가 단순히 보상을 느끼게 만들 목적이었다면, 남들에게는 보여주지 않고 당사자만 보게 표시해도 충분했을 것이다. 하지만 이런 수치들은 당근뿐 아니라 채찍의 역할도 염두에 두고 만들어졌다. 수치를 공개함으로써 소셜미디어 플랫폼들은 눈에 보이는 지위의 위계를 만들어낸다. 많은 사람들은 본능적으로 이 위계의 사다리를 올라가고 싶어 한다. 그래야 사회적 인정을 받고, 인기 없는 사람으로 비치지 않기 때문이다.

수십 년 전에도 자기가 학교에서 제일 인기 많은 학생이 아니란 것쯤은 어렵지 않게 알 수 있었다. 어떤 학생은 내가 초대받지 못한 파티에 초대를 받기도 하고, 어떤 학생은 다른 학교에도 친구가 많았을 것이다. 하지만 모르는 게 약인 경우도 어느 정도 존재했다. 그런 파티가 열렸는지 모르고 넘어가는 경우도 있었고, 위계질서에서 내가 정확히 어디쯤에 있는지도 파악하기 어려웠으니까 말이다. 하지만 사정이 달라졌다. 소셜미디어 플랫폼은 내가 무엇을 놓치고 있는지 알려주고, 다른 사람들이 볼 수 있고, 직접 비교도 가능한 포맷을 통해 내 인기가 얼마나 되는지 정확한 숫자로 제시한다. 이러니 사회적 비교를 피해갈 도리가 없다.

그래서 지금의 시점에서는 소셜미디어 사용과 정신건강 문제

사이의 연결고리를 이해하기가 그리 어렵지 않다. 그리고 이런 문제가 젊은이들 사이에서 특히 두드러지는 이유도 쉽게 이해할 수 있다. 젊은이들은 세상에서 자신의 사회적 지위가 어디쯤인지 확인하고 싶어 하고, 온라인에 머무는 시간도 제일 길기 때문이다. 하지만 한 가지 미스터리는 그대로 남아 있다. 수치를 더 자세히 파고들어가 성별로 나누어 보면 젊은 여성과 남성 모두 예전보다 우울증과 불안증에 취약해졌다. 하지만 이 문제는 여성 청소년 사이에서 훨씬 심각하게 나타난다.

노르웨이 같은 일부 국가에서는 이런 문제가 사실상 여성 청소년들에게서만 나타나고 있다.[28] 하지만 대체 왜 젊은 여성들 사이에서 상황이 이렇게 빠르게 악화되고 있을까?

불안을 자극하는 키워드가 팔리는 이유 

한 국제 연구에서 머리기사를 장식하는 다양한 단어가 기사를 클릭하는 사람의 수에 어떤 영향을 미치는지 조사했다. 그 결과 거기에 들어갈 수 있는 모든 부정적 단어들이 소비를 증가시킨다고 나왔다. 상위 10개 단어는 다음과 같다. 잘못된wrong, 나쁜bad, 끔찍한awful, 혐오hate, 전쟁war, 최악의worst, 역겨운sick, 싸움fight, 무서운scary, 지옥hell.[29]

이런 부정성 편향negativity bias은 모퉁이 곳곳마다 위험이 도사리고 있던 과거에 생존에 도움이 되라고 진화한 인간 심리의 안타까운 일면이다. 요즘에는 재앙, 스캔들, 위험에 대한 정보에 너무 쉽게 접근할 수 있는 환경이다 보니 거기에 완전히 압도돼서 쓸데없는 걱정과 분노에 휩싸이기도 한다. 우리가 온라인 환경을 제정신으로 구축했다면 두려움을 완화시키는 방향으로 이루어졌을 것이다. 하지만 유감스럽게도 돈벌이가 달린 문제이다 보니 그런 일은 일어나지 않는다.

소셜미디어 알고리즘은 당신의 관심을 끌 수만 있다면 콘텐츠 내용이야 어쨌든 신경 쓰지 않는다. 예를 들어 호주의 한 연구에서 연구자들은 섭식장애eating disorder가 있는 사람과 없는 사람의 개인 틱톡 알고리즘을 조사했다. 그 결과 섭식장애가 있는 사용자의 알고리즘은 그들에게 외모, 다이어트에 관한 동영상을 상대적으로 더 많이 보여주고, 심지어 섭식장애를 부추기는 동영상까지 제공하는 것으로 나타났다.[30] 그 후로 틱톡에서는 이 사안에 대해 조사를 진행할 것이라 말했다.[31]

16장
화장품에서 핵무기까지, 경쟁이 만든 악순환

아메리카 제비American barn swallow는 강청빛이 감도는 등에 주황색 배를 가진 작은 새다. 다른 많은 새와 마찬가지로 수컷이 암컷보다 화려하며, 수컷의 깃털은 암컷에게 깊은 인상을 주기 위한 것이다. 암컷 제비는 특히 수컷의 가슴털에 관심이 많은데, 이 가슴털은 연한 주황색에서 거의 붉은 색에 가까운 짙은 색까지 다양하게 나타난다. 일반적으로 암컷들은 가슴털의 색깔이 상대적으로 짙은 수컷을 선호하기 때문에 이런 수컷들이 더 많은 후손을 남긴다. 하지만 과학자들은 가슴털 색깔이 연한 수컷들이 독신으로 죽지 않도록 도와줄 방법을 찾아냈다.[1,2]

그저 그런 제비를 잡아서 싸구려 마커로 가슴털을 더 짙은 색으로 칠해주면 그만이다. 짜잔! 카사노바 등극이다! 암컷들은 이 '강화형' 수컷을 더 선호하기 시작하고, 이 수컷은 테스토스테론

이 뿜어져 나오면서 결국 더 많은 후손을 남긴다. 어디서 많이 들어본 소리 같지 않은가? 우리 인간도 사실 초자극을 이용해서 자신의 매력을 끌어올린다. 하지만 인간과 제비에서 드러나는 분명한 차이점이 있다. 성별이 역전되었다는 점이다.

이제 내가 드디어 남자로서 여성의 외모에 대한 글을 쓰되, 재수 없다는 소리도 듣지 않고, 이 책이 출판되었을 때 성난 군중에게 쫓기지도 않도록 살얼음판을 걷는 기분으로 글을 써야 할 때가 되었다. 당신은 편안하게 등 기대고 앉아서 나의 이 살 떨리는 시도를 즐거운 마음으로 구경해주기 바란다.

먼저 새에 비해 사람은 외모를 과학적으로 평가하기가 더 어렵다는 사실을 언급해야겠다. 인간은 문화적 존재이기 때문에 생물학적 기준만을 가지고 아름다움을 평가하지 않는다. 아름다움은 문화적 해석의 문제이기도 하다. 문화권마다 미의 기준이 현재 서구 국가들과 상당히 차이나는 경우가 많다.

예를 들어 에티오피아의 무르시족Mursi과 수르마족Surma에서는 여성들이 점토석으로 아랫입술을 늘려 마치 접시처럼 보이게 만든다. 그래도 이 모습을 매력적이라 여길 열정적인 도자기 수집가가 한두 명 정도는 있지 않을까 싶다. 적어도 세계적인 도자기 브랜드인 로열코펜하겐Royal Copenhagen의 나라 덴마크에는 잘 찾아보면 있지 않을까? 하지만 이런 유행이 서구의 미적 기준과는 전혀 맞지 않는다는 점에는 모두 고개를 끄덕일 것이다.

이와 비슷한 다른 사례로는 미얀마의 카얀족Kayan이 있다. 이곳에서는 여성들이 목에 여러 개의 고리를 착용해서 쇄골을 변형시

킴으로써 목을 비정상적으로 길어보이게 만든다. 그리고 고대 일본에서는 여성들이 더 아름답게 보이려고 치아를 검은색으로 염색했다. 아무래도 이런 여성들이 서구 국가의 데이팅 앱에서 별로 인기를 끌 것 같지는 않다.

문화를 넘어서는 미의 본능

이런 사례들은 우리의 미적 기준이 부분적으로나마 문화의 영향을 받는다는 것을 증명하지만, 그런 기준에 대한 초자극을 만들 수 없다는 의미는 아니다. 심리학에서는 이런 학습 현상을 '정점 이동 효과peak shift effect'라고 부른다. 심리학자들과 신경과학자들은 동물이 어떤 대상이나 패턴이 보상과 연관되어 있음을 학습하면, 그 대상이나 패턴이 더욱 과장된 버전을 선호한다는 것을 관찰했다.

예를 들어보자. 쥐에게 삼각형과 사각형을 구분하는 법을 가르칠 수 있다. 쥐에게 각각의 도형이 나란히 그려진 그림을 보여주고 그 아래 버튼을 놓는다. 그리고 쥐가 직사각형 아래 있는 버튼을 누르면 간식을 준다. 이것을 반복하다 보면 쥐는 직사각형이 좋은 것임을 이해하고 매번 직사각형을 선택하기 시작한다.

이 실험에서 쥐들은 자기가 훈련받은 사각형 대신 그것을 과장한 버전의 사각형에 더 강하게 반응했다. 예를 들면 기존의 것보다 더 좁거나, 더 긴 사각형을 선호하는 식이다. 이것이 이해하기 다소 어려울 수 있으니 가상의 실험으로 그 요점을 다시 설명하면 다음과 같다. 우리의 가상 실험에서는 쥐들에게 두 장의 카드를 보여준다. 하나는 연한 회색이고, 다른 하나는 짙은 회색이다. 쥐가 연한 회색 카드를 고르면 보상으로 간식이 나오고, 짙은 회색 카드를 고르면 보상이 나오지 않는다. 쥐가 이런 패턴을 학습했을 때 갑자기 쥐에게 원래의 연한 회색 카드와 훨씬 더 연한 회색 카드를 보여준다. 정점 이동 효과에 따르면 이번에는 쥐가 자기가 훈련받았던 옅은 회색 카드보다 더 연한 회색 카드를 선호하리라 예상할 수 있다. 마치 쥐가 '특정한 연한 회색 카드가 좋다'라는 규칙 대신 '회색이 연한 카드일수록 좋다'는 식으로 자극들 사이의 관계를 학습한 다음, 이 규칙에 따라 논리적 결론에 도달하는 것 같다.

이것이 우리와 관련이 있는 이유가 있다. 정점 이동 효과는 우리의 미의 기준이 학습되었다고 해도, 즉 문화 내에서 자의적으로 정해졌다고 해도 그 근본 규칙에 대해 초자극을 설계할 수 있다는 사실을 보여주기 때문이다. 문화권 안에서 미의 기준이 극단적으로 치닫는 경향을 이것으로 설명할 수 있다. '오호, 저 목걸이 예쁘네'로 시작했던 것이 계속 과장에 과장을 더하다가 결국에는 '쇄골이 변형될 정도로 목둘레에 고리를 많이 착용해서, 더 많은 고리를 착용할 수 있게 만들기'까지 간 것이다.

우리가 갖고 있는 미의 기준이 부분적으로는 문화에 의해 형성된다고 해도, 그 기준에 생물학적 측면도 작용한다는 사실을 부정할 수는 없다. 인간 본성의 일부로 타고난 선천적인 선호도가 분명 존재한다. 과학자들이 전 세계 서로 다른 문화권에서 온 참

가자들에게 다양한 인물 사진을 보여주며 아름다운 정도를 평가
하라고 한 연구에서도 이런 점은 분명하게 드러난다.[3,4]

이 실험에서 전 세계 여러 지역 출신의 사람들은 대체로 의견이
일치했다. 보통 유럽, 아프리카, 아시아 출신의 어느 누구에게 평
가를 요청해도 아름답다는 평가를 받는 사람은 동일하다. 그리고
사진 속 사람이 유럽인인지, 아프리카인인지, 아시아인인지는 상
관없다. 바꿔 말하면 캐나다인이나 한국인에게 특정 캐나다인이
나 한국인의 사진을 보여주면 그 사람의 매력에 대해 대체로 의
견이 일치한다는 것이다. 이것은 우리가 밑바탕에 공통으로 가지
고 있는 인간적 본성의 결과다.

미의 기준이 문화를 초월한 합의라는 발견은 남녀 모두에게 적
용된다. 하지만 서구 사회에서는 남녀 모두 외모로 판단받지만
특히 여성에게서 이런 점이 두드러진다는 점에는 모두 동의할 것
이다. 대부분의 동물과 정반대되는 패턴이다. 연한 색의 가슴털
때문에 암컷에게 외면받는 가엾은 수컷 제비나, 암컷의 관심을
끌기 위해 '와서 날 잡아 잡수'라는 커다란 간판을 끌고 다녀야 하
는 불쌍한 수컷 공작을 생각해보라.

인간 중에서 유독 여성이 외모로 많이 판단받는 이유는 역시나
문화적일 수도, 생물학적일 수도 있다. 하지만 어떤 경우든 여기
에 초자극을 도입할 수 있다. 수컷 제비의 가슴털을 마커로 칠한
것과 놀랍도록 유사한 방법, 바로 화장이다. 제비의 경우 짙은 가
슴털은 성적 이형성 특성sexually dimorphous trait, 즉 암컷과 수컷을 구
분하는 특성이다. 다른 동물에서 이런 특성을 찾아보자면 수컷

사자의 갈기, 사슴의 뿔 등을 들 수 있다. 양쪽 경우 모두 동종의 암컷들은 이런 성적 이형성 특성에 끌리고, 여기에는 '과장될수록 좋다'라는 규칙이 통하는 경우가 많다. 이것은 정점 이동 효과와 초자극에 대해 우리가 알고 있는 내용과 모두 맞아떨어진다. 따라서 수사자가 암사자의 마음을 사로잡게 도와주고 싶다면 갈기가 더 인상적으로 보이도록 가발을 씌워주거나 모발 연장시술 같은 것을 해주면 된다.

다시 사람으로 돌아와 보자. 화장 역시 성적 이형성 안면 특징 sexually dimorphous facial features의 형태로 성적 이형성 특징을 강조한다. 남성과 여성의 얼굴은 몇 가지 방식에서 차이를 보이는데 화장은 여성의 얼굴을 더 여성스럽게 만들어준다. 예를 들어 얼굴의 나머지 부분과 비교했을 때 여성의 눈은 남성보다 크다. 그래서 눈을 커보이게 하는 화장은 얼굴을 더 여성스럽게 만든다. 이것이 바로 마스카라와 인조 속눈썹의 역할이다.

여성은 또한 남성에 비해 얼굴에 색의 대비가 더 강하다. 즉 얼굴의 서로 다른 부분들 사이의 색상 차이가 남성보다 여성에서 더 크다는 의미다. 그래서 중성적인 얼굴을 가져다가 색상 대비를 낮추면 더 남성적으로 보이게 만들 수 있고, 색상 대비를 높이면 더 여성적으로 보이게 만들 수 있다.[5]

이번에도 역시 화장이 이런 역할을 한다. 아이라이너와 아이새도는 눈과 얼굴의 나머지 부분 사이에서 대비를 높인다. 립스틱은 입에서 이런 역할을 한다. 그리고 블러셔는 광대뼈에서 이런 역할을 한다.

핵무기가 만든 경쟁의 함정

1945년 초여름의 어느 날 아침, 뉴멕시코의 일출 시간이 갑자기 대낮처럼 환하게 밝아졌다. 거대한 불덩어리가 하늘을 밝히며 사막의 모래가 유리로 변할 정도로 엄청 뜨겁게 타올랐다. 그리고 1분 후에 버섯구름이 12킬로미터 상공까지 높이 솟아올랐다.

안전한 거리에서 여러 명의 과학자와 군지도자들이 침묵 속에 그 파괴의 현장을 지켜보고 있었다. 이들은 분명 자부심과 매혹, 그리고 깊은 실존적 공포가 뒤섞인 감정을 느꼈을 것이다. 그 자리에 있던 모든 사람은 자신들이 세상을 영원히 뒤바꿔 놓았다는 것을 알았다. 물론 더 좋은 방향인지, 더 나쁜 방향인지는 아직 알 수 없었다.

그 프로젝트를 이끌었던 과학자 로버트 오펜하이머는 힌두교 성전《바가바드 기타》의 한 구절을 인용해 자신의 감정을 표현했다. "이제 나는 죽음, 세상의 파괴자가 되었노라." 원자폭탄의 탄생이었다.

첫 번째 성공적인 폭발 후 3주가 지났을 때 이 새로운 무기가 전쟁에 처음으로 사용되었다. 미국 폭격기 에놀라 게이Enola Gay가 '리틀 보이Little Boy'라는 이름의 폭탄을 일본 히로시마에 투하했고, 그 자리에서 7만 명이 넘는 사람이 사망했다. 그리고 그 이후로 부상, 방사능, 나중에는 암으로 최소한 그 만큼의 사람들이 더 사망했다.

핵폭탄을 사용함으로써 미국은 재래식 방법으로 일본을 침공해서 수만 명의 미군 병사들을 희생시킬 필요 없이 일본의 항복을 이끌어내려 했다. 하지만 일본이 항복을 거부하자 미국은 원자폭탄을 하나 더 투하했다. 이번에는 나가사키였다. 일본은 결국 백기를 들었고, 그렇게 제2차 세계대전은 공식적으로 끝을 맺었다.

그러나 그 이후의 시간은 평화와 환희의 시간이 아니었다. 새로운 폭탄을 통해 미국은 그 전에는 존재하지 않았던 형태의 힘을 과시했다. 단 한 명의 병사도 전투에 내보내지 않고도 적을 멸절했다. 그리고 이것이 다른 강대국들을 불안하게 만들었다.

특히 소련의 입장에서는 미국이 새로 발견한 힘이 그리 달갑지 않았다. 이 두 나라는 힘을 합쳐 공동의 적인 나치와 일본을 물리쳤다. 하지만 승리 이후에는 두 나라가 사이좋게 지내기 어려울 것이 불 보듯 뻔했다. 한편에는 중앙집권적 경제 계획과 공산당 일당 독재 통치가 이루어지는 공산주의 소련이 있었다. 그리고 다른 한편에는 자유시장 경제와 민주주의의 기치를 내세우는 자본주의 미국이 있었다. 두 체제는 양립할 수 없었고, 양측 모두 상대방이 자신들의 사악한 사회체제를 세계의 나머지 지역에 퍼뜨릴까봐 두려워했다.

미국이 일본을 공격하기 전부터 소련에서는 이미 원자폭탄을 개발하려는 계획이 진행되고 있었고, 미국의 시연은 그 개발 속도에 불을 붙였다. 미국 핵무기 프로그램을 진행한 물리학자 중에 공산주의에 동조하는 사람들이 소련 요원들에게 일급 기밀 정보를 적극적으로 누설하는 바람에 소련의 폭탄 제조가 속도를 낼 수 있었다. 그리고 머지않아 소련도 자체적으로 원자폭탄 시험에 성공한다.

적이 버튼 하나만 눌러서 당신을 박살 낼 수 있다는 사실을 알면 분명 그리 유쾌하지는 않을 것이다. 그래서 그 후로 수십 년 동안 두 초강대국은 패권을 차지하기 위한 경쟁을 벌였다. 미국이 기존보다 두 배 강력한 핵무기를 발명하면, 소련도 이에 질세라 네 배 더 강력한 버전을 만들어냈다. 그럼 미국인들은 다시 여덟 배 강력한 폭탄을 들고 나왔고, 이런 식으로 계속 이어졌다. 그리하여 결국에는 히로시마와 나가사키에 투하한 폭탄 두 개를 합친 것보다 1600배 더 강력한 핵무기까지 나왔다. 이것의 파괴력은 실로 어마어마해서 맨해튼 타임스퀘어에 투하하면 그 화염구만 해도 서쪽으로는 뉴저지까지, 동쪽으로는 브루클린과 퀸스까지, 북쪽으로는 센트럴파크 너머까지 도달할 것이다(이 화염구의 크기를 서울 광화문을 중심으로 적용해보면 대략 서쪽으로는 마포구 일대, 동쪽으로는 왕십리, 남쪽으로는 강남역, 북쪽으로는 성북구 남단 정도에 해당한다-옮긴이). 그리고 폭발 자체로 뉴욕 대도시 지역 전체가 쑥대밭으로 파괴되면서 수백만 명을 죽음으로 이끌 것이다.

이것도 모자라다는 듯, 군사 패권을 차지하기 위한 경쟁은 핵무기를 넘어 재래식 폭탄과 미사일, 탱크, 군함, 전투기 등으로 확장됐다. 그리고 예상대로 이 군비 경쟁에는 막대한 비용이 들어갔다. 그래서 이들 국가들의 부에서 상당 부분이 교육, 의료, 빈곤 퇴치 대신 별로 쓸모도 없는 군사기지 건설에 들어갔다.

양국의 지도부는 이것이 어리석은 자원 낭비라는 사실을 알고 있었다. 하지만 어떻게 하면 이 경쟁에서 빠져나올 수 있을까? 미국에서 군비축소를 결정한다면 소련이 세계 질서를 마음대로 좌지우지할 수 있게 내버려두겠다는 의미가 된다. 그리고 그 반대도 성립한다. 경쟁국에게 굴복당할 위험을 감수하면서까지 돈을 아끼는 게 무슨 의미가 있을까?

두 국가가 함께 군비축소를 합의하면 되지 않느냐는 생각도 들 것이다. 이것도 시도된 바 있지만 협상은 미묘했다. 만약 두 국가가 군비축소를 합의해놓고 어느 한쪽이 몰래 무기를 계속 비축한다면 어떻게 될까? 그럼 규칙을 준수한 국가만 바보가 된다. 긴장을 완화하기 위해서는 신뢰가 필요한데, 신뢰를 구축하기가 쉽지 않았다. 양쪽 국가의 지도자가 주기적으로 바뀌는 것 역시 도움이 되지 않았다. 차기 지도자가 갑자기 방향을 바꿔서 다시 무기 비축을 시작하지 않을 거라고 어떻게 장담할 수 있겠는가?

경쟁은 왜 모두를 제자리에 묶어두는가

이렇듯 긴장을 완화할 뾰족한 수가 없는 상황에서 결국 두 초강대국은 군비 경쟁의 함정에 빠질 수밖에 없었다. 이런 현상은 사실 전쟁에만 국한되지 않는다. 인간 사회의 여러 부분과 자연계에도 널리 퍼져 있다.

우리의 오랜 친구, 공작을 예로 들어보자. 알다시피 암컷 공작은 가장 화려한 꼬리를 가진 수컷을 좋아한다. 하지만 아름다움은 상대적이다. 아름다운 꼬리깃 몇 개만으로 충분히 암컷을 유혹할 수 있다면 수컷의 입장에서는 참 좋았을 것이다. 남는 칼로리 자원을 다른 데 쓸 수 있을 테니까 말이다. 하지만 화려한 꼬리가 두 배나 많은 수컷이 새로 등장한다면 어떨까?

그럼 암컷들은 모두 그 수컷이 독차지할 것이다. 그리고 다음 세대에서는 수컷의 아들들이 그렇게 풍성해진 꼬리깃을 물려받아 암컷들의 인기를 계속 독차지할 것이다. 하지만 추세가 영원히 이어질 수는 없다. 공작도 살아남아야 하기 때문이다. 하지만 새들 사이의 치열한 경쟁 때문에 아낄 수 있는 것은 모두 아껴서 나머지 자원을 모두 꼬리장식에 총동원해야 한다. 마치 미국과 소련이 사용하지도 않을 무기에 모든 자원을 총동원한 것처럼 말이다.

양쪽 상황 모두 경쟁자들은 결국 교착상태에 빠지고 만다. 냉전이 시작되었을 때 미국과 소련의 군사력은 얼추 비슷했다. 그리고 수조 달러를 써가며 수십 년간 핵무장을 진행한 이후에도 이 두 국가는 여전히 군사력이 비등비등했다. 마찬가지로 수컷 공작들은 상황이 이렇게 전개되기 시작한 초반에도 멋진 꼬리깃을 가지고 있었다. 그런데 지금은 서로 경쟁하다 꼬리가 너무 거대해지는 바람에 이 가엾은 수컷들은 암컷의 마음을 차지하기 위해 목숨을 걸어야 하고, 게다가 거추장스러운 꼬리 때문에 날기도 어려워졌다. 하지만 이 모든 노력을 기울였음에도 결국 큰 이익을 본 쪽은 없다. 루이스 캐럴은《이상한 나라의 앨리스》에서 이 상황을 완벽하게 묘사했다.

앨리스가 살짝 숨을 헐떡이며 말했다. "우리나라에서는 보통 다른 곳에 도착해요. 우리가 지금 한 것처럼 오랫동안 아주 빨리 달리면 말이죠."

이 말에 여왕이 대답했다. "느려터진 나라 같으니! 보다시피 여기서는 젖 먹던 힘까지 모두 쏟아 부어야 제자리에 머물 수 있어. 다른 곳으로 가고 싶으면 그것보다 두 배는 빨리 달려야지!"

아름다움을 둘러싼 군비 경쟁

가상의 평행우주로 여행을 가보면 핵 군비 경쟁이 신체적 아름다움에 대한 이야기와 대체 무슨 상관인지 이해할 수 있다. 화장품이 발명되지 않은 세계를 상상해보자. 현실 세계에서는 화장이 수천 년 동안 다양한 형태로 활용되어 왔다. 심지어 5000년 전 수메르인들도 원시적인 형태의 아이섀도와 립스틱을 사용했다.

하지만 우리의 가상 세계 사람들은 현대에 이를 때까지 자신을 더 매력적인 외모로 가꿀 수 있는 방법을 알지 못한 채 살아왔다. 그래서 모두 타고난 원래의 모습대로 살아간다. 그중에는 아름다운 사람도 있고, 아름답지 못한 사람도 있다. 그게 전부다. 우리 세계처럼 이곳에서도 신체적인 매력이 있는 사람에게는 몇 가지 이점이 따라온다. 배우자를 구할 때뿐 아니라 업무와 관련된 측면에서도 그렇다. 연구에 따르면 외모가 좋은 사람이 돈도 더 많이 벌고, 동료들보다 더 유능하다고 평가받는다.[6]

우리의 가상 우주에서는 사람들이 이런 상관관계를 제대로 인식하지 못하고 있다. 하지만 어느 날 한 젊은 여성이 아름다움에 따라오는 이점을 발견한다. 그녀를 킴벌리라고 부르자. 킴벌리는 자신의 외모를 개선함으로써 사회적 지위를 높일 수 있음을 깨닫는다. 그래서 골똘히 생각한 끝에 오늘날 우리가 알고 있는 화장법을 발명한다.

화장을 하고 나타난 킴벌리는 예전보다 훨씬 매력이 넘친다. 다른 많은 여성보다 훨씬 매력적인 여성이 됐다. 그리고 그만큼 더 많은 관심을 받고 급여가 인상된다. 하지만 이런 혜택을 숨겨놓은 곶감처럼 혼자만 몰래 빼먹기는 어렵다. 곧 다른 여성들도 킴벌리의 발명품을 알아차리고 실험을 시작한다.

처음에는 성공한 사람이 몇 명 되지 않아서 킴벌리 입장에서는 별로 달라지는 것이 없다. 하지만 시간이 지나면서 이 사회의 여성들 대부분이 자발적으로, 혹은 반쯤 떠밀려서 화장을 시작한다. 그래서 킴벌리가 누리던 이점도 사라진다. 모든 여성이 전보다 훨씬 예뻐 보인다. 하지만 화장이 모든 사람의 외모를 똑같이 향상시킨다고 가정하면 결국은 모두 예전과 동일한 상대적 위치에 머물게 된다. 원래 제일 예뻤던 사람이 여전히 제일 예쁘고, 제일 덜 예뻤던 사람이 여전히 제일 덜 예쁘다. 딱 한 가지 차이점이라면 이제는 열심히 화장을 해야 그나마 다른 사람들과 보조를 맞출 수 있다는 것이다. 킴벌리가 어느 날 늦잠을 자는 바람에 화장을 하지 않고 밖에 나가면 분명 다른 사람들보다 덜 예뻐 보일 것이고, "오늘은 좀 피곤한가봐?"라는 인사를 듣게 될 것이다.

킴벌리는 이런 상황이 탐탁지 않다. 그녀는 다시 나라에서 제일 아름다운 여성이 되고 싶어 골똘히 생각에 잠긴다. 그리고 다시 한 번 외모를 개선할 수 있는 똑똑한 방법을 생각해 낸다. 성형수술을 하는 것이다. 처음에는 입술을 더 풍만하게 만드는 주사같이 간단한 것으로 시작한다. 그래서 얼마 동안은 모두가 킴벌리가 입술이 풍만해져서 너무 예뻐 보인다는 이야기를 하겠지만, 머지않아 다른 여성들도 똑같은 시술법을 알게 된다.

그래서 킴벌리는 다음 수순을 밟는다. 이번에는 초점을 얼굴에서 몸으로 옮겨서 실리콘으로 가슴을 확대해 또 다른 성적 이형성 특징을 강화한다. 그리고 곧 이를 따라 하는 사람이 생기고, 이런 식의 현상이 계속 이어진다. 킴벌리는 달리고 또 달리지만 결국은 제자리다.

좋다. 너무 노골적인 이야기인지도 모르겠다. 하지만 현대사회에서도 비슷한 일이 일어나고 있다. 소셜미디어 플랫폼에서는 더 예뻐 보이게 만들어주는 앱으로 사진을 보정하는 것이 이미 관행으로 자리 잡았다. 이런 데 사용하는 제일 인기 많은 보정 앱은 이 사실을 굳이 숨기려고 하지 않고 '페이스튠Facetune'이라고 이름 붙였다. 페이스튠에서는 피부를 매끄럽게 하는 것에서 이목구비 전체를 재배치하는 것까지 온갖 보정을 할 수 있다. 이제는 동영상에서도 보정이 가능하다.

현실 세계에서는 미모 군비 경쟁이 벌어지다 보니 성형수술을 받는 사람이 점점 늘어나고 있다. 내 조국 덴마크에서는 2005년보다 2022년에 가슴 확대 시술이 여섯 배나 늘어났다. 그리고 얼굴과 목의 거상술은 20배, 지방흡입술은 여섯 배, 눈썹거상술은

거의 열 배나 많아졌다.[7]

전 세계적으로 보면, 일부 국가에서는 이보다 훨씬 더 뜨거운 군비 경쟁이 벌어지고 있다. 예를 들어 한국에서는 성형수술이 이제 너무 일반화돼서, 전체 여성 중 31퍼센트 정도가 최소 한 번의 시술을 받았다.

소셜미디어가 우울을 증폭시키는 방식

마침내 우리는 오늘날 그토록 많은 젊은 여성들이 우울에 빠지는 이유를 밝히고, 거기서 소셜미디어가 맡은 역할에 대해 요약할 준비가 됐다. 그 내용은 다음과 같다.

문화적, 생물학적 이유로 젊은 여성들은 특히나 자신의 외모에 관심이 많다.[8] 현실 세계에서 신체적 아름다움에 이점이 따라온다는 점이 이미 입증되었기 때문에 이를 두고 뭐라 할 수는 없다. 하지만 소셜미디어가 지배하는 세상에서는 큰 문제가 된다. 우리는 본능적으로 아름다운 사람에게 관심이 간다. 그리고 소셜미디어 입장에서는 사람의 관심이 곧 돈이기 때문에 아름다운 사람들의 콘텐츠를 밀어준다. 하지만 아름다움은 상대적인 현상이기 때문에 다른 경우와 마찬가지로 우리는 둔감화를 경험한다. 그렇다보니 자신을 동네 사람들하고만 비교하면 자기가 매력이 있다 느낄 수도 있을 테지만, 소셜미디어에서는 온 세상과 경쟁해야 한다. 이것은 정말 큰 연못이다. 이 알고리즘에서 경쟁을 뚫고 당신의 피드까지 올라온 사람이면 수천 명, 심지어 수백만 명 중에서 제일 아름다운 사람일 것이다. 이런 사람들은 전체 인구를 대표하지 못한다. 하지만 안타깝게도 우리 뇌는 "내 눈에 보이는 것이 전부다"라는 편향에 갇혀 있다. 그렇다 보니 결국 우리는 비정상적일 정도로 매력적인 사람들과 자신을 비교한다.

이런 이유 때문에 소셜미디어를 스크롤하면서 사회적 상향 비교를 하는 성향이 있는 사람은 금세 우울해지고 만다. 어느 정도는 자신을 타인과 비교하는 것이 인지상정이다. 하지만 자신의 위치를 세상 속에서 찾으려 하는 젊은이들은 이런 비교에 특히 취약하다. 젊은이들은 소셜미디어에서 보내는 시간도 제일 길다. 그리고 그중에서도 젊은 여성들이 특히 더 길다.

게다가 소셜미디어는 신체적 외모가 인생의 성공에 도움이 된다는 것을 노골적으로 보여준다. 알고리즘을 지배할 정도로 아름다운 사람들은 막대한 돈을 벌면서 호사스러운 생활을 누린다. 그저 외모가 아름답다는 이유만으로 말이다.

그래서 자기도 똑같은 이점을 얻기 위해 이 군비 경쟁에 뛰어들고 싶은 유혹을 떨치기 힘들다. 하지만 모든 사람이 경쟁에 뛰어들면 죽을힘을 다해 달리고 있는데도 결국은 제자리를 맴돌게 되고, 자신의 외모에 대한 불안감만 커진다.

17장
내추럴과 스테로이드

남성도 여성과 마찬가지로 결국에는 자연히 군비 경쟁에 휘말릴 수밖에 없다. 다만 외모를 평가하는 기준이 다를 뿐이다. 외모를 가꾸려고 성형수술을 받는 남성도 있다. 하지만 남성의 외모 군비 경쟁은 얼굴보다는 주로 근육에서 일어난다. 연구에 따르면 이성애자 여성들은 일반적으로 근육이 더 큰 남성을 매력적이라 평가한다. 적어도 어느 정도까지는 그렇다.[1] 알다시피 근육은 웨이트 트레이닝으로 키울 수 있고, 이것은 대부분의 경우에서 서로 도움이 되는 상황이다. 해변에서 멋진 몸을 자랑할 수도 있고, 건강해지기까지 하니까 말이다. 하지만 단백동화 스테로이드anabolic steroid라는 형태를 이용해서 근육을 성장시키는 인위적인 지름길도 존재한다. 이것은 남성 호르몬인 테스토스테론의 효과를 모방한 합성 약물이다.

테스토스테론은 다양한 방식으로 몸에 영향을 미치지만, 그중 눈에 제일 잘 들어오는 효과는 근육 성장 증가다. 이것이 여성보다 남성의 몸이 더 근육질인 이유다. 스테로이드 사용자들은 종종 초생리적supraphysiological인 양을 투여한다. 이는 자연스러운 테스토스테론 수치를 훨씬 초과하는 양이며, 이것 때문에 결국 자연적으로는 달성이 불가능한 근육 성장이 이루어진다.

이 현상이 이 책에서 처음에 배웠던 교훈 중 하나를 떠올릴 수 있는 마지막 기회다. 바로 몸은 역동적이고 적응력이 있다는 교훈이다. 스테로이드 사용자의 몸이 혈류에 테스토스테론과 비슷한 물질이 대량으로 들어있는 것을 발견하면, 고환에서 테스토스테론을 너무 많이 생산하고 있다고 결론짓는다. 그래서 고환에게 테스토스테론 생산을 줄이라는 신호를 보내 수치를 정상으로 되돌리려고 한다.

하지만 이 테스토스테론 유사 물질은 고환에서 나오는 것이 아니라 주사로 주입되었기 때문에 아무런 변화가 일어나지 않는다. 이런 과정으로 테스토스테론 수치는 부자연스럽게 높은 수준으로 유지되고, 몸은 계속해서 고환에게 생산을 줄이라는 신호를 보낸다. 그러다 결국 스테로이드 사용자의 테스토스테론 생산이 완전히 중단될 수도 있다. 이것 때문에 고환이 축소되고 심지어 테스토스테론을 생산하는 조직이 죽어버릴 수도 있다.

위험이 크지만, 거기서 오는 이득도 클 수 있다. 몸을 가꾸어 돈을 버는 많은 남성이 단백동화 스테로이드를 투여한다는 사실은 공공연한 비밀이다. 인스타그램과 유튜브의 피트니스 인플루언서들뿐 아니라 할리우드 영화의 액션 영웅들에게도 해당되는 이야기다. 구세대 액션 배우들은 대부분 화학적 보조제를 사용했던 사실을 솔직히 밝히고 있다. 예를 들어 아널드 슈워제네거는 자신의 엄청난 몸을 유지하기 위해 수년간 테스토스테론과 단백동화 스테로이드인 디아나볼Dianabol을 투여했다고 인정했다.[2]

영화 〈록키 4〉에서 이반 드라고Ivan Drago를 연기한 스웨덴 배우 돌프 룬드그렌Dolph Lundgren도 배우로 활동하는 상당 기간 스테로이드를 투여했었다고 인정했다.[3] 그리고 그의 상대역이었던 실베스터 스탤론Sylvester Stallone은 스테로이드를 투여했다고 공개적으로 밝힌 적은 없었지만, 2007년 호주 공항에서 인간 성장 호르몬 human growth hormone 48병을 소지하고 있다가 제지당한 적이 있다. 이것도 단백동화 스테로이드와 마찬가지로 근육량을 키우는 역할을 한다.[4]

요즘 할리우드 배우 중에서는 스테로이드 사용을 공개적으로 인정하는 사람은 드물고, 대부분은 닭고기와 브로콜리, 쌀밥을 먹으면서 운동을 열심히 한 덕분이라 말한다. 물론 이들이 이렇게 하고 있는 것은 사실이다. 하지만 의사나 약사가 스테로이드를 판매한 혐의로 체포되는 사건에서 가끔 유명 배우, 음악가, 기타 유명 인사의 이름이 함께 등장할 때가 있다.[5] 그리고 쇼 비즈니스에서 등장하는 말도 안 되는 이야기를 듣고 그게 모두 '약물을 사용하지 않은 내추럴'이라는 이야기를 믿는 사람이 있다면 정말 순진한 것이다. 예를 들면 불과 몇 달 만에 10~20킬로그램의 근육이 붙었다느니, 50세에 20세 때보다 훨씬 더 근육질의 몸이 되었다느니 하는 이야기들 말이다.

물론 전부 다 속임수라고 비난하는 것은 불공평하다. 게다가 스테로이드를 쓴다고 해도 고된 운동과 건강한 식단을 건너뛰어서는 멋진 몸을 만들 수 없기 때문이다. 하지만 연구에 따르면 스테로이드만 쓰고 운동은 하지 않은 사람이, 화학적 보조제 없이 운동만 한 사람보다 근육이 훨씬 많이 생긴다.[6] 이런 것을 보면 스테로이드의 효과가 만만하지는 않다. 스테로이드를 쓰면 자연스러운 테스토스테론 수치에서는 만들어질 수 없는 엄청난 양의 근육을 만들 수 있다.

근육 군비 경쟁의 끝은 누구도 원하지 않는 몸

배우나 피트니스 인플루언서가 스테로이드 투여를 택하는 이유를 이해하기는 어렵지 않다. 시청자는 우람한 근육을 보고 싶어 하기 때문이다. 그리고 쇼 비즈니스와 소셜미디어는 모두 전 세계를 무대로 한다. 재능 있는 경쟁자들이 무대 뒤에 줄을 서서 대기하고 있으며, 당신을 밀어내고 그 자리를 차지하려고 호시탐탐 노리고 있다. 이런 상황에서 스테로이드는 그 선두 자리를 유지하는 데 필요한 추진력이 되어줄 수 있다.

이런 식으로 군비 경쟁이 계속된다. 근육질도 상대적이어서, 요즘 체육관에서 어렵지 않게 찾아볼 수 있는 아마추어 보디빌더라도 한 100년 전으로 되돌려놓는다면 미친 근육질로 보일 것이다.

하지만 이 사람을 전문 보디빌더들의 무대에 세워놓으면 하체 훈련하는 날, 팔 훈련 하는 날 등 온갖 훈련을 빼먹다가 올라온 선수처럼 보일 것이다. 실제로 전문 보디빌더들(혹은 그들의 트레이너들)이 자기가 투여하는 온갖 호르몬을 추적 관찰하려면 의학 학위가 필요할 정도다. 경쟁이 워낙 극단적으로 벌어지다 보니 프로와 아마추어 할 것 없이 일부 선수는 근육을 커 보이게 하려고 오일을 주사한다. 이제는 기준치가 너무 높아져 있어서 심지어 젊은 시절 최고의 컨디션이었던 아널드 슈워제네거라 해도 오늘날 가장 권위 있는 보디빌딩 대회인 미스터 올림피아Mr Olympia에 출전하기에는 경쟁력이 부족하다.

모든 사람이 보디빌딩 세계의 동향을 관심 있게 주시하지는 않겠지만 피트니스 인플루언서뿐 아니라 할리우드 스타, 그리고 스테로이드를 사용하는 다른 유명 인사들은 약물 없이 달성 가능한 몸에 대한 인식을 왜곡시키고 있다. 마치 성형수술을 하고, 포토샵으로 보정한 인스타그램 모델들이 일반 여성들의 외모에 대한 인식을 왜곡하는 것처럼 말이다.

시간의 흐름에 따라 어린이 장난감이 어떻게 진화했는지 살펴보면 이런 군비 경쟁이 남성의 이상적인 몸에 관한 인식에 어떤 영향을 미쳤는지 감을 잡을 수 있다. 미국의 한 연구에서 과학자들은 수십 년 동안 시판된 G. I. 조와 루크 스카이워커 같은 액션 영웅들의 캐릭터 인형들을 꺼내서 살펴보았다. 첫 버전은 1960년대와 1970년대에 나온 것들인데, 이때의 장난감들을 보면 보통의 건강한 남성처럼 보인다. 하지만 그 후로 수십 년이 지나는 동안 그들은 점점 근육질로 변했다. 허리에 비해 가슴이 훨씬 넓어졌고, 팔뚝도 굵어졌다.

이 연구에서 살펴본 인형 가운데 마지막으로 시판된 액션 캐릭터 인형은 1990년대 말에 나온 것이다. 과학자들은 이 캐릭터 인형의 신체 비율이 얼마나 부자연스러워졌는지 알아보려고 미국 프로 미식축구 선수들의 비율과 비교했다. 미식축구 선수와 액션 캐릭터 인형을 같은 키로 맞추어 비율을 비교해보니 캐릭터 인형의 가슴은 두 배나 넓었고, 이두박근은 두세 배 정도 굵었다. 이것은 현실 세계에서 가장 우람한 몸을 자랑하는 전문 보디빌더도 명함을 내밀기 어려운 비율이다.[7]

남자아이용 캐릭터 인형들은 사회가 이상적으로 여기는 신체상을 반영하고 있다. 여자아이를 위한 바비 인형도 마찬가지다. 바비 인형이 실제 사람이었다면 그 여성 역시 불가능한 신체 비율을 갖게 될 것이다. 이 여성의 유럽식 신발 사이즈는 33(한국식 사이즈로는 210mm, 한국 성인 여성 평균 사이즈인 235~240mm보다도 훨씬 작은 초등학교 저학년 여자아이의 크기에 해당한다-옮긴이), BMI 는 16으로 나온다. 생명을 위협할 수 있을 수준의 심각한 저체중이다.

양쪽 모두 이상적인 신체상이 원래는 건강하고 매력적이었던 특징이 극단적으로 과장되어 나온 결과라는 점이 흥미롭다. 날씬한 몸과 근육질인 몸 모두 좋은 것이다. 다만 군비 경쟁이 이런 특징들을 극단적으로 밀어붙이면 위험해진다. 이 지경까지 오면 보통 이런 과장된 특징들이 이성에게도 더 이상 매력적으로 느껴지지 않는다. 이성애자 남성은 보통 상대적으로 날씬한 여성을 선호하지만, BMI가 16인 여성을 좋아하지는 않는다.[8] 그리고 이성애자 여성은 일반적으로 근육질의 남성을 선호하지만, 보통 보디빌더를 좋아하지는 않는다.[9] 역설적이게도 군비 경쟁은 정말 열성적인 참가자들을 눈멀게 만들어, 남들보다 돋보이려다 결국에는 선을 넘게 만드는 것 같다. 과유불급이다.

다리 연장 수술

남성의 또 다른 이상적 신체상은 큰 키다. 키가 커서 얻는 이점은 근육질의 몸과 비슷하지만 키를 고치기는 쉽지 않다. 사춘기 동안에는 장골long bone로 불리는 뼈의 끝에서 새로 골조직이 생성되면서 키가 자란다. 하지만 사춘기가 끝나면서 이 뼈들의 성장판이 영구적으로 닫히고 성장이 멈춘다.

냉전 시대에 소련의 과학자 가브릴 일리자로프Gavriil Ilizarov는 이런 한계를 우회해서 사람의 키를 키울 수 있는 방법을 발견했다. 이 시술은 그 후로 별로 변한 것이 없고 꽤나 잔인하다. 이 수술은 환자의 허벅지나 정강이의 뼈를 부러뜨린 다음 잡아당겨서 뼈의 길이를 늘이는 방법이다. 우선 뼈를 완전히 절단한다. 그 다음에는 골절 양쪽의 뼈에 나사로 금속막대를 고정한다. 그리고 이 금속막대를 이용해서 반쪽으로 나뉜 양쪽 뼈를 점진적으로 잡아당긴다. 이런 일이 일어나는 동안 우리 몸은 골절을 복구하려고 그 틈새에 새로운 뼈를 만들어낸다. 그래서 시간이 지나면서 환자의 허벅지나 정강이의 뼈가 점점 더 길어진다. 일반적으로 시술을 받으면 키가 이전보다 10~15센티미터 더 커진다. 하지만 환자들은 다시 걸으려고만 해도 오랜 기간 재활과정을 견뎌내야 하고, 평생 합병증의 위험에 시달리며, 뼈가 반으로 잘라서 벌리는 극심한 고통을 견뎌야 한다.

하지만 이런 큰 고통과 위험에도 불구하고 이 시술의 인기는 높아지고 있다. BBC에서 이런 다리 연장 수술을 전문으로 하는 전 세계 병원을 돌아다니며 인터뷰를 했는데, 모두 환자 수가 매년 증가하고 있다고 보고한다.[10]

선량한 사람마저 빠져드는 군비 경쟁의 함정

아마 당신도 눈치챘겠지만 군비 경쟁은 현대사회 곳곳에서 벌어지고 있다. 그리고 우리가 꼭 짚고 넘어가야 할 중요한 군비 경쟁이 마지막으로 하나 더 있다. 이 책의 상당 부분을 떠받치고 있는 경쟁이다.

우리는 우리의 심리적 약점을 파고들어 돈을 벌어들이는 다양한 산업에 대해 살펴보았다. 때때로 그들은 극단적이고 비윤리적인 방법까지 동원한다. 하지만 분명히 짚고 넘어가고 싶은 것이 있다. 그렇다고 이런 산업계에 종사하는 모든 이가 사악한 소시오패스는 아니라는 것이다. 분명 그런 사람도 소수 있기는 하다. 하지만 우리가 지금까지 만나본 악들은 대부분 군비 경쟁에 어쩔 수 없이 휘말려 버린 선량한 사람들로부터 나왔다.

식품 초자극을 예로 들어보자. 슈퍼마켓에서 소비자들은 대부분 어떤 제품이 맛이 가장 좋을지를 선택한다. 따라서 경쟁사를 무찌르고 돈을 벌고 싶다면 설탕, 지방, 소금, 향미증진제 등을 추가하고 싶은 유혹을 느낄 수밖에 없다. 그러지 않으면 당신의 경쟁사가 먼저 치고 나갈 것이다. 당신도 분명 마음속에는 올바른 생각을 품고 있을 것이다. "소금을 너무 많이 먹지 않아야 소비자들도 더 건강해질 텐데……." 하지만 당신의 경쟁사가 소금을 추가하고, 소비자가 당신의 제품 대신 경쟁사의 제품을 산다면, 올바른 생각을 품고 있어봐야 다 무슨 소용이겠는가?

그럼 결국은 경쟁사가 당신을 앞서 나가고, 당신도 어쩔 수 없이 그들을 따라 자사 제품의 소금 함량을 높일 수밖에 없다. 머지않아 소비자들은 새로이 높아진 소금 함량에 익숙해진다. 그 결과 다시 한번 기회가 열린다. 소금을 더 집어넣어 시장 점유율을 높일 기회 말이다. 이번에도 당신의 회사가 이런 기회를 따라가게 될까? 이제는 멈추기가 어렵다. 매출 없다면 회사가 망할 테니까 말이다. 이 과정에서 결국에는 군비 경쟁을 기꺼이 확대하려는 경쟁사들만 살아남는다. 정말 암담한 상황이 아닐 수 없다. 회사나 원칙 중 하나를 희생할 각오가 되어 있지 않다면 군비 경쟁을 멈추기는 불가능해 보인다. 그래서 이 산업의 종사자 대다수가 남에게 해를 끼치기 싫어하는 선량한 사람들이라도, 이 함정에 빠질 위험에 노출되어 있다.

군비 경쟁을 멈추는 두 가지 방법

다행히도 우리는 이런 군비 경쟁을 멈출 두 가지 훌륭한 방법을 알고 있다.

첫 번째 방법은 강력한 제3자가 개입해서 게임의 규칙을 정하는 것이다. '군비 경쟁'이라는 표현을 탄생시킨 미국과 소련의 사례를 다시 가져와보자. 이 경쟁에서 미국과 소련은 무기를 계속 비축하다가 지구 전체를 여러 번 파괴할 수 있을 지경까지 갔다.

현실 세계에는 이 두 초강대국에게 무언가를 강제할 수 있을 만큼 강력한 제3자가 존재하지 않는다. 하지만 그런 존재를 불러올 수 있다고 상상해보자. 신이든, 외계인이든, 오딘과 토르든 말이다. 누가 되었든 두 국가의 지도자들에게 이렇게 말할 수 있다. "너희는 매년 다섯 개까지 핵무기를 만들 수 있고, 연간 GDP의 1퍼센트까지 국방비로 지출할 수 있다. 이 한도를 초과하면 우리가 모든 정치인에게 번개를 내리쳐서 먼지로 만들어버리겠다."

이 경우 양쪽 진영 모두 속을 걱정이 없어지면서 군비 경쟁을 멈춘다. 상대방이 말을 뒤집을까봐 걱정할 필요도 없다. 제3자가 나서서 상대방을 응징해줄 테니까 말이다.

개별 국가 안에서는 이런 해법이 사용되고 있다. 여기서는 국가가 강력한 제3자의 역할을 맡는다. 국가가 폭력을 독점하기 때문에 시민들이 서로를 지키기 위한 군비 경쟁에 뛰어들 필요가 없다(안타깝게도 미국은 예외다). 이상적인 세상에서는 국가가 나서서 우리가 이 책에서 만나본 군비 경쟁 중 일부를 이런 방식으로 완화해줄 것이다. 예를 들어 산업체들이 극단적인 영역까지 경쟁을 밀어붙이다가 고객에게 해를 끼치는 것을 막기 위해 여러 가지 규제를 정하는 식이다. 물론 규칙을 어기고 암시장에서 불법 제품을 파는 사람이 생길 위험은 상존한다. 헤로인도 불법이지만 엄연히 존재하는 것처럼 말이다. 하지만 대마초의 사례에서 봤듯이, 입법과 금지 조치는 완벽하지는 않아도 군비 경쟁을 늦추고 소비를 줄이는 데 효과가 있다.

중국은 내가 여기서 말한 입법을 통한 해결책을 선택했다. 특히 디지털 초자극과 관련해서 그런 조치가 이루어졌다. 틱톡의 중국 버전인 더우인Douyin을 열어보면 우스꽝스러운 춤, 가십, 스포츠 클립 등이 아니라 과학, 수학, 역사에 관한 짧은 동영상이 당신을 반긴다. 이것은 중국이 나머지 나라들보다 교양이 넘쳐서 일어나는 일이 아니다. 중국 정부가 테크기업의 피드 구성 방식을 규제하기 때문이다. 이 기업들은 초자극을 마음대로 최적화하지 못하고 사람들에게 유익한 주제들을 어느 정도 우선하도록 정해져 있다. 그리고 중국에서는 앱이 정기적으로 멈춰서 사용자들에게 휴식을 취할 것인지 묻도록 법제화되어 있다. 사람들을 기기에 붙잡아 가능한 한 많은 광고를 보여주고 싶은 기업에게는 좋지 않은 생각이다. 하지만 사용자가 멍하게 넋이 나간 상태에서 벗어나는 데는 도움이 된다.

다시 말해 중국은 입법을 통해 소비자의 습관에 개입함으로써 군비 경쟁을 늦추려 시도하고 있다. 또한 중국에서는 컴퓨터 게임을 하려면 실명을 등록하도록 법적으로 요구하고 있고, 18세

미만 청소년의 게임 시간을 제한한다. 청소년들은 하루에 최대한 시간만 게임을 할 수 있고, 금요일과 주말, 공휴일에만 게임에 접속할 수 있다.[11] 그리고 18세 미만 청소년의 스크린 시청 시간을 하루 두 시간으로 제한할 것인지, 그리고 오후 10시에서 오전 6시 사이에는 접속을 차단해야 할 것인지에 대해서도 논의가 이루어지고 있다.[12]

물론 이런 규칙들 자체가 디스토피아를 떠올릴 수 있다. 모두들 삶의 방식을 스스로 선택할 수 있는 사회에 살고 싶을 거라 생각한다. 하지만 자유를 중시하는 사회라 해도 우리는 이미 이런 무제한의 자유가 언제나 가능하지 않다는 점을 이미 받아들였다. 예를 들어 우리는 헤로인 같은 중독성 제품은 너무 해로워서 원하는 사람이 있어도 사용을 금지해야 한다고 결정했다. 담배 같은 다른 중독성 제품은 여전히 합법이지만, 입법과 세금을 통해 국가의 규제를 받는다. 그리고 주류 산업과 도박 산업 역시 규제를 받는다(규제가 충분하지는 않지만). 기술이 너무 발전하다 보면 시민들이 심리적 약점을 착취당하지 않도록 보호하기 위해 더 다양한 산업에 대대적으로 개입해야 하는 순간이 찾아올 거라 상상하기는 어렵지 않다.

그런데 이 부분에서 큰 문제가 하나 있다. 우리가 지금까지 이야기해온 다양한 초자극이 모든 사람에게 동일한 영향을 미치지는 않는다는 점이다. 어떤 사람은 식품 초자극을 엄하게 규제해서 구하기 힘든 세상이 오면 삶의 질이 훨씬 개선될 것이다. 그럼 날씬했던 선조들처럼 건강한 체중을 유지하는 데 도움이 될 테니까 말이다. 하지만 식품 초자극의 홍수 속에서도 큰 문제없이 지내거나, 심지어 잘 지내고 있는 다른 많은 사람의 입장에서는 이런 조치 때문에 아무런 이득도 없이 자신의 자유만 제약을 받는 꼴이 된다. 이 둘 사이에서 균형을 잡기가 쉽지 않다. 하지만 창의적인 사람들이 입법에 나선다면 해결이 불가능하지만은 않다.

앞에서 말했듯이 군비 경쟁을 완화하는 두 번째 방법도 있다. 밑바탕 메커니즘을 바꾸는 것이다. 결국 우리가 만나본 모든 군비 경쟁은 우리의 선천적인 선호도 때문에 생겨났다. 그리고 그런 우리의 선호도, 즉 우리의 욕망이 장기적으로는 이득이 되지 않기 때문에 이런 군비 경쟁은 결국 우리에게 해를 끼친다. 하지만 우리가 선호도를 바꿀 수 있다면 어떻게 될까?

소비자들이 비정상적인 양의 소금을 요구하지 않는다면 회사에서도 제품에 소금을 넣을 이유가 없다. 바로 이 지점에서《중독을 통제할 수 있다는 착각》이 등장한 것이다. 물론 우리 세기의 가장 큰 도전 과제 중 하나를 전 지구적으로 풀어낼 해결책은 아니다. 하지만 우리 모두를 올바른 방향으로 움직이는 데 보탬이 되기를 바라는 나만의 작은 노력이다.

우리의 선호도를 바꾸고 싶다면 제일 먼저 우리가 어떻게 조작당하고 있는지 이해해야 한다. 한때는 완전히 정상이라고 여겨졌던 흡연이 지금은 소수집단만의 습관으로 바뀐 사실을 생각해보자. 이러한 변화가 입법과 세금만으로 가능하지는 않았다. 정보의 덕도 그만큼 컸다. 우리는 이제 니코틴이 중독성이 있고, 흡연이 건강에 끔찍하게 해로우며, 담배 회사가 우리를 조종하려 든다는 것을 알고 있다.

　지식만 있으면 언제든 나쁜 습관을 끊을 수 있는 것은 아니다. 적어도 모든 사람이 그렇지는 않다. 경우에 따라서는 그 덫이 정확히 어떻게 작용하는지 알고 있어도 악순환의 고리에서 빠져나오기 힘들다. 실리콘밸리의 내부자들이 자신이 만드는 데 일조했던 디지털 중독 기계를 어떻게든 피하려고 필사적이었던 모습을 생각해보자. 무슨 일이 일어나고 있는지는 이들도 논리적으로는 알고 있지만, 거기에 저항하기는 여전히 힘들다.

　지식과 의지만으로는 충분하지 않다면 도움이 될 만한 도구를 찾는 것이 중요하다. 스크린을 흑백으로 바꾸거나, 감자를 더 많이 먹는 등의 단순한 방법이 될 수도 있고, 뇌에 영향을 미치는 약물을 사용하는 등의 더 진지한 개입이 필요할 수도 있다. 나는 이 책에서 최고의 증거를 수집하기 위해 노력했지만, 발견해야 할 더 많은 것들이 당신을 기다리고 있다.

초자극합중국

우리가 이 책에서 다룬 모든 산업을 생각해보면 공통점이 하나 보인다. 모두 미국 회사들이 지배하는 산업이라는 점이다. 패스트푸드 같은 식품 초자극은 미국에서 기원했고, 전 세계를 지배하는 패스트푸드 체인점도 모두 미국에서 나왔다. 포르노 산업의 본부는 로스앤젤레스에 있고, TV, 영화, 스트리밍 산업도 마찬가지다. 가장 큰 규모를 자랑하는 컴퓨터 게임 제작사들도 미국 회사다. 모든 소셜미디어 회사도 미국 기업이고, 주요 데이팅 앱도 모두 그렇다. 대마초 합법화도 미국이 주도했고, 흡연 증가를 주도한 것도 미국의 담배 회사들이며, 오피오이드 사태도 미국에서 터졌다.

지금은 물론 다른 나라에서도 초자극을 만들어내고 있다. 내 조국 덴마크도 예외는 아니다. 하지만 미국처럼 수출품이 철저하게 초자극으로 점철되어 있는 나라는 없고, 세계 시장에서 미국은 다른 산업은 몰라도 초자극 제품 산업만큼은 승리하는 경우가 많다. 신의 나라라는 미국에는 자본주의의 약탈적 측면에 특히나 취약하면서, 또 그런 약탈을 잘하게 만드는 무언가가 존재하는 것 같다. 하지만 이것은 미국인들에게 특히 더 불리하게 작용한다. 세계의 초자극 수도가 되었다는 것은 평범한 미국인들이 그런 기업들의 일등 먹잇감이자 실험용 쥐가 되었다는 의미이기 때문이다. 그리고 그 점은 비만율에서, 약물중독에서, 스크린 시청 시간 등의 분야에서 분명하게 드러나고 있다.

맺는 말

당신도 집착에 빠질 수 있다

역사상 가장 뛰어난 수학자 중 한 명인 스리니바사 라마누잔Sriniva-sa Ramanujan은 19세기 말에 인도 남부에서 자랐다. 그의 가정은 너무 가난해서 그에게 교과서를 사줄 형편이 못 되었다. 하지만 어린 라마누잔은 친구나 동네 도서관에서 책을 빌려 방정식을 모두 풀고, 스스로 새로운 방정식을 만들면서 수학을 독학했다.

이렇게 수학에 쏟아부은 수많은 시간이 결실을 맺어, 십대이던 라마누잔은 탁월한 능력을 인정받아 대학에 다닐 수 있는 장학금을 받았다. 이런 경제적 도움이 없었다면 그는 결코 기회를 얻을 수 없었을 것이다.

하지만 대학 측에서는 라마누잔에게 수학 말고 영어 등 다른 과목들도 이수할 것을 요구했다. 하지만 그는 계속 시험에서 떨어졌다. 그가 똑똑하지 않아서가 아니었다. 그가 마음만 먹었다면 학사과정을 따라가는 데 어려움은 없었을 것이다. 라마누잔은 그저 수학 말고 다른 것을 공부하는 데 시간을 쓸 수가 없었다. 결국 그는 시험에 너무 많이 떨어져서 대학에서 쫓겨났고, 장학금을 잃고 다시 가난에 빠졌고, 굶주릴 지경까지 가기도 했다.

라마누잔은 다시 시도해야 한다는 것을 알았고, 나중에 또 다른 대학에서 그를 받아주었다. 하지만 이번에도 그는 수학 말고 다른 것은 도저히 공부할 수 없었다. 결국 그는 다른 모든 과목에서 낙제해서 또 다시 쫓겨났다.

생계를 유지하기 위해 라마누잔은 여러 가지 허드렛일을 했고, 대학생들에게 수학 과외도 시작했다. 얼마 안 되는 돈이었지만 그것으로 버티며 틈틈이 수학을 공부할 수 있었다. 그는 자신의 꿈을 이루기 위해 지역 수학교수들을 찾아가 자신의 연구를 보여 줬다. 그리고 많은 교수가 이 젊은이의 이론과 계산을 보고 깜짝 놀랐다.

결국 라마누잔은 영국의 저명한 수학자 G. H. 하디G.H.Hardy에게 편지를 보내 더 넓은 세상에 자신을 알릴 기회를 잡았다. 편지에서 그는 자신이 관찰한 내용 몇 가지를 설명하고, 열 쪽 분량의 정리theorem와 아이디어를 함께 적었다. 하디는 나중에 라마누잔의 정리 중 일부는 믿기 어려울 정도라고 말했다. 그는 동료 존 리틀우드John Littlewood에게 그것들을 보여주었고, 리틀우드는 그 정리들이 의심할 바 없이 옳다고 말했다. 그런 것을 발명할 상상력이 있는 사람은 세상에 없기 때문이라고 했다.

짧은 서신 교환 후에 하디는 라마누잔을 케임브리지대학교로 데려오는 데 성공했고, 두 사람은 함께 연구하기 시작했다. 하지만 안타깝게도 몇 년 후에 라마누잔이 병에 걸려 사망하는 바람에 이 협력 관계는 오래 지속되지 못했다. 하지만 그 짧은 연구 생활에도 그는 수학의 여러 분야에 혁명을 일으켰고, 요즘 수학자들도 아이디어를 얻고, 새로운 것을 발견하기 위해 그가 남긴 수많은 노트를 계속 연구하고 있다.[1]

라마누잔이 수학과 맺은 관계는 다른 사람들이 컴퓨터 게임, 알코올, 도박과 맺는 관계와 비슷하다. 생존이 달린 다른 일들을 처리해야만 하는 상황에서도, 그는 도저히 그 일을 할 수 없었다. 라마누잔은 조금만 노력했어도 대학 장학금을 계속 받았을 것이고, 꿈꿔왔던 것처럼 수학 분야에서 훨씬 더 쉽게 경력을 쌓았을 것이다. 하지만 그는 수학이라면 며칠 내내 쉬지도 않고 공부할 수 있었지만, 다른 과목에는 도저히 마음이 가지 않았다.

라마누잔의 이야기는 극단적인 사례일 수도 있지만, 성공을 거둔 많은 사람들의 이야기에는 라마누잔과 비슷한 울림을 주는 내용이 들어 있다. 높은 성취를 이룬 사람에게서 종종 집착의 요소를 찾아볼 수 있다. 또 다른 학문 분야에서 예를 찾아보자. 헝가리의 폴가르Polgar 자매는 세계 최고의 여성 체스 선수들이다. 아버지 라슬로 폴가르Laszlo Polgar의 말에 따르면 자매는 어린 시절에 체스에만 너무 몰두해서 다른 것에는 전혀 관심이 없었다고 한다. 어느 날 밤 그는 자매 중 한 명인 소피아가 체스판을 들고 화장실에 앉아 있는 것을 발견했다. 아빠는 이렇게 다그쳤다. "소피아, 제발 체스 말 좀 그냥 내버려 둬!" 그러자 소피아는 이렇게 대답했.

"아빠, 체스 말들이 저를 내버려 두지를 않아요!"[2]

당신도 인생을 뒤돌아보면 스스로도 그렇게 행동했던 기억이 날지도 모르겠다. 적어도 내가 아는 사람 중에 무언가를 잘하는 사람들은 자신이 하는 일에 강한 관심을 타고 났다. 항상 처음부터 그렇지는 않다. 어떤 사람은 자신의 분야에 어떤 감을 잡고 난 후부터 이런 집착이 시작된다. 어쨌든 모두가 집착에 빠지는 것은 공통적이다.

이런 행동을 보이는 것이 그리 이상한 일은 아니다. 물론 멀리 나가기 위해서는 재능이 필요하다. 하지만 성공에는 많은 노력이 필요하고, 억지로 할 필요 없이 자동으로 몇 시간이고 빠져들 수 있다면 많은 노력을 기울이기는 더 쉬워진다.

왜 어떤 일은 '더 힘들게' 느껴질까

어떤 활동이 다른 활동보다 더 힘들게 느껴지는 이유를 우리는 정확히 모른다. 물론 이해되는 경우도 있다. 달릴 때는 침대에 누워 있을 때보다 많은 칼로리가 소모된다. 우리 몸은 되도록 에너지를 아끼도록 만들어져 있기 때문에 당연히 침대에 누워 있는 것이 달리는 것보다 더 기분 좋게 느껴진다.

하지만 컴퓨터 게임을 하는 것보다 수학 방정식을 푸는 것이 더 어렵게 느껴지는 이유는 무엇일까?

에너지 소비 때문일 수도 있다. 인간의 뇌는 하루 에너지 소비량의 20퍼센트 정도 되는 많은 칼로리를 소모한다. 하지만 깊이 생각하거나 집중한다고 해서 이 수치가 크게 올라가지는 않는다.[3] 그래서 정신적 과제를 하는 데 부담을 느끼는 이유는 살짝 미스터리로 남아 있다. 가만히 앉아서 방정식을 푸는 일이 영화 시청보다 에너지가 더 들지 않기 때문이다.

미국의 한 심리학 연구진이 이 차이를 설명하는 데 도움이 될 만한 이론을 제시했다. 그들은 뇌가 그때그때 보상이 가장 큰 활동을 하려 들기 때문에 부담감이 생긴다는 가설을 세웠다. 당신의 뇌가 지금 이 순간에 할 수 있는 모든 잠재적 활동을 끊임없이 평가해서, 그 활동에서 얻을 수 있다고 예상하는 보상에 따라 가중치를 부여한다고 상상해보자. 지금 당신이 하고 있는 일이 무엇이든, 거기서 얻는 보상이 당신이 다른 일에서 얻을 수 있는 보상보다 낮은 경우라면 지금 하는 일을 계속 이어가기 위해서는 의식적인 노력을 기울여야 한다. 하지만 지금 하고 있는 활동이 보상이 가장 크다면, 그 활동을 이어가는 것이 전혀 무리가 없다.

이 이론에 따르면, 목표나 야심이 있는 사람이라면 누구나 초자극이 문제가 될 수 있다. 엄청나게 자극적인 틱톡 피드, 컴퓨터 게임, 넷플릭스 시리즈에 한번 익숙해지고 나면, 뇌는 이런 활동들을 기준 삼아 다른 활동에 따라올 보상을 평가한다. 그렇게 되면 인공적으로 설계된 초자극만큼 즉각적인 보상을 주지 못하는 활동을 하기 위해서는 더 큰 의지력을 발휘해야만 한다.

현대인들이 그림 그리기, 악기 배우기, 책 더 많이 읽기 등 자기개발의 목표를 세웠다가 작심삼일로 끝나는 경우가 얼마나 많은

지 생각해보라. 이런 것은 모두 예전에는 사람들이 그냥 재미 삼아 즐기던 활동들이다. 당신이 200년 전에 살고 있는데 여가 시간을 보낼 방법이 필요했다면, 이런 활동들은 보상이 가장 큰 선택지 중 하나였을 것이다. 하지만 요즘에는 이런 활동들이 의지를 필요로 하는 활동의 범주에 속하게 됐다. 현대의 초자극과 경쟁을 벌여야 하기 때문이다. 마찬가지로 요즘 젊은이들 중에는 영화 한 편을 처음부터 끝까지 통째로 보기 힘들다며 불평하는 경우가 많다. 이전 세대 사람들에게는 영화가 일종의 초자극이었지만, 틱톡 같은 소셜미디어 피드와 경쟁해야 하는 요즘에는 영화가 초자극에서 밀려나 노력을 기울여야만 할 수 있는 활동으로 변했다.

이런 현상의 극단적 사례를 물질 사용 장애가 있는 사람들에게서 볼 수 있다. 중독이 깊어짐에 따라 이들은 예전의 활동에는 흥미를 잃고 친구나 가족에 대해서도 더 이상 신경 쓰지 않는다. 하지만 약물 중독에 빠진 사람은 그 약물을 구하기 위해서라면 거의 초인 같은 노력을 기울인다. 중독된 사람의 뇌가 그 약물을 최고의 보상이라 여긴다면 이런 행태를 이해할 수 있다. 이들에게 다른 활동들은 실천에 옮기기가 거의 불가능한 힘든 일이 되지만, 약을 구하러 다니는 일은 그렇지 않다. 그래서 폭력, 절도를 저지르거나 자신의 목숨까지 거는 경우도 생긴다. 반대로 약물에 중독되지 않은 사람에게는 이런 일들이 도저히 할 수 없는 활동에 해당한다.

의지력에 대한 이런 '비교' 이론은 노력하는 사람들의 의지에 대해 조사한 연구들과도 일맥상통한다. 보통 이런 연구에서 사람들은 최소의 노력으로 마무리할 수 있는 과제를 선호한다. 사람들에게 여러 가지 선택지를 제시했을 때 수학 문제 풀이는 별로 인기 있는 선택지가 아니다.[4] 하지만 과학자들이 사람들에게 수학 문제 풀이를 할지, 아무것도 하지 않을지 선택하라고 하면, 많은 사람이 그냥 허공만 멍하니 쳐다보고 있기보다는 수학 문제를 선택한다.[5] 다시 말하자면, 수학 문제 풀이가 힘든지, 아닌지는 그 대안이 무엇인가에 달려 있다.

파멸로 향하는 초자극, 도약으로 쓰는 초자극

이쯤 되면 초자극 때문에 인위적으로 만들어낸 과잉 자극 말고는 모든 것이 견디기 힘들어지는 바람에 자신의 재능과 꿈을 방치하고 있는 사람이 얼마나 많을까 저절로 궁금해진다. 현대판 라마누잔 중에서 얼마나 많은 이들이 수학 덕후가 되는 대신 '월드 오브 워크래프트'에 광적으로 빠져 있을까?

그보다 더 무서운 것도 있다. 미래에는 이것이 어디까지 더 나빠질까?

안타깝게도 이런 추세는 여전히 꺾이지 않고 있다. 한때는 두 개의 선 같은 막대기를 위아래로 움직여 공을 화면 양쪽으로 주고받는 퐁Pong 게임이 가장 자극적인 컴퓨터 게임이었다. 요즘 게임은 엄청나게 세밀하게 구성된 가상 세계에서 벌어지며, 플레이어에게 거의 무한한 선택지를 제공한다. 다른 영역을 살펴보면, 한때는 노출이 심한 남녀의 사진 정도였던 야한 콘텐트가 지금은 쉬지 않고 인터넷에서 스트리밍되는 하드코어 포르노로 발전했다. THC가 살짝 들어간 수준이었던 대마초는 이제는 거의 순수 THC를 함유한 결정체로 발전했다. 그리고 바닐라아이스크림은 캐러멜 소스, 초콜릿 칩, 마시멜로, 쿠키 반죽이 잔뜩 들어간 바닐라아이스크림으로 발전했다.

이 모든 영역에서 아직 발견되지 않았을 뿐, 분명 수위를 끌어올릴 새로운 방법들이 우리를 기다리고 있을 것이다. 특히나 디지털 세계에서는 전속력으로 발전이 이루어지고 있다. 비트의 영역에서는 초자극 제작자들이 실험을 하기 특히나 쉽다. 빠르고, 저렴하게 간단한 설정으로도 가능하기 때문이다. 식품 제조업체에서는 자사 제품을 온갖 다양한 버전으로 직접 만들어보고, 실세계에서 그것을 테스트해야 한다. 하지만 앞에서 이야기했듯이 디지털 회사들은 당신을 대상으로 매일 수천 가지 작은 실험들을 진행할 수 있다. 그들의 제품은 얼마든지 쉽게 조정할 수 있는 컴퓨터 코드이기 때문이다.

동시에 디지털 기업들은 점점 더 인공지능의 도움에 의존하고 있어서, 인간이 실험을 직접 수행하거나 관여할 필요도 없게 됐다. 머지않아 콘텐츠 생산 자체도 자동화될지 모른다. 그렇게 되면 인공지능이 사용자들을 연구해서 피드를 구성할 뿐 아니라, 아예 사용자 맞춤형으로 모든 동영상, 텍스트, 인물을 생성해낼 것이다. 이런 일이 일어나면 사회의 일부는 완전히 디지털 세계로 침잠할 것으로 예상된다. 이런 변화는 분명 슬프고 비극적인 일이지만, 모두에게 희망이 없다는 의미는 아니다.

첫째, 새로이 개선된 기술을 초자극 생산자들만 활용하지는 않기 때문이다. 우리의 방어 수단도 함께 향상되고 있으니 우리가 우위를 점하지 못한다는 법은 없다. 내가 앞에서 그냥 지나갔던, 군비 경쟁을 멈출 또 하나의 방법이 바로 이것이다. 군비 경쟁에서 이기는 것도 방법이 될 수 있다. 체중 감량에 관한 장을 떠올려보라. 한때는 식품 초자극에 맞설 무기가 우리의 의지력과 행동 요령밖에 없었다. 대부분의 사람은 이것만으로는 식품 초자극에 맞서기 어려웠고, 식품 산업계가 새로운 묘수를 계속 찾아내면서 싸움을 계속 확대해왔다. 하지만 이제 의약품이 소비자를 다시 우위에 올려주었다. 식품산업은 그 우위를 다시 되찾기 위해 안간힘을 쓰고 있을 테지만, 그것이 가능하다는 보장은 없으며, 그 싸움에서 이기기 위한 약물도 앞으로 계속 개선될 가능성이 높다.

실제로 현재 과학자들은 다른 나쁜 습관을 끊는 데도 도움이 될 수 있는지 알아내려고 GLP-1과 관련된 다른 약물들을 연구하고 있다. 설치류와 사람이 아닌 영장류를 대상으로 한 연구에서 이런 약물 중 일부가 마약과 알코올에 대한 욕구를 떨어뜨렸다.[6] 사람을 대상으로 이루어진 일부 초기 연구도 같은 방향을 가리키고 있지만, 아직 알아내야 할 게 많이 남아 있다는 것은 의심할 여지가 없다.[7] 한 범주의 약물로 모든 초자극 문제를 해결할 수 있으리라 믿는 것은 지나치게 순진한 생각이다. 하지만 미래에는 더 많은 발전의 원동력이 함께 할 수 있기를 바란다.

이 논의에서 또 한 가지 흥미로운 점은 기술이 실제로 하고 있는 일을 보면, 모든 사람을 절망으로 이끄는 것이 아니라, 오히려 사람들 사이에 기존에 존재하던 차이를 가속화하고 더 두드러지게 만든다는 것이다. 그래서 상위와 하위 사이를 나누는 공간이 더 커진다. 현대 기술과 거리를 두고 사는 우리의 좋은 친구, 하드자족을 예로 들어보자. 이들은 평균적인 서구인보다 더 날씬하고, 더 근육질이고, 여러 면에서 전반적으로 더 건강하다. 하지만 평균이라는 단어를 강조할 필요가 있다. 서구에는 제일 강한 하드자족보다 더 강하고, 하드자족보다 더 빨리, 오래 뛰고, 하드자족보다 근육이 많고, 대사, 전반적인 건강, 수명 등 모든 측면에서 더 건강한 사람들이 많다.

그 이유는 현대 기술 덕분에 옛날 사람들은 꿈도 꿀 수 없었던 방식으로 우리 몸을 최적화하는 것이 가능해졌기 때문이다. 그렇다면 기술 발전을 가속 페달을 밟고 있는 발이라 볼 수 있다. 당신이 어느 방향을 향하고 있든 기술은 그쪽으로 속도를 높여줄 것이다.

당신이 그냥 충실히 본능만을 따른다면 당신 뇌의 보상 체계를 착취하려고 단단히 준비하고 있는 식품 제조업체들이 이미 대기 중이다. 그들의 제품은 당신을 살만 찐 약골로 만들 수 있다. 불과 몇백 년 전이었다면 살아남기도 어려울 정도로 말이다. 반면 생물학과 의학에 대한 지식이 너무 발전해서, 우리 조상들에게는 아예 불가능했던 수준의 몸을 만드는 것도 가능해졌다.

마찬가지로 디지털 세계의 등장으로 우리는 무작위로 올라오는 동영상만 몇 시간이고 시청할 수도 있지만, 원래 의도했던 대로 세상의 모든 지식에 눈 깜짝할 사이에 접근할 수도 있다. 한적한 시골 책상에 앉아 있어도 현대 기술 덕분에 접근 못할 학문 분야가 없다. 그래서 요즘에는 그 어느 때보다 무지한 상태로 고립되어 활동하지 않는 사람들이 있는 반면, 우리 조상들이 꿈꿀 수도 없었던 많은 지식을 습득하고, 많은 것을 이룰 수 있는 사람도 있다. 기술 변화가 좋은 것인지, 나쁜 것인지는 당신의 관점에 달려 있다.

그렇다. 초자극이라 해서 반드시 나쁘지만은 않다.

초자극에 대해 배운 것들을 활용해서 무언가 좋은 것을 만들어내는 상황도 상상해볼 수 있다. 예를 들면 학생들에게 틱톡만큼이나 재미있는 교육 방법이나 기술을 설계할 수도 있다. 아니면 식욕에 대한 지식을 이용해서 자연 식품보다 건강에 더 좋고, 영양도 더 풍부한 가공식품을 설계할 수 있다면 어떨까?

초자극이 좋은지 나쁜지는 우리가 그것으로 무엇을 하느냐에 달려 있다. 우리를 파멸로 이끄는 초자극이라면 반드시 싸워 물리쳐야 한다. 하지만 현명한 사람이라면 초자극을 우리에게 유리하게 사용하는 법을 배울 수 있을 것이다.

이 책을 끝까지 읽은 사람이라면 그런 현명함 덕분에 독파가 가능했다는 사실을 지금쯤 눈치챘을지도 모르겠다.

감사의 말

이런 책은 책 표지에 저자 이름 하나만 달랑 올라가 있지만, 사실 그 뒤편에는 박수를 받아 마땅한 뛰어난 사람들이 많이 관여하고 있다. 애나 바티와 루시 벅스턴은 나의 완벽주의를 참고 견디는 와중에도 이 책을 한 수준 끌어올렸다. 그리고 이 책을 덴마크어에서 영어로 번역해준 셰릴린 헬버그, 최종 원고를 교정해준 탬신 셸턴, 계약을 담당해준 세베스 앤 비셀링Sebes & Bisseling 에이전시의 폴 세베스와 동료들, 그리고 이 책의 다른 번역본들을 작업하고 있는 여러 편집자, 번역가, 교정자들에게도 감사드린다.

《중독을 통제할 수 있다는 착각》은 덴마크어로 시작했고, 그뢰닝겐 1Grønningen 1의 덴마크 출판인 루이제 빈트와 마리안네 키어츠너에게 감사드린다. 내가 첫 번째 책인 《해파리의 시간은 거꾸로 간다》를 집필했을 때, 덴마크의 주요 출판사들로부터 빠짐없이 모두 거절을 당했다. 심지어 두 번이나 거절당하기도 했다. 내가 고집이 센 편이라 거절을 받아들이지 않았기 때문이다. 결국은 선택지가 거의 남지 않아서 자비 출판을 위해 부모님께 돈을 빌려야 할 지경까지 갔지만, 다행히도 루이제와 마리안네를 만났고, 그들은 그 자리에서 바로 이 프로젝트를 믿고 책을 맡아주었다. 이제《해파리의 시간은 거꾸로 간다》는 전 세계적으로 수십만 부가 팔려나갔고, 영국왕립학회에 올해의 과학책 최종 후보로도 올라갔으며, 30개의 다른 언어로도 번역됐다. 다른 출판사들이 이 책이 비집고 들어갈 시장이 없는 이유, 성공할 수 없는 이유를 상세히 설명해서 보낸 거절 이메일을 아직도 보관하고 있다. 덴마크에서는 몇천 부 정도 팔려나간 책은 성공작으로 본다.

또한 코펜하겐 리스호스피탈레트Rigshospitalet에 있는 트뤼그폰덴 신체활동 연구센터Trygfonden's Centre for Physical Activity의 과학 동료들에게도 감사드린다. 특히 박사과정 지도교수를 맡아주신 벤테 클라를룬트 페데르센 교수님과 헬가 엘링스고르 교수님께 감사드린다. 그분들이 박사과정 학생이 감히 기대하기 힘든 큰 자유를 허락해주신 덕분에 글을 쓰고 강연을 할 수 있었다.

여기에 더해서 나와 팟캐스트를 함께 진행하고 있는 프레데리크 디르크스 고틀립과 〈영생을 찾아서Jagten på det evige liv〉 프로그램에 함께 참여한 단마르크 라디오Danmarks Radio의 다른 모든 분들에게 특별히 감사드린다. 그리고 가끔 내가 실험실과 책상을 벗어날 수 있게 강연을 주선해주는 오리지널 톡스Original Talks, 아테나스Athenas, A-스피커스A-Speakers의 모든 동료에게도 감사하다.

또한 나를 지지해주고 내 삶을 더 풍요롭게 만들어준 가깝고, 먼 모든 친구들에게도 감사를 표한다. 에스케 게룹, 요아킴 셸데, 라르스 호르스뵐, 미켈 두이프, 스벤 라르센-레데트에게는 국내외에서 함께 했던 멋진 모험들에 대해 특별히 감사의 마음을 전한다.

마지막으로, 말로는 결코 다 표현할 수 없을 만큼 사랑하는 가족에게 특별한 감사를 보내며, 이 책과 다른 모든 것을 그들에게 바친다.

주

여는 말 더 크고, 더 밝고, 더 강력한 자극에 끌리다

1. Tinbergen N. The Study of Instinct. Clarendon Press. 1951, 1989.

2. Moreno J., Morales J., Lobato E., Merino S., Tomas G., Martinez - de la Puente J. 'More colourful eggs induce a higher relative paternal investment in the pied .ycatcher Ficedula hypoleuca: a cross - fostering experiment'. Journal of Avian Biology. 2006;37(6):555,60.

3. Moreno J., Lobato E., Merino S., Martinez - de la Puente J. 'Blue, Green Eggs in Pied Flycatchers: An Experimental Demonstration that a Supernormal Stimulus Elicits Improved Nestling Condition'. Ethology. 2008;114(11):1078,83.

1부. 식품 중독을 통제할 수 있다는 착각

1장 비만의 시대에서 놓치고 있는 것

1. Floud R. 'Height, Weight and Body Mass of the British Population Since 1820'. NBER Working Paper Series on Historical Factors in Long Run Growth. Historical Paper 108. October 1998. https://www.nber.org/system/.les/working_papers/h0108/h0108.pdf.

2. Health Survey for England 2022, NHS Digital. https://digital.nhs.uk/data-and-information/publications/statistical/health-survey-for-england/2022-

part-2/health-survey-for-england-hse-2022-part-2-data - tables.

3. 2024 State of the UK Fitness Industry Report (Leisure DB).

4. Madsen B.F. 'Forskere afslører: BMI - skalaen har blindt punkt hos stor aldersgruppe'. Illustreret Videnskab. 13.06.24. https://illvid.dk/sundhed/forskere-afsloerer-bmi-skalaen-har-blindt-punkt-hos-stor - aldersgruppe.

5. Overweight and obese adults, 2018. Statistics Canada. https://www150.statcan.gc.ca/n1/pub/82-625-x/2019001/article/00005-eng.htm.

6. Overweight and obesity. Australian Institute of Health and Welfare. https://www.aihw.gov.au/reports/overweight-obesity/overweight-and-obesity/contents/summaryhow_common_overweight.

7. Annual Update of Key Results 2023 / 24: New Zealand Health Survey. https://www.health.govt.nz/publications/annual-update-of-key-results-202324-new-zealand-health - survey.

8. Baker C. Research Brie.ng: Obesity statistics. House of Commons Library. 12.1.23. https://commonslibrary.parliament.uk/research-brie.ngs/sn03336/.

9. Prevalence of obesity among adults. World Health Organization. https://www.who.int/data/gho/data/indicators/indicator-details/GHO/prevalence-of-obesity-among-adults-bmi---30-(crude-estimate)-(-).

10. Ibid.

11. Ture R., Damasceno A., Djico M., Lunet N. 'Prevalence of Underweight, Overweight and Obesity among Adults in Urban Bissau, Western Africa'. Nutrients. 2021 Nov 23;13(12):4199.

12. Pengpid S. and Peltzer K. 'The prevalence and associated factors of underweight

and overweight / obesity among adults in Kenya: evidence from a national cross - sectional community survey'. Pan African Medical Journal. 2020 Aug 25;36;338.

13. Letamo G. 'Dual burden of underweight and overweight / obesity among adults in Botswana: prevalence, trends and sociodemographic correlates: a cross - sectional survey'. British Medical Journal. 2020;10(7).

14. Prevalence of obesity among adults. World Health Organization. https://www. who.int/data/gho/data/indicators/indicator-details/GHO/prevalence-of-obesity-among-adults-bmi---30-(crude-estimate)-(-).

15. Martin C.B., Herrick K.A., Sarafrazi N., Ogden C.L. 'Attempts to Lose Weight Among Adults in the United States, 2013.2016'. NCHS Data Brief. 2018(313):1.8.

16. Hall K.D. and Kahan S. 'Maintenance of lost weight and long - term management of obesity'. Medical Clinics of North America. 2018 Jan;102(1):183.197.

17. Althoff T., Sosi. R., Hicks J.L., King A.C., Delp S.L., Leskovec J., 'Supplementary Information: Large - scale physical activity data reveal worldwide activity inequality'. Nature. 2017 Jul 10;547(7663):336.339.

18. Pontzer H., Raichlen D.A., Wood B.M., Mabulla A.Z., Racette S.B., Marlowe F.W. 'Hunter - gatherer energetics and human obesity'. PLoS One. 2012;7(7):e40503.

19. Pontzer H., Wood B.M., Raichlen D.A. 'Hunter - gatherers as models in public health'. Obesity Reviews. 2018;19(S1):24.35.

20. Urlacher S.S., Snodgrass J.J., Dugas L.R., Sugiyama L.S., Liebert M.A., Joyce C.J., et al. 'Constraint and trade - offs regulate energy expenditure during childhood'.

Science Advances. 5(12):eaax1065.

21. Pontzer H., Raichlen D.A., et al. 'Primate energy expenditure and life history'. Biological Sciences. 13 January 2014. 111(4):1433 – 1437.

22. Pontzer, H. Burn. Avery Publishing. 2021.

23. Pontzer H., Raichlen D.A., Gordon A.D., Schroepfer – Walker K.K., Hare B., O'Neill M.C., et al. 'Primate energy expenditure and life history'. Proc Natl Acad Sci USA. 2014;111(4):1433.7.

24. Careau V., Halsey L.G., Pontzer H., Ainslie P.N., Andersen L.F., Anderson L.J., et al. 'Energy compensation and adiposity in humans'. Curr Biol. 2021;31(20):4659.66.e2.

25. Pontzer, H. Burn. Avery Publishing. 2021. pp.243.244.

26. Bribiescas R.G. 'Testosterone levels among Ache hunter – gatherer men'. Human Nature. 1996;7(2):163.88.

27. Melanson E.L., Keadle S.K., Donnelly J.E., Braun B., King N.A. 'Resistance to exercise – induced weight loss: compensatory behavioral adaptations'. Med Sci Sports Exerc. 2013;45(8):1600.9.

28. Donnelly J.E., Honas J.J., Smith B.K., Mayo M.S., Gibson C.A., Sullivan D.K., et al. 'Aerobic exercise alone results in clinically signi.cant weight loss for men and women: midwest exercise trial 2'. Obesity (Silver Spring). 2013;21(3):E219.28.

29. Westerterp K.R. and Speakman J.R. 'Physical activity energy expenditure has not declined since the 1980s and matches energy expenditures of wild mammals'. International Journal of Obesity. 2008;32(8):1256.63.

2장 배고픔의 함정

1. Stunkard A.J., Sørensen T.I.A., Hanis C., Teasdale T.W., Chakraborty R., Schull W.J., et al. 'An Adoption Study of Human Obesity'. New England Journal of Medicine. 1986;314(4):193.8.

2. Stunkard A.J., Harris J.R., Pedersen N.L., McClearn G.E. 'The Body - Mass Index of Twins Who Have Been Reared Apart'. New England Journal of Medicine. 1990;322(21):1483.7.

3. Yengo L., Sidorenko J., Kemper K.E., Zheng Z., Wood A.R., Weedon M.N., et al. 'Meta - analysis of genome - wide association studies for height and body mass index in ~700000 individuals of European ancestry'. Hum Mol Genet. 2018;27(20):3641.9.

4. FAO. Value of Agricultural Production. FAO.org. [updated 2023 - 03 - 21].

5. Swinburn B., Sacks G., Ravussin E. 'Increased food energy supply is more than sufficient to explain the US epidemic of obesity'. The American Journal of Clinical Nutrition. 2009;90(6):1453.6.

6. Moss, M. Salt Sugar Fat: How the Food Giants Hooked Us. Random House. 2014. pp.150.151.

7. Hall K.D., Ayuketah A., Brychta R., Cai H., Cassimatis T., Chen KY., et al. 'Ultra - Processed Diets Cause Excess Calorie Intake and Weight Gain: An Inpatient Randomized Controlled Trial of Ad Libitum Food Intake'. Cell Metab. 2019;30(1):67 - 77.e3.

8. Hamano S., Sawada M., Aihara M., Sakurai Y., Sekine R., Usami S., Kubota N., Yamauchi T. 'Ultra - processed foods cause weight gain and increased energy intake associated with reduced chewing frequency: A randomized, open - label, crossover study'. Diabetes, Obesity and Metabolism. 2024;26(11):5431.43.

9. Sampey B.P., Vanhoose A.M., Win.eld H.M., Freemerman A.J., Muehlbauer M.J., Fueger P.T., Newgard C.B., Makowski L. 'Cafeteria diet is a robust model of human metabolic syndrome with liver and adipose in.ammation: comparison to high – fat diet'. Obesity (Silver Spring). 2011;19(6):1109.17.

3장 하얀 금이 지배하는 세계

1. Allain F., Minogianis E., Roberts D.C.S., Samaha A. 'How fast and how often: The pharmacokinetics of drug use are decisive in addiction'. Neuroscience and Biobehavioral Reviews. 2015 Sept:166.179.

2. Headey D.D. and Alderman H.H. 'The Relative Caloric Prices of Healthy and Unhealthy Foods Differ Systematically across Income Levels and Continents'. J Nutr. 2019;149(11):2020.33.

3. Public Health England. National Diet and Nutrition Survey. Rolling programme Years 9 to 11 (2016/ 2017 to 2018/ 2019). December 2020. https://assets. publishing.service.gov.uk/media/5fd23324e90e07662b09d91a/NDNS_UK_ Y9-11_report.pdf.

4. Langlois K., Garriguet D. et al., 'Change in total sugars consumption among Canadian children and adults'. Health Rep. 2019 Jan 16;30(1):10.19.

5. Pesta D.H. and Samuel V.T., 'A high – protein diet for reducing body fat: mechanisms and possible caveats'. Nutr Metab (Lond). 2014 Nov 19;11:53.

6. Yu Y., Fu J., Xu Y., Zhang J., Ren F., Zhao H., et al. 'Genome re- sequencing reveals the evolutionary history of peach fruit edibility'. Nature Communications. 2018;9(1):5404.

7. Zheng Y., Crawford G.W., Chen X. 'Archaeological evidence for peach (Prunus persica) cultivation and domestication in China'. PLoS One. 2014;9(9):e106595.

8. Quilot B., Kervella J., Genard M. 'Shape, mass and dry matter content of peaches of varieties with different domestication levels'. Scientia Horticulturae. 2004;99(3):387.93.

9. Perez – Escobar O., et al. 'Genome Sequencing of up to 6,000- Year – Old Citrullus Seeds Reveals Use of a Bitter – Fleshed Species Prior to Watermelon Domestication'. Molecular Biology and Evolution. 2022;39(8).

10. Malik V.S. and Hu F.B. 'The role of sugar – sweetened beverages in the global epidemics of obesity and chronic diseases'. Nat Rev Endocrinol. 2022;18:205.18.

11. DellaValle D.M., Roe L.S., Rolls B.J. 'Does the consumption of caloric and non – caloric beverages with a meal affect energy intake?' Appetite. 2005;44(2):187.93.

12. Aeberli I., Gerber P.A., Hochuli M., Kohler S., Haile S.R., Gouni – Berthold I., et al. 'Low to moderate sugar – sweetened beverage consumption impairs glucose and lipid metabolism and promotes in.ammation in healthy young men: a randomized controlled trial'. The American Journal of Clinical Nutrition. 2011;94(2):479.85.

13. Buchanan K.L., Rupprecht L.E., Kaelberer M.M., Sahasrabudhe A., Klein M.E., Villalobos J.A., et al. 'The preference for sugar over sweetener depends on a gut sensor cell'. Nature Neuroscience. 2022;25(2):191.200.

14. Tan H., Sisti A., Jin H. et al., 'The gut – brain axis mediates sugar preference'. Nature. 2020;580:511.516.

15. Jones S., Sullivan H. 'Subway bread is not bread, Irish court rules'. The Guardian [online]. 1.10.20.

16. Saccharin, Britannica.com. https://www.britannica.com/science/saccharinref165773.

17. Roth K. and Luck E. 'The Saccharin Saga . Part 7'. Chemistry Views. 3.5.16.

18. Higgins K.A. and Mattes R.D. 'A randomized controlled trial contrasting the effects of 4 low - calorie sweeteners and sucrose on body weight in adults with overweight or obesity'. Am J Clin Nutr. 2019;109(5):1288.301.

19. McGlynn N.D., Khan T.A., Wang L., Zhang R., Chiavaroli L., Au - Yeung F., et al. 'Association of Low - and No - Calorie Sweetened Beverages as a Replacement for Sugar - Sweetened Beverages With Body Weight and Cardiometabolic Risk: A Systematic Review and Meta - analysis'. JAMA Network Open. 2022;5(3):e222092 – e.

20. Ebbeling C.B., Feldman H.A., Steltz S.K., Quinn N.L., Robinson L.M., Ludwig D.S. 'Effects of Sugar - Sweetened, Arti. cially Sweetened, and Unsweetened Beverages on Cardiometabolic Risk Factors, Body Composition, and Sweet Taste Preference: A Randomized Controlled Trial'. Journal of the American Heart Association. 2020;9(15):e015668.

21. World Health Organization. 'Aspartame hazard and risk assessment results released'. 14.7.23. https://www.who.int/news/item/14-07-2023-aspartame-hazard-and-risk-assessment-results-released.

22. Magnuson B.A., Burdock G.A., Doull J., Kroes R.M., Marsh G.M., et al. 'Aspartame: A Safety Evaluation Based on Current Use Levels, Regulations, and Toxicological and Epidemiological Studies'. Critical Reviews in Toxicology. 2007;37(8):629.727.

23. Magnuson B.A., Carakostas M.C., Moore N.H., Poulos S.P., Renwick A.G. 'Biological fate of low - calorie sweeteners'. Nutrition Reviews. 2016;74(11):670.89.

4장 토끼만 먹으면 굶어 죽는다?

1. Force USAA. Jungle, Desert, and Arctic Emergencies Booklet. Laupus Library History Collections: Flight Control Command Safety Education Division of the United States Army Air Forces; 1947.

2. Bella S.D., Branciari R., et al. 'Does hunted wild boar meat meet modern consumer nutritional expectations?'. Ital J Food Saf. 2024 Feb 22;13(1):11608.

3. Bison vs Beef: What's the Difference? healthline. https://www.healthline.com/nutrition/bison-vs-beef.

4. Jaime - Lara R.B., Brooks B.E.,Vizioli C., et al. 'A systematic review of the biological mediators of fat taste and smell'. Physiological Reviews. 2023;103(1):855.918.

5. Mengtong, L., Tan, H., Zhengyuan L. et al. 'Gut - brain circuits for fat preference'. Nature. 2022;610:722.730.

6. DiFeliceantonio A.G., Coppin G., Rigoux L., Edwin Thanarajah S., Dagher A., Tittgemeyer M., et al. 'Supra - Additive Eff ects of Combining Fat and Carbohydrate on Food Reward'. Cell Metab. 2018;28(1):33.44.e3.

7. Roberts S.B., Das S.K., Suen V.M.M., Pihlajamaki J., Kuriyan R., Steiner - Asiedu M., et al. 'Measured energy content of frequently purchased restaurant meals: multi - country cross sectional study'. BMJ. 2018;363:k4864.

8. Drewnowski A., Schwartz M. 'Invisible fats: Sensory assessment of sugar / fat mixtures'. Appetite. 1990;14(3):203.17.

9. Ibid.

10. Kim S.Y., Yi D.Y. 'Components of human breast milk: from macro-nutrient

to microbiome and microRNA'. Clin Exp Pediatr. 2020;63(8):301.9.

11. Pontzer H., Yamada Y., Sagayama H., Ainslie P.N., et al. 'Daily energy expenditure through the human life course.' Science. 2021 August 13;373(6556):808.12.

5장 스카이다이빙과 소금의 공통점

1. Campbell N.R.C., Correa - Rotter R., et al. 'Proposed Nomenclature for Salt Intake and for Reductions in Dietary Salt'. J Clin Hypertens (Greenwich). 2014 Nov 21;17(4):247.251.

2. Land M., Neal B.C., et al. 'Salt consumption by Australian adults: a systematic review and meta - analysis'. Med J Aust. 2018 Feb 5;208(2):75 - 81.

3. Public Health England. National Diet and Nutrition Survey: Assessment of salt intake from urinary sodium in adults (aged 19 to 64 years) in England, 2018 to 2019. March 2020.

4. Bertino M., Beauchamp G.K., Engelman K. 'Long - term reduction in dietary sodium alters the taste of salt'. The American Journal of Clinical Nutrition. 1982;36(6):1134.44.

5. Wise P.M., Nattress L., Flammer L.J., Beauchamp G.K. 'Reduced dietary intake of simple sugars alters perceived sweet taste intensity but not perceived pleasantness'. The American Journal of Clinical Nutrition. 2016;103(1):50.60.

6. Lee R. The !Kung - San: Men, Women and Work in a Foraging Society. Cambridge University Press. 1980.

7. Roe L.S., Meengs J.S., Birch L.L., Rolls B.J. 'Serving a variety of vegetables and fruit as a snack increased intake in preschool children'. The American Journal of Clinical Nutrition. 2013;98(3):693.9.

6장 아마존에서 배우는 건강의 지혜

1. Kaplan H., Thompson R.C., Trumble B.C., Wann L.S., Allam A.H., Beheim B., et al. 'Coronary atherosclerosis in indigenous South American Tsimane: a cross - sectional cohort study'. The Lancet. 2017;389(10080):1730.9.

2. Roth G.A., Abate D., Abate K.H., Abay S.M., Abbafati C., Abbasi N., et al. 'Global, regional, and national age - sex - speci. c mortality for 282 causes of death in 195 countries and territories, 1980.2017: a systematic analysis for the Global Burden of Disease Study 2017'. The Lancet. 2018;392(10159):1736.88.

3. Libby P., Buring J.E., et al. 'Atherosclerosis'. Nature Reviews Disease Primers. 2019 Aug;5:56.

4. Global Burden of Disease 2021, https://www.healthdata.org/sites/default/. les/2024-05/GBD_2021_Booklet_FINAL_2024.05.16.pdf.

5. Sharif K., Amital H., Shoenfeld Y. 'The role of dietary sodium in autoimmune diseases: The salty truth'. Autoimmunity Reviews. 2018;17(11):1069.73.

6. Filippini T., Malavolti M., Whelton P.K., Vinceti M. 'Sodium Intake and Risk of Hypertension: A Systematic Review and Dose - Response Meta - analysis of Observational Cohort Studies'. Curr Hypertens Rep. 2022;24(5):133.44.

7. Campbell N.R., Correa - Rotter R., Cappuccio F.P., Webster J., Lackland D.T., Neal B., et al. 'Proposed nomenclature for salt intake and for reductions in dietary salt'. J Clin Hypertens (Greenwich). 2015;17(4):247.51.

8. Denton D., Weisinger R., Mundy N.I., Wickings E.J., Dixson A., Moisson P., et al. 'The effect of increased salt intake on blood pressure of chimpanzees'. Nature Medicine. 1995;1(10):1009.16.

9. Hunter R.W., Dhaun N., Bailey M.A. 'The impact of excessive salt intake on

human health'. Nature Reviews Nephrology. 2022;18(5):321.35.

10. Lemogoum D., Ngatchou W., Janssen C., Leeman M., Van Bortel L., Boutouyrie P., et al. 'Effects of Hunter – Gatherer Subsistence Mode on Arterial Distensibility in Cameroonian Pygmies'. Hypertension. 2012;60(1):123.8.

11. Ference, B.A., Ginsberg, H.N., et al. 'Low – density lipoproteins cause atherosclerotic cardiovascular disease. 1. Evidence from genetic, epidemiologic, and clinical studies. A consensus statement from the European Atherosclerosis Society Consensus Panel'. Eur Heart J. 2017 Aug 21;38(32):2459.2472.

12. Vasunilashorn, S., Crimmins, E.M., Kim, J.K., et al. 'Blood lipids, infection, and in.ammatory markers in the Tsimane of Bolivia'. American Journal of Human Biology. 2020 Aug;22:731.740.

13. O'Keefe J.H., Cordain L., Harris W.H., Moe R.M., Vogel R. 'Optimal low – density lipoprotein is 50 to 70 mg / dl: Lower is better and physiologically normal'. Journal of the American College of Cardiology. 2004;43(11):2142.6.

14. Kraft T.S., Stieglitz J., Trumble B.C., Martin M., Kaplan H., Gurven M. 'Nutrition transition in 2 lowland Bolivian subsistence populations'. Am J Clin Nutr. 2018;108(6):1183.95.

15. Mensink R.P., World Health Organization. 'Effects of saturated fatty acids on serum lipids and lipoproteins: a systematic review and regression analysis'. World Health Organization. 2016.

16. Pedersen A.N., Christensen, T., Matthiessen J., et al. 'Danskernes kostvaner 2011.2013'. DTU Fødevareinstituttet. 2015.

17. King D.E., Mainous A.G., Lambourne C.A. 'Trends in Dietary Fiber Intake in the United States, 1999.2008'. Journal of the Academy of Nutrition and Dietetics. 2012;112(5):642.8.

18. Raichlen D.A., Pontzer H., Harris J.A., Mabulla A.Z., Marlowe F.W., Snodgrass J., et al. 'Physical activity patterns and biomarkers of cardiovascular disease risk in hunter - gatherers'. Am J Hum Biol. 2017;29(2).

19. Reynolds A., Mann J., Cummings J., Winter N., Mete E., Te Morenga L. 'Carbohydrate quality and human health: a series of systematic reviews and meta - analyses'. The Lancet. 2019;393(10170):434.45.

20. Jovanovski E., Yashpal S., Komishon A., Zurbau A., Blanco Mejia S., Ho H.V.T., et al. 'Effect of psyllium Plantago ovata . ber on LDL cholesterol and alternative lipid targets, non - HDL cholesterol and apolipoprotein B: a systematic review and meta - analysis of randomized controlled trials'. The American Journal of Clinical Nutrition. 2018;108(5):922.32.

21. Cicero A.F.G., Fogacci F., Veronesi M., Strocchi E., Grandi E., Rizzoli E., et al. 'A Randomized Placebo - Controlled Clinical Trial to Evaluate the Medium - Term Effects of Oat Fibers on Human Health: The Beta - Glucan Effects on Lipid Pro.le, Glycemia and inTestinal Health (BELT) Study'. Nutrients [online]. 2020;12(3).

22. Kern F. 'Normal Plasma Cholesterol in an 88- Year - Old Man Who Eats 25 Eggs a Day . Mechanisms of Adaptation'. The New England Journal of Medicine. 1991;324:896.899.

23. Soliman G.A. 'Dietary Cholesterol and the Lack of Evidence in Cardiovascular Disease'. Nutrients. 2018 Jun 16;10(6):780.

24. Gurven M. and Hillard K. 'Longevity Among Hunter - Gatherers: A Cross - Cultural Examination'. Gurven Lab. https://www.gurven.anth.ucsb.edu/sites/secure.lsit.ucsb.edu.anth.d7_gurven/.les/site.les/papers/GurvenKaplan2007pdr.pdf.

25. Gurven M. and Kaplan H. 'Longevity Among Hunter - Gatherers: A Cross - Cultural Examination'. Population and Development Review. 2007;33:321.365.

26. Arranz – Otaegui A., Gonzalez Carretero L., Ramsey M.N., Fuller D.Q., Richter T. 'Archaeobotanical evidence reveals the origins of bread 14,400 years ago in northeastern Jordan'. Proceedings of the National Academy of Sciences. 2018;115(31):7925.30.

27. Piperno D.R., Weiss E., Holst I., Nadel D. 'Processing of wild cereal grains in the Upper Palaeolithic revealed by starch grain analysis'. Nature. 2004;430(7000):670.3.

28. Henry A.G., Brooks A.S., Piperno D.R. 'Microfossils in calculus demonstrate consumption of plants and cooked foods in Neanderthal diets (Shanidar III, Iraq; Spy I and II, Belgium)'. Proceedings of the National Academy of Sciences. 2011;108(2): 486.91.

7장 배고플 걱정 없는 감자 다이어트

1. Interview with the author.

2. Holt S.H.A., Brand Miller J.C., Petocz P., Farmakalidis E. 'A Satiety Index of Common Foods'. European Journal of Clinical Nutrition. September 1995:675–90.

3. Ku S.K., Sung S.H., Choung J.J., Choi J.S., Shin Y.K., Kim J.W. 'Anti – obesity and anti – diabetic effects of a standardized potato extract in ob / ob mice'. Exp Ther Med. 2016;12(1):354.64.

4. Hill A.J., Peikin S.R., Ryan C.A., Blundell J.E. 'Oral administration of proteinase inhibitor II from potatoes reduces energy intake in man'. Physiology & Behavior. 1990;48(2):241.6.

5. Klos B., Cook J., Crepaz L., Weiland A., Zipfel S., Mack I. 'Impact of energy density on energy intake in children and adults: a systematic review and meta – analysis of randomized controlled trials'. European Journal of Nutrition.

2023;62(3):1059.76.

6. Sobiecki J.G., Appleby P.N., Bradbury K.E., Key T.J. 'High compliance with dietary recommendations in a cohort of meat eaters, . sh eaters, vegetarians, and vegans: results from the European Prospective Investigation into Cancer and Nutrition.Oxford study'. Nutrition Research. 2016;36(5):464.77.

7. Tonstad S., Butler T., Yan R., Fraser G.E. 'Type of vegetarian diet, body weight, and prevalence of type 2 diabetes'. Diabetes Care. 2009;32(5):791.6.

8. Johnston B.C., Kanters S., Bandayrel K., Wu P., Naji F., Siemieniuk R.A., et al. 'Comparison of Weight Loss Among Named Diet Programs in Overweight and Obese Adults: A Meta‑analysis'. JAMA. 2014;312(9):923.33.

9. Pontzer, H. Burn. Avery Publishing. 2021.

10. Voss J.D., Masuoka P., Webber B.J., Scher A.I., Atkinson R.L. 'Association of elevation, urbanization and ambient temperature with obesity prevalence in the United States'. International Journal of Obesity. 2013;37(10):1407.12.

11. Diaz‑Gutierrez J., Martinez‑Gonzalez M., Pons Izquierdo J.J., Gonzalez‑Muniesa P., Martinez J.A., Bes‑Rastrollo M. 'Living at Higher Altitude and Incidence of Overweight / Obesity: Prospective Analysis of the SUN Cohort'. PLoS One. 2016;11(11):e0164483.

12. Voss J.D., Allison D.B., Webber B.J., Otto J.L., Clark L.L. 'Lower obesity rate during residence at high altitude among a military population with frequent migration: a quasi experimental model for investigating spatial causation'. PLoS One. 2014;9(4):e93493.

13. Burdack‑Freitag A., Bullinger D., Mayer F., Breuer K. 'Odor and taste perception at normal and low atmospheric pressure in a simulated aircraft cabin'. Journal fur Verbraucherschutz und Lebensmittelsicherheit. 2010;6:95.109.

8장 다이너마이트에서 다이어트 약까지

1. Perkins R.G. 'A Study of the Munitions Intoxications in France'. Public Health Report 1919;34(43):2335.74.

2. Tainter M.L., Cutting W.C., Stockton A.B. 'Use of Dinitrophenol in Nutritional Disorders: A Critical Survey of Clinical Results'. Am J Public Health Nations Health. 1934;24(10):1045.53.

3. Horner W.D. 'A Study of Dinitrophenol and Its Relation to Cataract Formation'. Trans Am Ophthalmol Soc. 1941;39:405.37.

4. Pi - Sunyer X., Aronne L.J., Heshmati H.M. et al. 'Eff ect of Rimonabant, a Cannabinoid - 1 Receptor Blocker, on Weight and Cardiometabolic Risk Factors in Overweight or Obese Patients'. JAMA. 2006;295(7):761.775.

5. Saul S. 'F.D.A. Panel Reject Drug for Obesity'. 14.06.07: https://www.nytimes. com/2007/06/14/business/14drugs.html.

6. Hughes J. 'Anti - obesity drug use suspended'. BBC News. 23.10.08: http:// news.bbc.co.uk/2/hi/health/7687311.stm.

7. Allchurch M.H. 'The European Medicines Agency recommends suspension of the marketing authorisation of Acomplia'. 23.10.08: https://www.ema. europa.eu/en/news/european-medicines-agency-recommends-suspension- marketing-authorisation-acomplia.

8. Wilding J.P.H., Batterham R.L., Calanna S., Davies M., Van Gaal L.F., Lingvay I., et al. 'Once - Weekly Semaglutide in Adults with Overweight or Obesity'. New England Journal of Medicine. 2021;384(11):989.1002.

9. It is worth noting that, at the time of writing, Ozempic is not licensed for weight loss in the UK.

10. Holst J.J., Ørskov C., Vagn Nielsen O., Schwartz T.W. 'Truncated glucagon – like peptide I, an insulin – releasing hormone from the distal gut'. FEBS Letters. 1987;211(2):169.74.

11. Larsen P.J., Fledelius C., Bjerre Knudsen L., Tang – Christensen M. 'Systemic Administration of the Long – Acting GLP – 1 Derivative NN2211 Induces Lasting and Reversible Weight Loss in Both Normal and Obese Rats'. Diabetes. 2001;50(11):2530.2539.

12. Mentlein R., Gallwitz B. and Schmidt W.E. 'Dipeptidyl – peptidase IV hydrolyses gastric inhibitory polypeptide, glucagon – like peptide –1(7.36) amide, peptide histidine methionine and is responsible for their degradation in human serum'. European Journal of Biochemistry. 1993;214:829.835.

13. Holst, J.J. The Story of GLP – 1. FADL's. 2024.

14. Holst, J.J. The Story of GLP – 1. FADL's. 2024. Chapter by Mads Krogsgaard Thomsen.

15. Pi – Sunyer X., Astrup A., Fujioka K., Greenway, F., et al. 'A Randomized, Controlled Trial of 3.0 mg of Liraglutide in Weight Management'. New England Journal of Medicine. 2015;373:11.22.

16. Jastreboff A.M., Aronne L.J., Ahmad N.N., Wharton S., Connery L., Alves B., et al. 'Tirzepatide Once Weekly for the Treatment of Obesity'. New England Journal of Medicine. 2022;387(3):205.16.

17. Tang – Christensen, M., Larsen, P.J., Goke, R., et al. 'Central administration of GLP – 1 – (7 – 36) amide inhibits food and water intake in rats'. Am J Physiol. 1996 Oct;271(4 Pt 2):R848.56.

18. Hristakeva S., Liaukonyte J., Feler L. 'The No – Hunger Games: How GLP – 1 Medication Adoption is Changing Consumer Food Purchases'. Cornell SC

Johnson College of Business Research Paper. December 2024.

19. Burn - Murdoch J. 'We may have passed peak obesity'. Financial Times [online]. 4.20.24.

2부. 포르노 중독을 통제할 수 있다는 착각

9장 성관계와 맥주병의 마력

1. Gwynne D.T., Rentz D.C.F. 'Beetles on the Bottle: Male Buprestids Mistake Stubbies for Females (Coleoptera)'. Australian Journal of Entomology. 1983;22(1):79.80.

2. Stirling J. 'University of Toronto Mississauga professor wins Ig Nobel Prize for beer, sex research'. 2011. https://www.eurekalert.org/news-releases/919856.

3. Danmarks Statistik. 'Antal enlige voksne har rundet 1,6 mio. Personer'. 2016. https://www.dst.dk/da/Statistik/nyheder-analyser-publ/nyt/NytHtml?cid=20988.

4. Rosenfeld M.J., Thomas R.J., Hausen S. 'Disintermediating your friends: How online dating in the United States displaces other ways of meeting'. Proc Natl Acad Sci USA. 2019;116(36):17753.8.

5. https://web.stanford.edu/~mrosenfe/

6. Iyengar S.S., Lepper M.R. 'When choice is demotivating: can one desire too much of a good thing?' J Pers Soc Psychol. 2000;79(6):995.1006.

7. D'Angelo J., Toma C. 'There Are Plenty of Fish in the Sea: The Effects of Choice Overload and Reversibility on Online Daters' Satisfaction With Selected Partners'. Media Psychology. 2016;20:1.27.

8. Uggla C., Andersson G. 'Higher divorce risk when mates are plentiful? Evidence from Denmark'. Biology Letters. 2018;14(9).

9. Weber G.W., Lukeneder A., Harzhauser M., Mitteroecker P., Wurm L., Hollaus L. - M., et al. 'The microstructure and the origin of the Venus from Willendorf'. Scienti. c Reports. 2022;12(1):2926.

10. Deaner R.O., Khera A.V., Platt M.L. 'Monkeys pay per view: adaptive valuation of social images by rhesus macaques'. Curr Biol. 2005;15(6):543.8.

11. Singh D. 'Adaptive signi.cance of female physical attractiveness: Role of waist - to - hip ratio'. Journal of Personality and Social Psychology. 1993 Aug;65(2):293.307.

12. Beach F.A., Jordan L. 'Sexual Exhaustion and Recovery in the Male Rat'. Quarterly Journal of Experimental Psychology. 1956;8(3):121.33.

13. Wilson J.R., Kuehn R.E., Beach F.A. 'Modi.cation in the sexual behavior of male rats produced by changing the stimulus female'. J Comp Physiol Psychol. 1963;56:63644.

14. Beamer W., Bermant G., Clegg M.T. 'Copulatory behaviour of the ram, Ovis aries. II: Factors affecting copulatory satiation'. Animal Behaviour. 1969;17(4):706.11.

15. Schacht, R. and Kramer, K.L. 'Are We Monogamous? A Review of the Evolution of Pair - Bonding in Humans and Its Contemporary Variation Cross - Culturally'. Front. Ecol. Evol. 2019;7.

16. Hughes S.M., Aung T., Harrison M.A., LaFayette J.N., Gallup G.G., Jr. 'Experimental Evidence for Sex Differences in Sexual Variety Preferences: Support for the Coolidge Effect in Humans'. Arch Sex Behav. 2021;50(2):495.509.

17. 'Chris Rock's porn addiction and cheating which wrecked his own marriage'. Wales Online. 29 March 2022. https://www.walesonline.co.uk/lifestyle/ showbiz/chris-rocks-controversies-during-decades-23528752.

18. 'Terry Crews reveals impact his pornography addiction had on his relationship with wife and children'. Independent [online]. 25 July 2023. https:// www.independent.co.uk/life-style/terry-crews-pornography-addiction-family-b2381723.html.

19. 'Billie Eilish says watching porn as a child "destroyed my brain"'. Guardian [online]. 15 December 2021. https://www.theguardian.com/music/2021/ dec/15/billie-eilish-says-watching-porn-gave-her-nightmares-and-destroyed-my-brain.

20. International Classi.cation of Diseases ERI - . 6C72 Compulsive sexual behaviour disorder. Impulse Control Disorders. World Health Organization. 2019/ 2021.

21. Kraus S.W., Voon V., Potenza M.N. 'Should compulsive sexual behavior be considered an addiction?' Addiction. 2016;111(12): 2097.106.

22. Als Ringheim H., Killerich K., et al. 'Pornogra.sk indhold pavirker danske børn og unge'. Mediesunhed for børn og unge. 2021.

23. Wellings K., Palmer M.J., Machiyama K., Slaymaker E. 'Changes in, and factors associated with, frequency of sex in Britain: evidence from three National Surveys of Sexual Attitudes and Lifestyles (Natsal)'. BMJ. 2019;365:l1525.

24. Twenge J.M., Sherman R.A., Wells B.E. 'Declines in Sexual Frequency among American Adults, 1989.2014'. Arch Sex Behav. 2017;46(8):2389.401.

25. Beutel M., Burghardt J., Tibubos A.N., Klein E., Schmutzer G., Brahler E. 'Declining Sexual Activity and Desire in Men . Findings From Representative

German Surveys, 2005 and 2016'. The Journal of Sexual Medicine. 2018;15:750.6.

26. Twenge J.M., Sherman R.A., Wells B.E. 'Sexual Inactivity During Young Adulthood Is More Common Among U.S. Millennials and iGen: Age, Period, and Cohort Effects on Having No Sexual Partners After Age 18'. Arch Sex Behav. 2017;46(2):433.40.

27. Twenge J.M., Sherman R.A., Wells B.E. 'Declines in Sexual Frequency among American Adults, 1989.2014'. Arch Sex Behav. 2017;46(8):2389.401.

28. Miller D.J., McBain K.A., Li W.W., Raggatt P.T.F. 'Pornography, preference for porn - like sex, masturbation, and men's sexual and relationship satisfaction'. Personal Relationships. 2019;26(1):93.113.

29. Ibid.

30. Snowdon C.T., Tannenbaum P.L., Schultz - Darken N.J., Ziegler T.E., Ferris C.F. 'Conditioned sexual arousal in a nonhuman primate'. Hormones and Behavior. 2011;59(5):696.701.

31. Pfaus J.G., Erickson K.A., Talianakis S. 'Somatosensory conditioning of sexual arousal and copulatory behavior in the male rat: A model of fetish development'. Physiology & Behavior. 2013;122:1.7.

10장 황홀로 가는 지름길

1. Grotenhermen F. 'Pharmacokinetics and Pharmacodynamics of Cannabinoids'. Clinical Pharmacokinetics. 2003;42(4):327.60.

2. Ibid.

3. Rømer Thomsen K., Lindholst C., Thylstrup B., Kvamme S., Reitzel L.A.,

Worm‑ Leonhard M., et al. 'Changes in the composition of cannabis from 2000‑ 2017 in Denmark: Analysis of con. scated samples of cannabis resin'. Exp Clin Psychopharmacol. 2019;27(4):402.11.

4. ElSohly M.A., Mehmedic Z., Foster S., Gon C., Chandra S., Church J.C. 'Changes in Cannabis Potency Over the Last 2 Decades (1995.2014): Analysis of Current Data in the United States'. Biol Psychiatry. 2016;79(7):613.9.

5. Chandra S., Radwan M.M., Majumdar C.G., Church J.C., Freeman T.P., ElSohly M.A. 'New trends in cannabis potency in USA and Europe during the last decade (2008.2017)'. Eur Arch Psychiatry Clin Neurosci. 2019;269(1):5.15.

6. 'Legal weed didn't deliver on its promises'. Atlantic [online]. 31 January 2025. https://www.theatlantic.com/ideas/archive/2025/01/marijuana‑legalization‑drawbacks/681519/.

7. Payne K.S., Mazur D.J., Hotaling J.M., Pastuszak A.W. 'Cannabis and Male Fertility: A Systematic Review'. J Urol. 2019;202(4):674.81.

8. Hedges J.C., Hanna C.B., Bash J.C., Boniface E.R., Burch F.C., Mahalingaiah S., et al. 'Chronic exposure to delta ‑ 9 ‑ tetrahydrocannabinol impacts testicular volume and male reproductive health in rhesus macaques'. Fertil Steril. 2022;117(4):698.707.

9. Hines L.A., Heron J., Zammit S. 'Incident psychotic experiences following self ‑ reported use of high ‑ potency cannabis: Results from a longitudinal cohort study'. Addiction. 2024;119(9): 1629.34.

10. Marconi A., Di Forti M., Lewis C.M., Murray R.M., Vassos E. 'Meta ‑ analysis of the Association Between the Level of Cannabis Use and Risk of Psychosis'. Schizophrenia Bulletin. 2016;42(5): 1262.9.

11. Di Forti M., Quattrone D., Freeman T.P., Tripoli G., Gayer ‑Anderson C.,

Quigley H., et al. 'The contribution of cannabis use to variation in the incidence of psychotic disorder across Europe (EU - GEI): a multicentre case - control study'. Lancet Psychiatry. 2019;6(5):427.36.

12. Freeman T.P., van der Pol P., Kuijpers W., Wisselink J., Das R.K., Rigter S., et al. 'Changes in cannabis potency and . rst - time admissions to drug treatment: a 16- year study in the Netherlands'. Psychol Med. 2018;48(14):2346.52.

13. Morgan C.J., Gardener C., Schafer G., Swan S., Demarchi C., Freeman T.P., et al. 'Sub - chronic impact of cannabinoids in street cannabis on cognition, psychotic - like symptoms and psychological well - being'. Psychol Med. 2012;42(2):391.400.

14. Hjorthøj C., Posselt C.M., Nordentoft M. 'Development Over Time of the Population - Attributable Risk Fraction for Cannabis Use Disorder in Schizophrenia in Denmark'. JAMA Psychiatry. 2021;78(9):1013.9.

15. Keerthy D., Chandan J.S., Abramovaite J., Gokhale K.M., Bandyopadhyay S., Day E., et al. 'Associations between primary care recorded cannabis use and mental ill health in the UK: a population - based retrospective cohort study using UK primary care data'. Psychological Medicine. 2023;53(5):2106.15.

16. Moore M.H., Gerstein D.R., editors. Alcohol and Public Policy: Beyond the Shadow of Prohibition. National Research Council Panel on Alternative Policies Affecting the Prevention of Alcohol Abuse and Alcoholism. National Academies Press (US). 1981.

17. Law M.T., Marks M.S. 'Did Early Twentieth - Century Alcohol Prohibition Aff ect Mortality?' Economic Inquiry. 2020;58(2):680.97.

18. Blocker J.S. 'Did Prohibition Really Work? Alcohol Prohibition as a Public Health Innovation'. American Journal of Public Health. 2006;96(2):233.43.

19. Taylor W., McCarthy D., Wilbur K.C. 'Online Gambling Policy Effects on Tax Revenue and Irresponsible Gambling'. 2024; SMU Cox School of Business Research Paper No. 24 - 7. https://ssrn.com/abstract=4856684 or http://dx.doi.org/10.2139/ssrn.4856684.

20. Hollenbeck B., Larsen P., Proserpio D. 'The Financial Consequences of Legalized Sports Gambling'. SSRN. 2024. https://papers.ssrn.com/sol3/papers.cfm?abstract_id=4903302.

21. Rubin - Kahana D.S., Crepault J.- F., Matheson J., Le Foll B. 'The impact of cannabis legalization for recreational purposes on youth: A narrative review of the Canadian experience'. Frontiers in Psychiatry. 2022;13.

22. NIDA. 'Marijuana and hallucinogen use among young adults reached all time - high in 2021'. nida.nih.gov. 2022. https://nida.nih.gov/news-events/news-releases/2022/08/marijuana-and-hallucinogen-use-among-young-adults-reached-all-time-high-in-2021.

23. Zellers S.M., Ross J.M., Saunders G.R.B., Ellingson J.M., Anderson J.E., Corley R.P., et al. 'Impacts of recreational cannabis legalization on cannabis use: a longitudinal discordant twin study'. Addiction. 2023;118(1):110.8.

24. Ibid.

25. Myran D.T., Cantor N., Finkelstein Y., Pugliese M., Guttmann A., Jesseman R., et al. 'Unintentional Pediatric Cannabis Exposures After Legalization of Recreational Cannabis in Canada'. JAMA Netw Open. 2022;5(1):e2142521.

26. Amissah R.Q., Vogt N.A., Chen C., Urban K., Khokhar J. 'Prevalence and characteristics of cannabis - induced toxicoses in pets: Results from a survey of veterinarians in North America'. PLoS One. 2022;17(4):e0261909.

27. Jayawardhana J., Hou J., Freeman P., Talbert J.C. 'Association of State Cannabis

Legalization With Cannabis Use Disorder and Cannabis Poisoning'. JAMA Psychiatry. 23.12.24.

28. Farmer C.M., Monfort S.S., Woods A.N. 'Changes in Traffic Crash Rates After Legalization of Marijuana: Results by Crash Severity'. Journal of Studies on Alcohol and Drugs. 2022;83(4):494.501.

29. Marinello S., Powell L.M. 'The impact of recreational cannabis markets on motor vehicle accident, suicide, and opioid overdose fatalities'. Social Science & Medicine. 2023;320:115680.

30. Holdway J. 'Car crash deaths involving cannabis increasing and more likely to involve alcohol'. Boston Medical Center. 2021.

31. Tolan N.V., Terebo T., Chai P.R., Erickson T.B., Hayes B.D., Uljon S.N., et al. 'Impact of marijuana legalization on cannabis – related visits to the emergency department'. Clin Toxicol (Phila). 2022;60(5):585.95.

32. Roberts B.A. 'Legalized Cannabis in Colorado Emergency Departments: A Cautionary Review of Negative Health and Safety Eff ects'. West J Emerg Med. 2019;20(4):557.72.

33. 'Cannabis'. Tobacco Tactics, University of Bath. 31 March 2023. (https://www.tobaccotactics.org/article/cannabis/).

11장 기쁨을 주는 식물에 중독되다

1. Booth M. Opium: A History. Thomas Dunne Books. 1998. p.380.

2. Salavert A., Zazzo A., Martin L., Antolin F., Gauthier C., Thil F., et al. 'Direct dating reveals the early history of opium poppy in western Europe'. Scienti. c Reports. 2020;10(1):20263.

3. Weid M., Ziegler J. and Kutchan T.M. 'The roles of latex and the vascular bundle in morphine biosynthesis in the opium poppy, Papaver somniferum'. PNAS. 2004;101(38):13957.13962.

4. Offit, P. 'God's Own Medicine'. Skeptical Inquirer. 2017;41(2). https://skepticalinquirer.org/2017/03/gods-own-medicine/.

5. Martin Booth. Opium: A History. St Martin's Griffin. 1999. p.172.

6. Offit, P. 'God's Own Medicine'. Skeptical Inquirer. 2017;41(2). https://skepticalinquirer.org/2017/03/gods-own-medicine/.

7. Radden Keefe, Patrick. Empire of Pain: The Secret History of the Sackler Dynasty. Doubleday, 2021. p.221.

8. 'Understanding the Opioid Overdose Epidemic'. CDC Overdose Prevention. 1 November 2024. https://www.cdc.gov/overdose-prevention/about/understanding-the-opioid-overdose-epidemic.html.

9. https://www.govinfo.gov/content/pkg/CHRG-116hhrg43010/html/CHRG-116hhrg43010.htm.

10. https://www.docketbird.com/court-documents/In-re-National-Prescription-Opiate-Litigation/Wright-Curtis-Purdue-2018-12-19-Transcript/ohnd-1:2017-md-02804-02177-020, pp.25.26.

11. Radden Keefe, Patrick. Empire of Pain: The Secret History of the Sackler Dynasty. Doubleday, 2021. p.211.

12. Radden Keefe, Patrick. Empire of Pain: The Secret History of the Sackler Dynasty. Doubleday, 2021. p.214.

13. Commonwealth of Massachusetts v. Purdue Pharma L.P., First Amended

Complaint, paragraph 241.

14. Radden Keefe, Patrick. Empire of Pain: The Secret History of the Sackler Dynasty. Doubleday, 2021. pp.293,294.

15. O'Connor A. 'Coca - Cola Funds Scientists Who Shift Blame for Obesity Away From Bad Diets'. The New York Times [online]. 9.8.15. https://archive. nytimes.com/well.blogs.nytimes.com/2015/08/09/coca-cola-funds-scientists-who-shift-blame-for-obesity-away-from-bad-diets/.

16. Cook P. Paying the Tab: The Costs and Bene.ts of Alcohol Control. Princeton University Press. 2011.

17. Maremont M., Berzon A. 'How Often Do Gamblers Really Win?' Wall Street Journal [online]. 11.10.13. https://www.wsj.com/articles/how-often-do-gamblers-really-win-1381514164.

12장 도파민의 진실

1. Olds J,. Milner P. 'Positive reinforcement produced by electrical stimulation of septal area and other regions of rat brain'. Journal of Comparative and Physiological Psychology. 1954;47(6):419,27.

2. Routtenberg A., Lindy J. 'Effects of the availability of rewarding septal and hypothalamic stimulation on bar pressing for food under conditions of deprivation'. Journal of Comparative and Physiological Psychology. 1965;60(2):158,61.

3. Black J., Belluzzi J.D., Stein L. 'Reinforcement delay of one second severely impairs acquisition of brain self - stimulation'. Brain Research. 1985;359(1):113,9.

4. Heath R.G. 'Pleasure and pain activity in man. Deep and surface

electroencephalograms during orgasm'. J Nerv Ment Dis. 1972 Jan;154(1):3.18.

5. Portenoy R.K., Jarden J.O., Sidtis J.J., Lipton R.B., Foley K.M., Rottenberg D.A. 'Compulsive thalamic self – stimulation: a case with metabolic, electrophysiologic and behavioral correlates'. Pain. 1986;27(3):277.90.

6. Berridge K.C., Kringelbach M.L. 'Pleasure systems in the brain'. Neuron. 2015;86(3):646.64.

7. Szczypka M.S., Rainey M.A., Kim D.S. et al. 'Feeding behavior in dopamine – de. cient mice'. Proc Natl Acad Sci USA. 1999 Oct 12;96(21):12138.12143.

8. Cannon C.M. and Palmiter R.D. 'Reward without Dopamine'. Journal of Neuroscience. 26 November 2003, 23 (34) 10827.10831.

9. Politis M., Loane C., Wu K., O'Sullivan S.S., Woodhead Z., Kiferle L., et al. 'Neural response to visual sexual cues in dopamine treatment – linked hypersexuality in Parkinson's disease'. Brain. 2013;136(2):400.11.

10. Weintraub D., Koester J., Potenza M.N., Siderowf A.D., Stacy M., Voon V., et al. 'Impulse Control Disorders in Parkinson Disease: A Cross – Sectional Study of 3090 Patients'. Archives of Neurology. 2010;67(5):589.95.

11. Fermaglich J. 'The Case of the Frozen Addicts'. JAMA. 1996;275(5):407.8.

12. Schultz W., Dayan P. and Montague P.R. 'A Neural Substrate of Prediction and Reward'. Science. 1997, 275,1593.1599.

13. Robins L.N., Davis D.H., Nurco D.N. 'How permanent was Vietnam drug addiction?' Am J Public Health. 1974;64 Suppl 12(12 Suppl):38.43.

14. Hendershot C.S., Wardell J.D., Samokhvalov A.V., Rehm J. 'Eff ects of naltrexone on alcohol self – administration and craving: meta – analysis of

human laboratory studies'. Addict Biol. 2016 Jul 14;22(6):1515.1527.

15. Harris R.C. and Zhang M. 'Dopamine, the Kidney, and Hypertension'. Curr Hypertens Rep. 2012 Apr;14(2):138.143.

16. Matt S.M. and Gaskill P.J. 'Where Is Dopamine and how do Immune Cells See it?: Dopamine – Mediated Immune Cell Function in Health and Disease'. Journal of Neruoimmune Pharmacology. 2020; 15:114.164.

17. Bucolo C., Marco Leggio G., Drago F., Salomone S. 'Dopamine outside the brain: The eye, cardiovascular system and endocrine pancreas'. Pharmacology & Therapeutics. Nov 2019 Vol 203.

3부. 스크린 중독을 통제할 수 있다는 착각

13장 가상의 친구, 현실의 친구

1. 'It's All A / Bout Testing: The Net.ix Experimentation Platform'. Medium. 29 April 2016. https://netflixtechblog.com/its-all-a-bout-testing-the-netflix-experimentation-platform-4e1ca458c15.

2. Segal D. 'A Kid's Show Juggernaut That Leaves Nothing to Chance'. The New York Times [online]. 5.5.22. https://www.nytimes.com/2022/05/05/arts/television/cocomelon-moonbug-entertainment.html.

3. 2024 Global Internet Phenomena Report. https://www.sandvine.com/phenomena.

4. 'Net.ix's biggest competitor? Sleep'. Guardian [online]. 18 April 2017. https://www.theguardian.com/technology/2017/apr/18/netflix-competitor-sleep-uber-facebook.

5. Horton D. and Wohl R.R. 'Mass Communication and Para – Social Interaction: Observations on Intimacy at a Distance.' Psychiatry. 1956;9(3):215,229.

6. Gerace A. 'When TV neighbours become good friends: Understanding Neighbours fans' feelings of grief and loss at the end of the series'. PLoS One. 2024 Jun 12;19(6):e0302160.

7. Haak W., Lazaridis I., Patterson N., Rohland N., Mallick S., Llamas B., et al. 'Massive migration from the steppe was a source for Indo – European languages in Europe'. Nature. 2015;522(7555):207,11.

8. Haak W., Lazaridis I., Patterson N. et al. 'Massive migration from the steppe was a source for Indo – European languages in Europe'. Nature. 2015;522:201,211.

9. Fortes – Lima C., Burgarella C., et al. 'The genetic legacy of the expansion of Bantu – speaking peoples in Africa'. Nature. 2023;625(7995):1,8.

10. Wilson M. and Daly M. 'Competitiveness, risk taking, and violence: the young male syndrome'. Ethology and Sociobiology. 1985;6(1): 57,73.

11. Lester D., Yang B., Lindsay M. 'Suicide Bombers: Are Psychological Pro. les Possible?' Studies in Con.ict & Terrorism. 2004;27(4):283,295.

12. Sela – Shayovitz R. 'Suicide Bombers in Israel: Their Motivations, Characteristics, and Prior Activity in Terrorist Organizations'. IJCV. 2007;1(2):160,8.

13. Williams A.F. and Shabanova V.I. 'Responsibility of drivers, by age and gender, for motor – vehicle crash deaths'. J Safety Res. 2003;34(5):527,31.

14. Jeanmonod R.K., Jeanmonod D., Damewood S., Perry C., Powers M., Lazansky V. 'Punch Injuries: Insights into Intentional Closed Fist Injuries'. West J Emerg Med. 2011 Feb;12(1):6,10.

15. Przybylski A., Weinstein N. 'Violent video game engagement is not associated with adolescents' aggressive behaviour: evidence from a registered report'. R Soc Open Sci. 2019;13;6(2):171474.

16. Kuhn S., Kugler D., et al. 'Does playing violent video games cause aggression? A longitudinal intervention study'. Mol Psychiatry. 2019 24:1220.34.

17. Danmarks Statistik. 'Færre 18- arige dømmes efter straff eloven'. dst. dk. 2023. https://www.dst.dk/da/Statistik/nyheder-analyser-publ/nyt/ NytHtml?cid=46153.

18. Beerthuizen M., Weijters G., van der Laan, A. 'The release of Grand Theft Auto V and registered juvenile crime in the Netherlands'. European Journal of Criminology. 2017;14(6):751.65.

19. Dahl G., DellaVigna S. 'Does Movie Violence Increase Violent Crime?' The Quarterly Journal of Economics. 2009;124;2:677.734.

20. Ottosen M.H., Andreasen A.G., Dahl K.M., Lausten M, Rayce S.B., Tagmose B.B. Børn og unge i Danmark: Velfærd og trivsel 2022. VIVE . Det Nationale Forsknings - og Analysecenter for Velfærd. 2022. https://www.vive.dk/da/ udgivelser/boern-og-unge-i-danmark-velfaerd-og-trivsel-2022-0xgg53xk/.

21. Sharkey P. 'Homebound: The Long - Term Rise in Time Spent at Home Among U.S. Adults'. Sociological Science. Aug 2024 10.15195 / v11.a20.

14장 무한 스크롤에 빠진 사람들

1. Bryson A., MacKerron G. 'Are You Happy While You Work?' The Economic Journal. 2017;127(599):106.25.

2. Taylor P. 'Number of smartphone mobile network subscriptions worldwide from 2016 to 2022, with forecasts from 2023 to 2028'. statistica.com. 2022.

https://www.statista.com/statistics/330695/number-of-smartphone-users-worldwide/.

3. United Nations Children's Fund and the World Health Organization. State of the World's Sanitation: An urgent call to transform sanitation for better health, environments, economies and societies. 2020.

4. Our World in Data. 'Daily hours spent with digital media in the United States'. BOND Internet Trends (2019). 2019. https://ourworldindata.org/grapher/daily-hours-spent-with-digital-media-per-adult-user.

5. Kemp S. 'Digital 2022: Global Overview Report'. DataReportal. 2022. https://datareportal.com/reports/digital-2022-global-overview-report.

6. Pew Research Center. 'Teens, social media and technology 2022'. [online]. 2022. https://www.pewresearch.org/internet/2022/08/10/teens-social-media-and-technology-2022/pj_2022-08-10_teens-and-tech_0-06b/.

7. Backlinko. 'Revealing Average Screen Time Statistics'. Backlinko. com. 11.3.24. https://backlinko.com/screen-time-statistics?utm_source=chatgpt.com.

8. Ferster C.B. and Skinner B.F. 'Schedules of Reinforcement'. 1957. https://www.bfskinner.org/wp-content/uploads/2015/05/Schedules_of_Reinforcement_PDF.pdf.

9. Allen M. 'Sean Parker unloads on Facebook: "God only knows what it's doing to our children's brains"'. Axios. 9.11.17. https://www.axios.com/2017/12/15/sean-parker-unloads-on-facebook-god-only-knows-what-its-doing-to-our-childrens-brains-1513306792.

10. Samrai Y. 'How Stanford Pro. ts Off Addiction'. The Stanford Review [online]. 4.2.20. https://stanfordreview.org/how-stanford-profits-tech-addiction-social-media/.

11. Srinivisan K. 'Paying attention'. University of Chicago Booth School of Business. 2023. https://karthikecon.github.io/karthik_srinivasan.org/paying_attention.pdf.

12. Knowles T. 'I'm so sorry, says inventor of endless online scrolling'. The Times. 27.4.19. https://www.thetimes.co.uk/article/i-m-so-sorry-says-inventor-of-endless-online-scrolling-9lrv59mdk.

13. 'Former Facebook executive: social media is ripping society apart'. Guardian [online]. 12 December 2017. https://www.theguardian.com/technology/2017/dec/11/facebook-former-executive-ripping-society-apart.

14. McNamee, R. Zucked: Waking Up to the Facebook Catastrophe. Penguin Press. 2019.

15. 'The person behind the Like button says software is wasting our time'. The Verge. March 2018. https://www.theverge.com/2018/3/28/17172404/justin-rosenstein-asana-social-media-facebook-timeline-gantt.

16. Bowles N. 'Silicon Valley Nannies Are Phone Police for Kids'. The New York Times. 26.10.18. https://www.nytimes.com/2018/10/26/style/silicon-valley-nannies.html.

17. Bowles N. 'A Dark Consensus About Screens and Kids Begins to Emerge in Silicon Valley'. The New York Times. 26.10.18. https://www.nytimes.com/2018/10/26/style/phones-children-silicon-valley.html.

18. Fennell J.G., Talas L., Baddeley R.J., Cuthill I.C., Scott - Samuel N.E. 'Optimizing colour for camou.age and visibility using deep learning: the effects of the environment and the observer's visual system'. J R Soc Interface. 2019;16(154):20190183.

19. Zahavi A.A. The Handicap Principle: A Missing Piece of Darwin's Puzzle. Oxford University Press. 1999.

20. Beknazar – Yuzbashev G., Jimenez Duran R., McCrosky J., Stalinski M. 'Toxic Content and User Engagement on Social Media: Evidence from a Field Experiment'. SSRN. 2023;82.

15장 큰 연못 속 작은 물고기

1. Team USA. Michael Phelps: Athlete Bio. teamusa.org. 2023. https://www. teamusa.com/profiles/michael-phelps.

2. Latt E., Jurimae J., Maestu J., Purge P., Ramson R., Haljaste K., et al. 'Physiological, biomechanical and anthropometrical predictors of sprint swimming performance in adolescent swimmers'. J Sports Sci Med. 2010;9(3):398.404.

3. Jurimae J., Haljaste K., Cicchella A., Latt E., Purge P., Leppik A., et al. 'Analysis of swimming performance from physical, physiological, and biomechanical parameters in young swimmers'. Pediatr Exerc Sci. 2007;19(1):70.81.

4. 'Michael Phelps'. United States Olympic and Paralympic Museum. https:// usopm.org/michael-phelps/.

5. 'Michael Phelps: Going Five Years Without Missing A Single Day Of Training'. Forbes. https://www.forbes.com/video/5180394324001/michael-phelps-going-five-years-without-missing-a-single-day-of-training/.

6. Gladwell M. David and Goliath: Underdogs, Mis.ts, and the Art of Battling Giants. Little, Brown and Company. 2013;81.94.

7. Marsh H.W., Hau K.T. 'Big - . sh - little - pond effect on academic self -concept. A cross - cultural (26 - country) test of the negative eff ects of academically selective schools'. Am Psychol. 2003;58(5):364.76.

8. Seaton M., Marsh H.W., Craven R.G. 'Big - Fish - Little - Pond Effect:

Generalizability and Moderation . Two Sides of the Same Coin'. American Educational Research Journal. 2010;47(2):390.433.

9. Seaton M., Marsh H., Craven R. 'Earning Its Place as a Pan – Human Theory: Universality of the Big – Fish – Little – Pond Eff ect Across 41 Culturally and Economically Diverse Countries'. Journal of Educational Psychology. 2009;101:403.19.

10. Chanal J.P., Marsh H.W., Sarrazin P.G., Bois J.E. 'Big – Fish – Little – Pond Effects on Gymnastics Self – Concept: Social Comparison Processes in a Physical Setting'. Journal of Sport and Exercise Psychology. 2005;27(1):53.70.

11. Marsh H.W., Morin A.J.S., Parker P.D. 'Physical Self – Concept Changes in a Selective Sport High School: A Longitudinal Cohort – Sequence Analysis of the Big – Fish – Little – Pond Eff ect'. Journal of Sport and Exercise Psychology. 2015;37(2):150,63.

12. Simler K. 'Social Status: Down the Rabbit Hole'. 2015. https://meltingasphalt. com/social-status-down-the-rabbit-hole/.

13. Wrangham R. The Goodness Paradox: The Strange Relationship Between Virtue and Violence in Human Evolution. Pantheon. 2019;165.

14. Sundhedsstyrelsen. Prævalens, incidens og aktivitet i sundhedsvæsenet for børn og unge med angst eller depression, ADHD og spiseforstyrrelse. Sundhedstyrelsen. 2017.

15. Rosendahl Jensen H.A., Davidsen M., Rossen Møller S., Ellegaard Ibanez Roman J., Kragelund K., Illemann Christensen A., Ekholm O. Den Nationale Sundhedspro.l 2021. Sundhedsstyrelsen. 2022.

16. Dooley B., O'Connor C., Fitzgerald A., O'Reilly A. The National Study of Youth and Mental Health in Ireland. MyWorldSurvey.ie: University College

Dublin School of Psychology. 2012.

17. Beckman L., Hellstrom L. 'Views on Adolescents' Mental Health in Sweden –
A Qualitative Study among Different Professionals Working with Adolescents'.
Int J Environ Res Public Health. 2021;18(20).

18. DREES. 'Crise sanitaire: hausse des syndromes depressifs et des consultations
pour ce motif'. 12.3.21. https://drees.solidarites-sante.gouv.fr/communique-
de-presse/crise-sanitaire-hausse-des-syndromes-depressifs-et-des-
consultations-pour-ce.

19. Twenge J. 'How Much Is Social Media to Blame for Teens' Declining Mental
Health?' Institute for Family Studies [Internet]. Blog post. 11.4.22. https://
ifstudies.org/blog/how-much-is-social-media-to-blame-for-teens-
declining-mental-health.

20. Shaw N. 'Self-harm hospital admissions for teenage girls triple in a decade'.
Walesonline.co.uk. 1.2.21. https://www.walesonline.co.uk/news/uk-news/self-
harm-hospital-admissions-teenage-19740803.

21. Arenas-Arroyo E., Fernandez-Kranz D, Nollenberger N. 'High Speed
Internet and the Widening Gender Gap in Adolescent Mental Health: Evidence
from Hospital Records'. IZA Institute for Labor Economics. 2022.

22. Braghieri L., Levy R., Makarin A. 'Social Media and Mental Health'. American
Economic Review. 2022;112(11):3660.93.

23. Allcott H., Braghieri L., Eichmeyer S., Gentzkow M. 'The Welfare Effects of
Social Media'. American Economic Review. 2020;110(3): 629.76.

24. Pedersen J., Rasmussen M.G.B., Sørensen S.O., Mortensen S.R., Olesen L.G.,
Brage S., et al. 'Effects of limiting digital screen use on well-being, mood, and
biomarkers of stress in adults'. Npj Mental Health Research. 2022;1(1):14.

25. Stieger S., Lewetz D. 'A Week Without Using Social Media: Results from an Ecological Momentary Intervention Study Using Smartphones'. Cyberpsychology, Behavior, and Social Networking. 2018;21(10):618.24.

26. 'The Fundamental Flaws of The Only Meta – Analysis of Social Media Reduction Experiments (And Why It Matters), Part 1'. After Babel. 29 August 2024. https://www.afterbabel.com/p/the-case-for-causality-part-1.

27. Deri S., Davidai S., Gilovich T. 'Home alone: why people believe others' social lives are richer than their own'. Journal of Personality and Social Psychology. 2017 Dec;113(6):858.877.

28. Eriksen I.M., Bakken A., Soest von T. 'Stress, press og psykiske plager blant unge 2020'. https://www.ungdata.no/stress-press-og-psykiske-plager-blant-unge/.

29. Robertson C.E., Prollochs N., Schwarzenegger K., et al. 'Negativity drives online news consumption'. Nat Hum Behav. 2023;7:812.22.

30. Griffiths S., Harris E.A., Whitehead G., et al. 'Does TikTok contribute to eating disorders? A comparison of the TikTok algorithms belonging to individuals with eating disorders versus healthy controls'. Body Image. 2024(51):101807.

31. Marsh, Sarah. 'TikTok investigating videos promoting starvation and anorexia'. 7 Decemeber 2020. Guardian [online]. https://www.theguardian.com/technology/2020/dec/07/tiktok-investigating-videos-promoting-starvation-and-anorexia.

16장 화장품에서 핵무기까지, 경쟁이 만든 악순환

1. Safran R.J., et al. 'Dynamic Paternity Allocation as a Function of Male Plumage Color in Barn Swallows'. Science. 2005;309, 2210.12.

2. Safran R.J., et al. 'Sexual signal exaggeration aff ects physiological state in male

barn swallows'. Current Biology. 2008;18;11:461.2.

3. Langlois J.H., Kalakanis L., Rubenstein A.J., Larson A., Hallam M., Smoot M. 'Maxims or myths of beauty? A meta - analytic and theoretical review'. Psychol Bull. 2000;126(3):390.423.

4. Coetzee V., Greeff J.M., Stephen I.D., Perrett D.I. 'Cross - cultural agreement in facial attractiveness preferences: the role of ethnicity and gender'. PLoS One. 2014;9(7):e99629.

5. Russell R. 'A Sex Difference in Facial Contrast and its Exaggeration by Cosmetics'. Perception. 2009;38(8), 1211.19.

6. Hammermesh D., Biddle J. 'Beauty and the Labor Market'. American Economic Review. 1993;84:1174.94.

7. Sundhedsdatastyrelsen. Plastikoperationer (esundhed.dk). https://www.esundhed.dk/Emner/Operationer-og-diagnoser/Plastikoperationer.

8. 'Zimmer-Gembeck M.J., Webb H.J., Farrell L.J. and Waters A.M. 'Girls' and 'Boys' trajectories of appearance anxiety from age 10 to 15 years are associated with earlier maturation and appearance-related teasing'. Dev Psychopathol. 2018;30(1):337.350.

17장 내추럴과 스테로이드

1. Frederick D.A. and Haselton M.G. 'Why Is Muscularity Sexy? Tests of the Fitness Indicator Hypothesis'. Personality and Social Psychology Bulletin. 2007;33(8)1167.1183.

2. Samuel E. 'Arnold Schwarzenegger Explains His Olympia - Era PED Use'. Men'sHealth [online]. 24.5.23. https://www.menshealth.com/fitness/a43944437/arnold-schwarzenegger-steroid-use-bodybuilding/.

3. The Barbell Team. 'Dolph Lundgren Admits to Taking Steroids'. TheBarbell. com. 11.5.23. https://www.thebarbell.com/dolph-lundgren-steroids/.

4. Reuters. 'Stallone pleads guilty in hormone import case'. Reuters. com. 9.8.07. https://www.reuters.com/article/lifestyle/stalone-pleads-guilty-in-hormone-import-case-idUSSYD39413/.

5. 'Rappers Implicated In Steroids Scandal'. CityNews Everywhere. 14 January 2008. https://toronto.citynews.ca/2008/01/14/rappers-implicated-in-steroids-scandal/.

6. Bhasin S., Storer T.W., Berman N., Callegari C., Clevenger B., Phillips J., et al. 'The Effects of Supraphysiologic Doses of Testosterone on Muscle Size and Strength in Normal Men'. New England Journal of Medicine. 1996;335(1):1.7.

7. Pope Jr H.G., Olivardia R., Gruber A., Borowiecki J. 'Evolving ideals of male body image as seen through action toys'. International Journal of Eating Disorders. 1999;26(1):65.72.

8. Xue L. and Perrett D. 'Misperceptions of opposite - sex preferences for thinness and muscularity'. Br. J. Psychol. 2021;112:247.264.

9. Frederick D.A., Fessler D.M.T., Haselton M.G. 'Do representations of male muscularity differ in men's and women's magazines?' Body Image. 2005;2(1):81.6.

10. Brada T. 'Leg - lengthening: The people having surgery to be a bit taller'. BBC.com. 5.12.20. https://www.bbc.com/news/world-55146906.

11. Soo Z. 'China keeping 1 hour daily limit on kids' online games'. APNews.com. 20.1.23. https://apnews.com/article/gaming-business-children-00db669defcc8e0ca1fc2dc54120a0b8.

12. Ye J. 'China looks to limit children to two hours a day on their phones'. Reuters.com. 3.8.23. https://www.reuters.com/world/china/china-issues-draft-guidelines-tighten-limits-use-apps-by-minors-2023-08-02/.

맺는 말 당신도 집착에 빠질 수 있다

1. Kanigel R. The Man Who Knew In.nity: A Life of the Genius Ramanujan. Washington Square Press. 2013.

2. 'The Grandmaster Experiment'. Psychology Today [online]. 1 July 2005. https://www.psychologytoday.com/au/articles/200507/the-grandmaster-experiment.

3. Raichle M.E. and Gusnard D.A. 'Appraising the brain's energy budget'. Proc Natl Acad Sci USA. 2002 Jul 29;99(16):10237.10239.

4. Kurzban R., Duckworth A., Kable J.W., Myers J. 'Cost - bene. t models as the next, best option for understanding subjective eff ort'. Behavioral and Brain Sciences. 2013;36(6):707.26.

5. Wu R., Ferguson A.M., Inzlicht M. 'Do humans prefer cognitive effort over doing nothing?' Journal of Experimental Psychology: General. 2023;152(4):1069.79.

6. Klausen M.K., Thomsen M., Wortwein G., Fink - Jensen A. 'The role of glucagon - like peptide 1 (GLP - 1) in addictive disorders'. British Journal of Pharmacology. 2022;179(4):625.41.

7. Martinelli S., Mazzotta Al., Longaroni M., Petrucciani N. 'Potential role of glucagon - like peptide - 1 (GLP - 1) receptor agonists in substance use disorder: A systematic review of randomized trials'. Drug and Alcohol Dependence. 2024 Nov;264:112424.

찾아보기

《해파리의 시간은 거꾸로 간다》 26,
166~167
A/B 테스트 213~215
GLP-1 121~125
LDL 콜레스테롤 91, 94~98
MPTP 197~199
THC 154~161, 163
TV 시리즈물 212~215

ㄱ

감각 특이적 포만감 83~85
감자 40~41, 44, 68, 102~112, 126
감자 다이어트 102~112
고도가 비만을 예방 113
고혈압 91~95
과일 46~48
구석기 다이어트 97~101
국제질병분류 146~147
그랜드 테프트 오토 224
글로벌 에너지 밸런스 네트워크 180
길가메시 서사시 165~166
길라 몬스터 123~125

ㄴ

남아프리카 공화국 18
내성 79~81
넷플릭스 136, 212~215, 225, 245,
309

노보 노디스크 120~121, 124~126
뇌에 이식한 전극 184~189
뉴욕타임스 214, 240
니코틴 41, 164

ㄷ

단백질 106
당분이 많은 음료 48~49
대마초 117~118, 153~160, 163
더 힘들게 느껴지는 활동 308~311
더우인 300
도파민 191~203
둔감화 75~78, 80~86, 111
디니트로페놀(DNP) 113~117, 119
디저트 효과 82~86

ㄹ

라마누잔, 스리니바사 305~308
라이트, 커티스 174
래스킨, 아자 238~240
랭엄, 리처드 257
레딧 234~235
로즌스타인, 저스틴 240
록, 크리스 146~147
룬드그렌, 돌프 291~292
리모나반트 118~119
리틀우드, 존 306
링크드인 236~237, 264, 291

ㅁ

맥너미, 로저 239~240

메탄올 57~58

명성 258~264

모르핀 169~172

모유 67~69

무한 스크롤 238~240

문벅 엔터테인먼트 214

미국 17, 172, 176~177, 280~284,
 303~304

미의 기준 274~280, 284~289

밀너, 피터 182~183

ㅂ

바이엘 170~171

번식 본능 131~133

베리지, 켄트 188

보석딱정벌레 130~133

부정성 편향 273

뷔페 효과 83, 235~236

비만 17~18, 76~77

빌렌도르프의 비너스 139~140

ㅅ

사용자의 참여 204~215, 232~241

사카린 54

사탕무 45

사회적 상향 비교 268~272

사회적 인정 234~236

사회적 지위 247~264, 268~272

새클러 가문 177~179

새클러, 리처드 179

새클러, 아서 180

색각 241~243

선천적인 선호도 107~111

선택지가 풍부하면 135~138

설탕 43~54, 66~70, 80, 112

성 관련 자극 148~152

성관계 130~152

성관계 횟수 148

성적 초자극 130~132

성형수술 287~288, 290

세계보건기구 146~147

소금 72~75, 77~78, 93~94, 112

소련 281~284

소셜 딜레마 239~240

소셜미디어 232~241, 245~246,
 265~272, 288~289

소셜미디어 사용자의 참여도
 232~241

수메르인 165~166

수위를 끌어올릴 새로운 방법들
 311~315

슈워제네거, 아널드 15, 291, 294

슐래터, 제임스 54

스마트폰 227~228, 232~240, 245

스리니바산, 카티크 234~235

스키너, B. F. 228~235

스탤론, 실베스터 291~292

스테로이드 290~294

식욕 억제 약물 117~118, 126

식이섬유 95~97, 106

식품 초자극 29~36, 49~51, 65~70,
 81~82, 298

식품첨가물 85~87

신체상 290~296

쓸개즙염 96~97

ㅇ

아라비아 노래꼬리치레 258~262

아일리시, 빌리 146~147
아메리카 제비 274~275
아밀린 파마슈티컬스 123~124
아세설팜-K 54, 58~59
아스파탐 54, 56~58
아스파트산 56~58
아편 166~169, 171
알 97
알코올 160~161, 203~204
암페타민 204
앨런, 마이크 232
야노마미족 257
약물 중독 167~172, 175~180,
　203~204
얌나야족 218~222
에티오피아 275
오레오 과자 33~34
오웰, 조지 222~223
오젬픽 120~126
오피오이드 사태 172, 176~177
옥시콘틴 171~178, 181
온라인 데이팅 135~136
올레스트라 118~120
올즈, 제임스 182~183
욕망 188~193
우드, 알렉산더 169~170
운동 24~26
운동의 역설 23~27
원함과 좋아함 188~189
유전학 28~30
유튜브 214, 216, 225~226,
　244~245, 291
음료 48~49
의지력 309~311, 313
이중표지수 방법 21~23

이집트 17
인공감미료 54~59
인도적 기술 센터 240
인슐린 121~122
인스타그램 233, 236, 245, 263~264,
　266, 291, 294
일과성 전달 198~199
일라이 릴리 125~126
일리자로프, 가브릴 296
일본 275~276
일부일처제와 144~146
입법을 통한 해결책 296~304

ㅈ
자가 전기자극 182~189
재민감화 77~81
적응 기계 23~27
전장유전체 연관분석 29~30
정신건강 문제 264~272
제르튀르너, 프리드리히 169
죽상동맥경화증 88~96
준사회적 관계 215~217, 225
중국 300
중독 41, 76~77, 147, 164, 167~172,
　175~180, 183~188, 203~207, 310
지방 60~70, 118~120
지배 255~259
짝을 맺는 일에 점점 더 서툴러지고
　있다 133~135

ㅊ
체중 문제 17
체중감량 18~19, 24~26, 116~117
체중감량 약물 120~126
체질량지수(BMI) 15~17, 108

초가공식품 34~37
초자극 8~10, 29~36, 49~51,
　65~70, 81~82, 130~131, 296~304,
　311~315
초자극합중국 303~304
치마네족 88~90, 99, 101

ㅋ

카너먼, 대니얼 254
카얀족 275
카타르 17
카페테리아 식단 38
칼로리 19~27, 30, 49, 60, 106~108,
　128
켄달, 팀 239~240
컴퓨터 게임 222~226
코카인 40~43, 197~198, 202~203
코카콜라 180
콜럼버스 교환 39~40
콜럼버스, 크리스토퍼 39, 44
쾌락의 느낌 188~192
쿠웨이트 17~18
쿨리지 효과 142~146
쿵족 84~85
크누드센, 로테 비에레 124~125
크루, 테리 146~147
클라우스, 칼 54
큰 물고기, 작은 연못 효과 251~255

ㅌ

탄수화물 67~69
탈학습 205~207
태평양 섬 17~18
테일러, 앤드루 102~104
토마토 40~42

트웬지, 진 265
트위터 263~264
티르제파티드 126
틱톡 225~226, 233~237, 244~246,
　263~264, 273, 309~310, 315

ㅍ

파커, 숀 232~233
팔베르크, 콘스탄틴 54
팔리하피티야, 차마스 239~240
파킨슨병 193~194
패스트푸드 65~66
퍼듀파마 171~181
페닐알라닌 57~58
페이스북 232~233, 239~240,
　244~245, 266~268
페이스북의 재앙에서 깨어나기
　239~240
펜타닐 176~177
펠프스, 마이클 247~250
포르노 139~144, 147~148
포만감 지수 104~106
포트노이, 러셀 175~176
폭력 217~226
폰 노이만, 존 251
폰처, 허먼 21~23, 110
폴가르 자매 307~308

ㅎ

하디, G. H. 306
하드자족 19~23, 99, 110~112, 314
하버드대학교 252~255
하이트, 조너선 265, 267
한국전쟁 90
해독스, 데이비드 175

해리스, 트리스탄 240~241

핵 군비경쟁 280~285

헤로인 170~172, 204

현시선호 190~191

호르몬 207~208

홀, 케빈 36

홀스트, 옌스 율 121, 124

화장 278~280, 284~286

환자 185~188

흡연 41~42, 163~164, 203~205

히스, 로버트 185~186

중독을 통제할 수 있다는 착각

숏폼, 데이팅 앱, 초가공식품은 나의 뇌를 어떻게 점령했는가

초판 1쇄 인쇄 2026년 4월 9일
초판 1쇄 발행 2026년 4월 22일

지은이 니클라스 브렌보르
옮긴이 김성훈
펴낸이 최순영

출판2 본부장 박태근
지식교양 팀장 송두나
편집 맹준혁
교정교열 김수연
디자인 김준영

펴낸곳 ㈜위즈덤하우스 **출판등록** 2000년 5월 23일 제13-1071호
주소 서울특별시 마포구 양화로 19 합정오피스빌딩 17층
전화 02) 2179-5600 **홈페이지** www.wisdomhouse.co.kr

ISBN 979-11-7591-058-4 (03180)